NANDO PARRADO
con la colaboración de Vince Rause

MILAGRO EN LOS ANDES
Mis 72 días en la montaña y mi largo regreso a casa

Traducción de Eva M.ª Robledillo Carro

 Planeta

Título original: Miracle in the Andes: 72 Days on the Mountain
and My Long Trek Home

© Nando Parrado, 2006
© por la traducción, Eva M.ª Robledillo Carro, 2006
© Editorial Planeta, S. A., 2006
Diagonal, 662-664, 08034 Barcelona (España)

Ilustración del interior: Group of Survivors/CORBIS, Gamma, Bettmann/CORBIS, EFE,
Agencia EFE, Associated Press, EL PAÍS de Uruguay, colección Caruso, cortesía
de Copesa, Empresa Periodística La Nación, Keystone/Gamma, Clarín Contenidos
y AP Wide World/Radial Press
Mapas: Mapping Specialist y David Cain

Primera edición: mayo de 2006
Depósito Legal: B. 20.393-2006
ISBN 84-08-06709-5
ISBN 1-4000-9767-3 edición original, publicado en Estados Unidos por Crown Publishers,
sello de Crown Publishing Group, una división de Random House, Inc., Nueva York
www.crownpublishing.com
Composición: Víctor Igual, S. L.
Impresión: A&M Gràfic, S. L.
Encuadernación: Lorac Port, S. L.
Printed in Spain - Impreso en España

Índice

LA ÚLTIMA EXPEDICIÓN

MONTE SELER

TERCERA Y CUARTA NOCHE

SEGUNDA NOCHE

TERCER Y CUARTO DÍA

SEGUNDO DÍA

PRIMER DÍA

FUSELAJE

QUINTO DÍA

QUINTA NOCHE

SEXTO DÍA

SEXTA NOCHE

SÉPTIMO DÍA

VOLCÁN TINGUIRIRICA

SÉPTIMA NOCHE

OCTAVO DÍA

OCTAVA NOCHE

NOVENO DÍA

LOS MAITENES

NOVENA NOCHE

DÉCIMO DÍA

A Veronique, Verónica y Cecilia.
Valió la pena. Lo volvería a hacer por vosotras

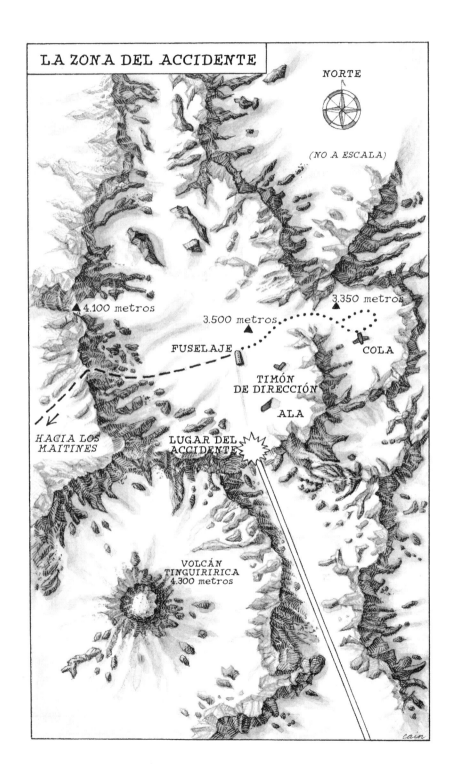

Prólogo

Durante las primeras horas no había nada, ni miedo ni tristeza, ni la sensación de que pasaba el tiempo, ni tampoco pensamientos ni recuerdos, tan sólo un silencio negro y perfecto. Entonces se hizo la luz, un haz fino y gris de luz solar, y salí de las tinieblas como un buceador que nada lentamente hacia la superficie. La consciencia fue fluyendo por mi cerebro como si fuera una lenta hemorragia y me desperté, con gran dificultad, en un mundo sombrío a medio camino entre el ensueño y la realidad. Oí voces y noté movimiento a mi alrededor, pero tenía la mente confusa y la vista borrosa. Mientras miraba fijamente esas vagas formas desdibujadas, vi que algunas de las sombras se movían y finalmente me di cuenta de que una de ellas se inclinaba sobre mí.

—Nando, ¿puedes oírme? ¿Me oyes? ¿Estás bien?

La sombra se acercó más a mí y, al observarla minuciosamente en silencio, se recompuso una cara humana. Vi un mechón enredado de pelo negro sobre unos ojos marrón oscuro. En esos ojos había amabilidad —esa persona me conocía—, pero detrás de la amabilidad había algo más, atrocidad, dureza, una sensación de desesperación contenida.

—Vamos, Nando, ¡despierta!

«¿Por qué tengo tanto frío? ¿Por qué me duele tanto la cabeza?» Intenté desesperadamente expresar en voz alta estos pensamientos, pero mis labios no podían articular las palabras y el esfuerzo agotó rápidamente mis energías. Cerré los ojos y me dejé arrastrar de nuevo hacia la oscuridad. Sin embargo, pronto oí más voces y, al abrir los ojos, vi que a mi alrededor flotaban más caras.

—¿Está despierto? ¿Puede oírte?

—¡Nando, di algo!

—No te rindas, Nando, estamos contigo. ¡Despierta!

Intenté hablar de nuevo, pero todo lo que me salió fue un ronco susurro. Entonces alguien se inclinó hacia mí y me habló al oído en voz baja.

—Nando, ¡el avión se estrelló! ¡Caímos en las montañas! Nos estrellamos. ¿Me entiendes, Nando?

No. Entendía que, por la calmada premura con la que pronunciaba esas palabras, ésa era una noticia sumamente importante. Pero no podía desentrañar su significado, ni comprender que tuviera algo que ver conmigo. La realidad parecía distante y confusa, como si estuviera atrapado en un sueño y no pudiera obligarme a despertar. Vagué en esta confusión durante horas, pero al final mis sentidos empezaron a ver la luz y pude examinar lo que había a mi alrededor. Desde mis primeros y confusos momentos de consciencia me desconcertó ver una hilera de luces circulares que flotaban por encima de mí. Ahora me daba cuenta de que esas luces eran las redondeadas ventanillas de un avión. Entendí que estaba tumbado en el suelo de la cabina de pasajeros de un avión comercial, pero, cuando miré hacia la cabina del piloto, vi que nada en ese avión parecía normal. El fuselaje se había volcado hacia un lado, de forma que mi espalda y mi cabeza reposaban en la parte inferior de la pared del lado derecho del avión, mientras que tenía las piernas estiradas hacia el pasillo, que estaba inclinado hacia arriba. Faltaban la mayoría de los asientos del avión. Del destartalado techo pendían cables y tubos, y las válvulas de aislamiento rotas colgaban como trapos mugrientos de los agujeros que se habían abierto en las paredes destrozadas. A mi alrededor, el suelo estaba salpicado de trozos de plástico desmenuzado, fragmentos retorcidos de metal y otros restos sueltos. Era de día. El aire era gélido e, incluso en mi estado de aturdimiento, la crudeza del frío me sorprendió. Había vivido siempre en Uruguay, un país cálido en el que incluso los inviernos son suaves. La única vez que había conocido realmente el frío fue cuando tenía dieciséis años y me fui a vivir a Saginaw, en Michigan, como estudiante de intercambio. No me había llevado ropa de abrigo y recuerdo la primera vez que experimenté una auténtica ola de frío polar de la zona central de Estados

Unidos: el viento me clavaba sus garras a través de la fina chaqueta de verano y los pies se me congelaban en los ligeros mocasines. Pero nunca me había imaginado nada igual a las gélidas ráfagas de viento que soplaban a través del fuselaje. Ese frío brutal que calaba hasta los huesos me escaldaba la piel como si fuera ácido. Sentía el dolor en cada célula del cuerpo y, mientras temblaba espasmódicamente dominado por él, cada momento parecía durar una eternidad.

Mientras permaneciera en el suelo del avión, a merced de la corriente de aire, no habría forma de entrar en calor. Pero el frío no era lo único que me preocupaba. También sentía un dolor palpitante en la cabeza, una percusión tan aguda e intensa que parecía que hubiera un animal salvaje atrapado en mi cabeza arañándome desesperadamente para salir. Con cuidado me llevé la mano a la coronilla. Noté coágulos de sangre seca enredados en mi pelo y tres heridas sanguinolentas que formaban un triángulo irregular a unos diez centímetros por encima de la oreja derecha. Sentí que algún hueso roto sobresalía bajo la sangre coagulada y, al apretar ligeramente, noté una esponjosa sensación de elasticidad. Se me revolvió el estómago cuando me di cuenta de lo que eso significaba: estaba presionando partes del cráneo hechas añicos contra la superficie del cerebro. Me dio un vuelco el corazón. Me faltaba el aire. Justo cuando iba a entrarme el pánico, vi esos ojos marrones encima de mí, y al fin reconocí la cara de mi amigo Roberto Canessa.

—¿Qué ha pasado? —le pregunté—. ¿Dónde estamos?

Roberto frunció el ceño mientras se inclinaba para examinarme las heridas de la cabeza. Siempre había sido un tipo serio, de carácter fuerte e intenso y, al mirarle a los ojos, vi toda la fortaleza y seguridad en sí mismo que le caracterizaban. Sin embargo, había algo nuevo en su cara, algo sombrío y preocupante que no había visto antes. Se trataba de la mirada perturbada de un hombre que luchaba por creer en lo imposible, de alguien aturdido por una sorpresa que le costaba asumir.

—Llevas tres días inconsciente —dijo, sin sentimiento en su voz—. Te habíamos dado por perdido.

Estas palabras no tenían sentido. «¿Qué me ha sucedido? —me pregunté—. ¿Por qué hace tanto frío?»

—¿Me entiendes, Nando? —dijo Roberto—. Nos hemos estrellado en las montañas. El avión se ha estrellado. Estamos atrapados aquí.

Negué ligeramente con la cabeza, confundido, incrédulo, pero no pude evitar durante mucho tiempo lo que sucedía a mi alrededor. Oí quejidos amortiguados y repentinos gritos de dolor, y entonces empecé a entender que estaba oyendo sufrir a otras personas. Vi a los heridos tendidos en camas y hamacas improvisadas por todo el fuselaje y figuras que se inclinaban hacia ellos para ayudarlos, hablando en voz baja mientras iban y venían con tranquilidad por la cabina. Por primera vez me di cuenta de que la parte frontal de mi camisa estaba cubierta de una húmeda capa marrón. Al tocarla con la punta del dedo noté que era pegajosa y estaba coagulada y me di cuenta de que esa triste mancha era mi propia sangre seca.

—¿Entiendes, Nando? —volvió a preguntar Roberto—. ¿Te acuerdas de que estábamos en el avión... rumbo a Chile?

Cerré los ojos y asentí. Ahora había salido de las tinieblas; mi confusión ya no podía protegerme de la verdad. Lo entendí. Y mientras Roberto me limpiaba con suavidad las manchas de sangre de la cara empecé a recordar.

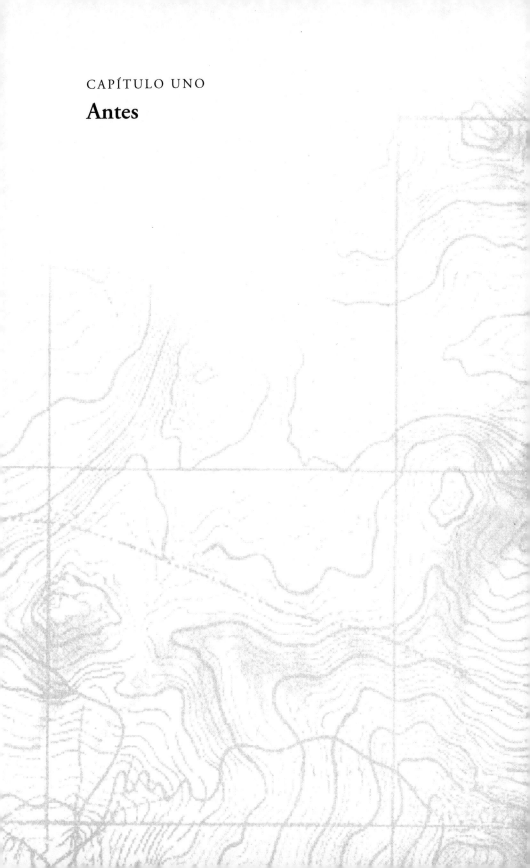

CAPÍTULO UNO

Antes

Era viernes 13 de octubre. Bromeábamos sobre el hecho de estar cruzando los Andes en avión en un día que para nosotros era de mala suerte, pero los jóvenes hacen ese tipo de bromas con mucha facilidad. Hacía un día que habíamos salido de Montevideo, mi ciudad de residencia, y nos dirigíamos a Santiago de Chile. Ese vuelo chárter en un avión Fairchild turborreactor de dos motores llevaba a mi equipo de rugby, el Old Christians Rugby Club, a jugar un partido amistoso contra uno de los mejores equipos chilenos. Había cuarenta y cinco personas a bordo, incluidos cuatro miembros de la tripulación (piloto, copiloto, mecánico y azafata). La mayoría de los pasajeros eran mis compañeros de equipo, pero también nos acompañaban amigos, familiares y otros seguidores del equipo, como mi madre, Eugenia, y mi hermana pequeña, Susy, que estaban sentadas al otro lado del pasillo, una fila por delante de mí. En un principio íbamos a volar a Santiago sin escalas, un viaje de unas tres horas y media. Pero a las pocas horas de vuelo, las malas condiciones meteorológicas en las montañas que teníamos que sobrevolar obligaron al piloto del Fairchild, Julio Ferradas, a tomar tierra en la antigua ciudad colonial española de Mendoza, situada justo al este de las estribaciones de los Andes.

Aterrizamos en Mendoza a mediodía, con la esperanza de alzar el vuelo de nuevo en unas pocas horas. Sin embargo, las previsiones no eran buenas y pronto se hizo evidente que tendríamos que pasar la noche en tierra. A ninguno nos gustaba la idea de perder un día de viaje, pero Mendoza era un lugar encantador, así que decidimos aprovechar el tiempo. Algunos de los muchachos se relajaron en las terrazas de las cafeterías que flanqueaban las anchas avenidas bordeadas de árboles o fueron a visitar los barrios históricos de la ciudad. Yo me pasé la tarde con algunos amigos viendo una carrera de coches en un circuito fuera de la urbe. Por la tarde fuimos al cine a ver una película, mientras que otros salieron a bailar con algunas chicas argentinas que habían conocido. Mi madre y Susy se dedicaron a explorar las peculiares tiendas de regalos de Mendoza, y compraron obsequios para algunos amigos de Chile y recuerdos para la familia. A mi madre le complació especialmente encontrar unos zapatos rojos de bebé en una pequeña tienda, pues pensó que serían el regalo perfecto para mi hermana Graciela, que acababa de dar a luz.

Muchos de nosotros nos levantamos tarde a la mañana siguiente y, a pesar de que estábamos ansiosos por marcharnos, todavía no se sabía nada de nuestra partida, así que cada uno nos fuimos por nuestro lado a ver un poco más de Mendoza. Finalmente, nos avisaron de que nos reuniéramos en el aeropuerto a la una del mediodía en punto, aunque nada más llegar nos dimos cuenta de que Ferradas y su copiloto, Dante Lagurara, aún no habían decidido si volaríamos. Reaccionamos a la noticia con frustración e irritación; ninguno de nosotros comprendió la difícil decisión a la que se enfrentaban los pilotos. Esa mañana, las previsiones meteorológicas advertían de la existencia de turbulencias en nuestra ruta de vuelo, pero después de hablar con el piloto de un avión de carga que acababa de llegar de Santiago, Ferradas confiaba en que el Fairchild pudiera volar sin problemas por encima de las turbulencias.

Lo más complicado era la hora del día, ya que era primera hora de la tarde. Cuando los pasajeros hubieran embarcado y se hubieran hecho todos los trámites necesarios con los funcionarios del aeropuerto, serían las dos pasadas. Por la tarde, el aire caliente asciende desde el pie de las montañas y confluye con el gélido aire situado por encima de la línea de nieve, lo cual crea una inestabilidad traicionera en la atmósfera por encima de las montañas. Nuestros pilotos sabían que era el momento más peligroso para sobrevolar los Andes. No había forma de predecir dónde harían estragos estas turbulentas corrientes y, si nos atrapaban, el avión daría bandazos como un juguete. Por otra parte, no podíamos quedarnos en Mendoza. Nuestro avión era un Fairchild F-227 que habíamos alquilado a las fuerzas aéreas uruguayas. Las leyes de Argentina prohibían que un avión militar extranjero permaneciera en suelo argentino más de veinticuatro horas. Dado que casi se nos había acabado el tiempo, Ferradas y Lagurara debían tomar rápidamente una decisión: ¿despegarían rumbo a Santiago, desafiando el cielo al atardecer, o regresarían a Montevideo y pondrían fin a nuestras vacaciones?

Mientras los pilotos sopesaban las opciones, nuestra impaciencia crecía. Ya habíamos perdido un día de nuestro viaje a Chile y nos frustraba la mera idea de perder más. Éramos jóvenes atrevidos, valientes y egoístas, y nos irritaba hacer más cortas las vacaciones por lo que considerábamos una falta de valor por parte de los pilotos. No ocultamos estos sentimientos. Cuando vimos a los pilotos en el aeropuerto, nos burlamos de ellos y les silbamos. Fuimos groseros y pusimos en duda su profesionalidad. «Os hemos contratado para que nos llevéis a Chile —gritó alguien— ¡y eso es lo que queremos que hagáis!» No hay forma de saber si nuestro comportamiento influyó en su decisión —sin duda pareció perturbarles—, pero finalmente, tras consultarlo por última vez con Lagurara, Ferradas dio un vistazo al gentío a su alrededor, que esperaba impaciente una respuesta, y anunció que el vuelo a Santiago proseguiría. Recibimos esta decisión con vítores y gran alboroto.

El Fairchild despegó finalmente del aeropuerto de Mendoza a las 14.18, hora local. Durante el ascenso, el avión se ladeó de modo espectacular hacia la izquierda y pronto nos encontramos volando hacia el sur, con los Andes argentinos elevándose a nuestra derecha en el horizonte. A través de las ventanas del lado derecho del fuselaje eché un vistazo a las montañas, que se erigían majestuosamente desde la seca meseta como un espejismo negro, tan yermas y poderosas, tan espectacularmente vastas y descomunales que el mero hecho de verlas me aceleraba el corazón. Arraigadas en protuberantes lechos de roca con bases colosales que se extendían a lo largo de kilómetros, sus negras cordilleras se elevaban desde las llanuras, y un pico coronaba el siguiente, de forma que se asemejaban a la grandiosa muralla de una fortaleza. Aunque no era un hombre de vocación poética, parecía ser un aviso de la gran autoridad con la que esas montañas se sujetaban al suelo y era imposible no pensar en ellas como seres vivos, con corazón y mente y con una conciencia secular que resultaba sumamente amenazadora. No me extraña que en la antigüedad se pensara que esas montañas eran lugares sagrados, una puerta hacia el cielo, la morada de los dioses.

Uruguay es un país llano. Como la mayoría de mis amigos que iban en el avión, mis conocimientos acerca de los Andes, o de cualquier montaña, se limitaban a lo que había leído en los libros. En la escuela habíamos aprendido que la cordillera de los Andes era el sistema montañoso más grande del mundo, que recorría todo el territorio de América del Sur, desde Venezuela en el norte hasta el extremo meridional del continente en Tierra del Fuego. También sabía que los Andes eran la segunda cordillera montañosa más alta del planeta, en cuanto a elevación media. Sólo la superaba el Himalaya. Había oído que la gente se refería a los Andes como una de las mayores maravillas geológicas de la Tierra y el paisaje desde el avión me hizo comprender realmente lo que querían decir. Al norte, al sur y al oeste, las montañas se extendían de un modo irregular hasta donde la vista podía abarcar e, incluso a pesar de estar a muchos kilómetros de distancia, su altura y su volumen las hacían parecer infranqueables. De hecho, por lo que sabíamos, lo eran. Nuestro destino, Santiago, se hallaba justo casi al oeste de Mendoza, pero la región de los Andes que separa ambas ciudades es una de las partes más elevadas de toda la cadena montañosa y alberga algunas de las montañas más altas del mundo. En algún lugar ahí fuera, por ejemplo, se encontraba el Aconcagua, el mayor monte del hemisferio occidental y uno de los siete más altos del planeta. Con una cima de 6.962 m, tiene sólo 1.890 m de diferencia con el Everest y cuenta con gigantes vecinos, como el monte Mercedario, de 6.705 m, y el monte Tupungato, de 6.570 m de altura. Alrededor de estos colosos se erigen otros grandes picos con una elevación de entre 4.800 y 7.000 m, que nadie en esos parajes salvajes se ha molestado en bautizar.

Dadas las colosales cumbres que se erigían durante kilómetros, era imposible que el Fairchild, con una altitud máxima de crucero de 6.860 m, pudiera recorrer una ruta directa este-oeste para llegar a Santiago. Así, los pilotos habían trazado una ruta alternativa que nos llevaría a 160 km al sur de Mendoza, al paso del Planchón, un estrecho corredor a través de montañas cuyas lomas eran lo suficientemente bajas como para que el avión las sobrevolara. Volaríamos hacia el sur por las estribaciones orientales de los Andes, dejando las montañas siempre a la derecha, hasta que alcanzásemos el paso. Después giraríamos hacia el oeste y atravesaríamos las montañas. Una vez sobrepasadas las montañas del lado chileno, giraríamos a la derecha y volaríamos en sentido norte hacia Santiago. El vuelo duraría una hora y media aproximadamente. Estaríamos en Santiago antes de que anocheciera.

En la primera etapa del vuelo el cielo estuvo calmado, por lo que en menos de una hora ya habíamos llegado a los alrededores del paso del Planchón. Por supuesto, entonces no sabía cómo se llamaba el paso, ni tampoco tenía idea de los planes de vuelo establecidos. Sin embargo, no pude evitar darme cuenta de que, después de volar durante kilómetros con las montañas al oeste, habíamos virado hacia allí y volábamos directamente hacia el corazón de la cordillera. Yo iba sentado junto a la ventanilla en el lado izquierdo del avión y vi cómo el llano y monótono paisaje a mis pies parecía levantarse de un salto de la tierra, primero para formar colinas irregulares y después para elevarse y encorvarse, transformándose en los imponentes repliegues de montañas reales. Las lomas en forma de aletas de tiburón se elevaban como las negras velas de un barco surcando las alturas. Los amenazadores picos se erigían como flechas gigantescas o como las hojas rotas de una hacha. Los angostos valles glaciares cortaban las escarpadas laderas, formando filas de pasos profundos, sinuosos y llenos de nieve que se hacinaban y se cruzaban unos con otros para crear un laberinto inhóspito e interminable de hielo y roca. En el hemisferio sur, el invierno había dado paso al inicio de la primavera, pero en los Andes la temperatura se mantenía normalmente por debajo de los treinta y un grados bajo cero y el aire era igual de seco que en el desierto. Sabía que en esas montañas era habitual que se produjeran aludes y vientos muy fuertes y arrolladores, y que el invierno anterior había sido uno de los más severos de los que se tenía constancia, con nevadas, en algunos lugares, de varios centenares de metros. No discerní ningún color en las montañas, tan sólo manchas apagadas negras y grises. No había vegetación ni vida, sólo rocas, nieve y hielo. Al contemplar todo ese escarpado territorio virgen, no tuve más remedio que reírme de la arrogancia de cualquiera al que se le hubiera ocurrido que los seres humanos habían conquistado la Tierra.

Mientras miraba por la ventana, advertí que se estaban agrupando jirones de niebla, y entonces noté una mano en mi hombro.

—Cámbiame el asiento, Nando. Quiero ver las montañas.

Era mi amigo Panchito, que estaba sentado en el asiento del pasillo a mi lado. Asentí y me levanté. Mientras le cambiaba el asiento, alguien gritó: «¡Piensa rápido, Nando!», y me giré justo a tiempo para atrapar un balón de rugby que alguien me había lanzado desde la parte trasera del avión. Pasé el balón hacia delante y me dejé caer en el asiento. Todo a nuestro alrededor eran risas y conversaciones, la gente se movía entre los asientos, visitando a los amigos a lo largo del pasillo. Algunos, incluido mi antiguo amigo Guido Magri, estaban en la parte de atrás del avión jugando a cartas con algunos miembros de la tripulación, incluido el auxiliar de vuelo, pero cuando el balón empezó a botar por la cabina, el auxiliar se incorporó e intentó calmar el ambiente. «Dejad ese balón, por favor —gritó—. Calmaos y volved a vuestros asientos.» Pero como éramos jóvenes jugadores de rugby que viajábamos con nuestros amigos, no queríamos calmarnos. Nuestro equipo, los Old Christians de Montevideo, era uno de los mejores equipos de rugby de Uruguay y nos tomábamos en serio los partidos de competición. Sin embargo, en Chile íbamos a jugar tan sólo un partido amistoso de exhibición, así que realmente considerábamos el viaje como unas vacaciones y en el avión reinaba la sensación de que éstas ya habían empezado.

Me gustaba viajar con mis amigos, con esos amigos en especial. Habíamos pasado muchas cosas juntos, todos esos años de aprendizaje y entrenamiento, de desengaños amorosos y de victorias logradas con mucho esfuerzo. Habíamos crecido como compañeros de equipo, sacando lo mejor de cada uno de nosotros y aprendiendo a confiar en los demás en los momentos de presión. El juego del rugby no sólo había dado forma a nuestra amistad sino que también había moldeado nuestro carácter y nos había unido como hermanos.

Muchos de nosotros nos conocíamos desde hacía más de diez años, desde que jugábamos al rugby en la escuela bajo la dirección de los Irish Christian Brothers del Colegio Stella Maris. Los Christian

Brothers habían llegado a Uruguay procedentes de Irlanda a principios de la década de los cincuenta, invitados por un grupo de padres católicos que querían que fundaran una escuela privada en Montevideo. Respondieron a la llamada cinco hermanos irlandeses, que en 1955 crearon el Colegio Stella Maris, una escuela privada para chicos de nueve a dieciséis años, ubicada en el barrio de Carrasco, donde vivían la mayoría de los estudiantes.

Para los Christian Brothers, el principal objetivo de la educación católica era formar el carácter, no el intelecto, y sus métodos de enseñanza ponían énfasis en la disciplina, la misericordia, el altruismo y el respeto. Para alentar estos valores fuera de las aulas, los Hermanos nos disuadieron de nuestra pasión natural por el fútbol, característica de Sudamérica, ya que ese juego, en su opinión, fomentaba el egoísmo y la egolatría, y nos encauzaron hacia el juego del rugby, más tosco y terrenal. Durante siglos, el rugby había sido una pasión irlandesa, pero era prácticamente desconocido en nuestro país. Al principio, el juego nos pareció extraño, por lo violento y tosco que era, con muchos empujones y tackles, y que tenía poco de la generosa elegancia del fútbol. Sin embargo, los hermanos creían firmemente que las cualidades necesarias para dominar ese deporte eran las mismas características que uno requería para llevar una vida católica decente (humildad, tenacidad, autodisciplina y devoción por los demás) y se empeñaron en que los alumnos jugáramos a ese juego y lo hiciéramos bien. No tardamos mucho en saber que una vez que los Christian Brothers se ponían algo entre ceja y ceja, nada podía detenerles en su empeño. Así fue que abandonamos los balones de fútbol y nos familiarizamos con el balón grueso y puntiagudo usado en el rugby.

En los largos y duros entrenamientos en los campos de la parte trasera de la escuela, los Hermanos empezaron desde cero, inculcándonos todos los escabrosos entresijos del juego: las montoneras y formaciones, los enfrentamientos de los delanteros del equipo y los saques de banda, cómo patear el balón y pasarlo y cómo hacer placajes. Supimos que los jugadores de rugby no llevan almohadillas ni cascos, pero aun así se esperaba que jugásemos con agresividad y con gran coraje físico. Dado que exigía una estrategia sólida, rapidez de decisión y agilidad, el rugby era considerado más que un brutal juego de fuerza. Sobre todo, el juego requería que los integrantes del equipo desarrollaran un firme sentimiento de confianza. Nos explicaban que cuando uno de nuestros compañeros de equipo se cae o es víctima de un placaje, «se vuelve hierba». Ésta era su forma de decir que un jugador derribado puede ser pisoteado por los contrincantes como si formara parte del césped. Una de las primeras cosas que nos enseñaron fue cómo comportarse cuando un compañero se vuelve hierba. «Debes convertirte en su protector. Debes sacrificarte para protegerle. Él debe saber que puede contar contigo.»

Para los Hermanos, el rugby era más que un juego, era un deporte elevado al estatus de disciplina moral. En el núcleo de todo ello estaba la creencia férrea de que ningún otro deporte enseñaba de un modo tan devoto la importancia del esfuerzo, el sufrimiento y el sacrificio en la búsqueda de un objetivo común. Se mostraban tan apasionados con esa convicción que no tuvimos más remedio que creerles y cuando llegamos a entender el juego en mayor profundidad, nosotros mismos nos dimos cuenta de que los Hermanos tenían razón.

Dicho de un modo simple, el objetivo del rugby es controlar el balón (normalmente mediante una combinación de destreza, velocidad y fuerza bruta) y después, pasándolo con habilidad de un jugador a otro corriendo a toda velocidad, lanzarlo a la línea de gol o intentar tocar la línea de ensayo para obtener puntos. El rugby puede ser un juego de asombrosa velocidad y habilidad, un juego de pases precisos y brillantes maniobras de evasión, aunque, en mi opinión, la esencia del juego sólo puede hallarse en la montonera violenta y controlada denominada *scrum*, la formación característica del rugby en que los delanteros de ambos equipos establecen líneas cerradas. En esta formación, los jugadores de cada equipo se alinean en tres filas, en las que los jugadores, hombro con hombro, tienen los brazos entrelazados con firmeza para formar una red humana entretejida. Los dos *scrums* se preparan y la primera fila de uno de estos *scrums* embiste con los hombros a la primera fila del equipo contrario para formar una especie de círculo cerrado. Cuando el árbitro da la señal, el balón se deja rodar en el interior de este círculo y cada uno de estos *scrums* intenta empujar al contrario lo suficientemente lejos del balón como para que uno de sus propios jugadores de la primera fila pueda patearlo y mandarlo hacia atrás por entre las piernas de sus compañeros de equipo, de forma que quienes están en la parte trasera del *scrum* puedan liberarlo y pasarlo a un jugador de la tercera línea, que es quien empezará el ataque.

El juego dentro del *scrum* puede ser muy violento, ya que las rodillas golpean contra las sienes, los codos sacuden las mandíbulas y las espinillas sangran constantemente por las patadas que se dan con las botas. Es un trabajo duro y brutal. Sin embargo, todo cambia de repente cuando el *scrum* deja medio despejado el balón y empieza el ataque. El primer pase debería dirigirse al ágil apertura, que esquivará a los defensas que se le aproximen, dando tiempo a los jugadores situados tras él para que encuentren un espacio despejado. Justo cuando está a punto de ser placado, el apertura lanza de nuevo el balón hacia el centro interior, que esquiva a un atajador pero tropieza con el siguiente y, mientras cae, hace un pase al ala trasero. Ahora el balón se mueve abruptamente de un tres cuartos a otro: del flanqueador al ala y al centro y de vuelta al ala, mientras cada jugador reduce a los contrincantes, corre a toda velocidad, se zambulle o avanza a toda costa para abrirse paso, antes de que los atajadores le hagan un placaje. El portador del balón será apaleado durante todo su avance, se formarán pelotones donde el balón caiga libre, cada centímetro será una batalla, pero entonces uno de nuestros compañeros encontrará un ángulo, una pequeña ventana de luz y, con un gran esfuerzo final, pasará de largo como un rayo a los últimos defensas y se lanzará a través de la línea de ensayo para conseguir puntos. Asimismo, todo el laborioso trabajo de combate se convierte en una danza magnífica en la que nadie puede atribuirse el mérito, dado que se llega a la línea de ensayo centímetro a centímetro, gracias a la acumulación del esfuerzo individual y, al margen de quién cruzara finalmente con el balón la línea de ensayo, el mérito es de todos.

Mi labor en el *scrum* consistía en alinearme detrás de la primera fila agachada, con la cabeza encajada entre sus caderas, los hombros embestidos contra sus muslos y los brazos extendidos por encima de sus espaldas. Cuando empezaba el partido, tenía que empujar con todas mis fuerzas para intentar llevar hacia delante el *scrum*. Recuerdo muy bien la sensación: al principio, el *scrum* contrario parece muy pesado e imposible de mover. Y aun así, clavas los pies en el césped, resistes el jaque, te niegas a abandonar. Recuerdo, en situaciones de esfuerzo máximo, haber empujado hacia delante hasta tener las piernas completamente estiradas, con el cuerpo recto y paralelo al suelo, casi tocándolo, haciendo fuerza desesperadamente contra lo que parecía un sólido muro de piedra. A veces el jaque parecía durar eternamente, pero si nos manteníamos en nuestra posición y cada uno desempeñaba su función, la resistencia solía ceder y, como si de un milagro se tratase, el objeto inamovible empezaba a moverse. Lo asombroso es que en ese momento de éxito no puedes aislar tu propio esfuerzo individual del de todo el *scrum*. No sabes dónde acaba tu fuerza y empiezan los esfuerzos de los demás. En cierto sentido, ya no existes como ser humano aislado. Durante un breve instante, te olvidas de ti mismo y pasas a formar parte de algo más grande y poderoso de lo que tú podrías ser. Tu esfuerzo y tu empeño se desvanecen en el empeño colectivo del equipo y, si este empeño se aúna y se concentra, el equipo avanza y la piña empieza a moverse por arte de magia.

Para mí, ésta es la esencia del rugby. Ningún otro deporte te da una sensación tan intensa de altruismo y de compartir un objetivo. Creo que ésa es la razón por la que los jugadores de rugby de todo el mundo sienten tanta pasión por este deporte y ese sentimiento de hermandad. Por supuesto, al ser joven, no podía expresar estas ideas con palabras, pero sabía, como también sabían mis compañeros de equipo, que había algo especial en ese deporte y, bajo la dirección de los Christian Brothers, desarrollamos por él un amor apasionado que forjó nuestra amistad y nuestras vidas. Durante ocho años nos dejamos el alma en el juego con los Christian Brothers. Éramos una hermandad de jóvenes con nombres latinos que practicaban un deporte con profundas raíces anglosajonas bajo el soleado cielo uruguayo y que lucían con orgullo el trébol verde claro en sus uniformes. El juego pasó a formar parte de nuestras vidas en tal medida que, de hecho, cuando finalizamos los estudios en el Colegio Stella Maris a los dieciséis años, muchos de nosotros no podía imaginar que nuestros días de rugby se hubieran acabado. Nuestra salvación llegó con el Old Christians Rugby Club, un equipo de rugby privado fundado en 1965 por ex alumnos que jugaban al rugby en el Stella Maris y que brindaba a los jugadores de la escuela la oportunidad de seguir jugando al rugby una vez finalizada la etapa escolar.

Cuando los Christian Brothers llegaron por primera vez a Uruguay, poca gente había visto siquiera un partido de rugby, pero a finales de la década de los sesenta se había popularizado y había gran cantidad de equipos con la calidad suficiente para enfrentarse a los Old Christians. En 1965 nos unimos a la Liga Nacional de Rugby y pronto nos afianzamos como uno de los mejores equipos del país al ganar el campeonato nacional en 1968 y 1970. Animados por el éxito, empezamos a programar partidos en Argentina y pronto descubrimos que podíamos organizar nuestros propios partidos con los mejores equipos que el país tenía para ofrecer. En 1971 viajamos a Chile, donde nos fue bien en partidos contra duros competidores como el equipo nacional de Chile. El viaje fue tan exitoso que se decidió que regresaríamos al año siguiente, en 1972. Llevaba meses esperando con impaciencia el viaje y, al echar un vistazo a la cabina de pasajeros, no tenía duda de que mis compañeros de equipo sentían lo mismo. Habíamos pasado muchas cosas juntos. Sabía que los amigos que había hecho en el equipo de rugby serían para toda la vida. Al verlos allí, en el avión, me alegré de que estuvieran conmigo. Allí estaba Coco Nicholich, nuestro delantero y uno de los jugadores más grandes y fuertes del equipo. Enrique Platero, formal y serio, era nuestro pilar, uno de los corpulentos muchachos que ayudaba a anclar la línea frontal del *scrum*. Roy Harley era un ala, que usaba su velocidad para esquivar a los atajadores y dejarles sin aliento. Roberto Canessa también jugaba en el ala y era uno de los integrantes más fuertes y duros del equipo. Arturo Nogueira era el apertura, fabuloso para los pases largos y el mejor pateador del equipo. Con sólo mirar a Antonio Vizintin, de amplia espalda y grueso cuello, podías deducir que era uno de los delanteros de primera línea que soportaba la mayoría del peso en el *scrum*. Gustavo Zerbino, del que siempre he admirado sus agallas y determinación, era un jugador versátil que servía para muchas posiciones. Marcelo Pérez del Castillo, otro ala, era muy rápido y valiente, un gran porteador de balón y un atajador fiero. Marcelo era también el capitán del equipo, un líder al que hubiéramos confiado nuestra vida. Lo de regresar a Chile fue idea de Marcelo y se había esforzado mucho para hacerlo posible; había alquilado el avión y la tripulación, había organizado los partidos en Chile y había generado una tremenda expectación por el viaje.

Había otros, como Alexis Hounie, Gastón Costemalle y Daniel Shaw, todos ellos estupendos jugadores a la vez que amigos míos. Pero el que era mi amigo desde hacía más tiempo era Guido Magri. Nos conocimos el primer día de clase en el Colegio Stella Maris —yo tenía ocho años y Guido, uno más— y nos volvimos inseparables desde entonces. Guido y yo habíamos crecido juntos, jugando a fútbol y compartiendo nuestra pasión por las motocicletas, los automóviles y las carreras. A los quince años ambos teníamos moto, que habíamos retocado de la forma más tonta —quitando el silenciador, los intermitentes y los guardabarros—, y solíamos ir en ella hasta Las Delicias, un famoso establecimiento de helados de nuestro barrio, donde se nos caía la baba por las chicas del cercano Colegio Sagrado Corazón, a las que tratábamos de impresionar con nuestras motos personalizadas. Guido era un amigo en quien podía confiar, con buen sentido del humor y de risa fácil. También era un destacado jugador en la posición medio *scrum*, rápido y astuto como un zorro, con buenas manos y con un gran coraje. Bajo la dirección de los Christian Brothers, ambos aprendimos a amar el deporte del rugby con una pasión que nos consumía. A medida que transcurrían las temporadas, nos esforzábamos mucho para mejorar nuestra técnica y, al cumplir yo los quince años, ya nos habíamos ganado un puesto en los XV Stella Maris First, la alineación inicial del equipo. Tras finalizar la etapa escolar, ambos nos unimos a los Old Christians y pasamos varias felices temporadas disfrutando de la intensa vida social de los jugadores de rugby jóvenes. Ese ambiente alborotado se acabó bruscamente para Guido en 1969, cuando se enamoró de la hermosa hija de un diplomático chileno. Ahora era su prometida y a él le complacía comportarse bien por consideración hacia ella.

Después de que Guido se comprometiera, le vi menos y empecé a pasar más tiempo con mi otro buen amigo Panchito Abal. Panchito tenía un año menos que yo y, aunque había estudiado en el Stella Maris y había sido miembro de los XV First del colegio, nos habíamos conocido hacía tan sólo unos pocos años, cuando él entró en los Old Christians. Nos hicimos amigos al instante y, durante años, crecimos como si fuéramos hermanos, disfrutando de una gran camaradería y de una profunda amistad entre nosotros, aunque a muchos les debíamos de parecer una pareja peculiar. Panchito era nuestro ala, una posición que exige una mezcla de fuerza, potencia, inteligencia, agilidad y gran rapidez de reacción. Si existe una posición con glamour en un equipo de rugby, es la de ala, y Panchito era perfecto para ese papel. De piernas largas y espalda ancha, con una velocidad deslumbrante y la agilidad de un leopardo, jugaba con una gracia tan natural que incluso sus movimientos más brillantes parecían realizarse sin esfuerzo. Pero todo parecía salirle así a Panchito, sobre todo su otra gran pasión, perseguir a las chicas guapas. Por supuesto, no le perjudicaba mucho el hecho de ser rubio y guapo como una estrella de cine, o que fuera rico, una estrella del deporte y que estuviera dotado de ese carisma natural con el que la mayoría de nosotros sólo podemos soñar. En aquella época creía que no había mujer que pudiera resistirse a Panchito una vez que él le hubiera puesto los ojos encima. No le costaba encontrar chicas; ellas parecían llegar a él y él las escogía con tanta facilidad que a veces parecía cosa de magia. Una vez, por ejemplo, en el descanso de media parte de un partido de rugby, me dijo:

—Tenemos una cita después del partido. Esas dos de la primera fila.

Miré hacia donde estaban sentadas las chicas. Nunca antes las habíamos visto.

—Pero ¿cómo lo has hecho? —le pregunté—. ¡Si no has salido del campo!

Panchito no hizo caso de la pregunta, pero recordé que al principio del partido había perseguido el balón por fuera de los límites del campo cerca de donde estaban sentadas las chicas.

Mi caso era diferente. Aunque sentía una gran pasión por el rugby, éste me exigía bastante esfuerzo. De pequeño me había roto las piernas al caerme de un balcón y las lesiones me habían dejado ligeramente patizambo, lo cual me impedía tener la agilidad necesaria para jugar en las posiciones con más glamour del rugby. Pero como era alto, robusto y rápido, me hicieron delantero de segunda línea. Los delanteros eran buenos soldados de a pie, embistiendo siempre con los hombros en las formaciones y montoneras, avanzando en los *scrums* y saltando alto para atrapar el balón en los saques de banda. Los delanteros suelen ser los jugadores de mayor tamaño y los más fuertes del equipo y, aunque yo era uno de los más altos, era delgado para mi altura. Cuando los robustos cuerpos empezaban a volar, sólo podía sostenerme con gran esfuerzo y determinación.

Para mí, conocer a chicas también exigía un gran esfuerzo, pero nunca dejé de intentarlo. Estaba tan obsesionado con las muchachas bonitas como Panchito, pero mientras yo soñaba con ser un hombre tan apetecible para las mujeres como él, sabía que no estaba a su altura. Al ser un poco tímido, de extremidades larguiruchas y delgaducho, con gafas de pasta y un aspecto de lo más normal, tuve que enfrentarme al hecho de que la mayoría de las chicas no me encontraban extraordinario. No es que no fuera popular, porque tenía mi ración de citas, pero mentiría si dijera que las chicas hacían cola para estar con Nando. Tenía que esforzarme mucho para captar el interés de una chica, pero incluso cuando lo lograba las cosas no siempre salían como las planeaba. Por ejemplo, una vez conseguí, después de meses de intentarlo, una cita con una chica que me gustaba de verdad. La llevé a Las Delicias y ella esperó en el coche mientras yo compraba unos helados. Al volver al coche con un helado en cada mano, me tropecé con algo que había en la acera y perdí el equilibrio. Tambaleándome y zigzagueando violentamente hacia el coche aparcado, traté por todos los medios de mantener el equilibrio y salvar los cucuruchos, pero no pude. A menudo me pregunto cómo vio la escena la chica que estaba dentro del coche: su cita se tambalea hacia ella trazando un gran círculo al otro lado de la calle, encorvado, con los ojos como platos y la boca abierta. Titubea en dirección al coche y entonces parece como si se fuera a abalanzar sobre ella, en vez de eso, su mejilla choca de pleno contra la ventana del conductor y se oye el golpe sordo de su cabeza contra el cristal. Él desaparece de su vista al desplomarse en el suelo y todo lo que queda son los dos trozos de helado que embadurnan la ventana.

Esto no le habría pasado a Panchito ni en cinco vidas. Era una de aquellas personas con un don, y todos le envidiaban por la gracia y la serenidad con la que avanzaba por la vida. Sin embargo, yo lo conocía bien y sabía que la vida de Panchito no era tan fácil como parecía. Debajo de todo el encanto y la seguridad que tenía en sí mismo se escondía un corazón melancólico. Panchito podía ser irritable y distante. A menudo se sumía durante mucho rato en un extraño estado de ánimo en el que su silencio reflejaba su mal humor. Había en él una inquietud, una veta de resentimiento, que me perturbaba. Siempre me acosaba con preguntas del tipo: «¿Hasta dónde vas a llegar, Nando?», «¿Copiarías en un examen?», «¿Atracarías un banco?», «¿Robarías un coche?»...

Yo siempre me reía cuando hablaba así, pero no podía pasar por alto el punto de ira e inquietud que revelaban esas preguntas. No le juzgaba por eso, ya que sabía que todo era fruto de un corazón roto. Los padres de Panchito se habían divorciado cuando él tenía catorce años. Fue una desdicha que le había dejado herido durante años de un modo que no podía curar, y se había quedado muy resentido y con una gran ansia de tener el amor y la comodidad de una familia. Él no tenía hermanos y vivía solo con su padre, que ya había pasado la barrera de los setenta años. No tardé en darme cuenta de que, a pesar de todos los dones naturales con los que la vida le había obsequiado, a pesar de todas las cosas por las que yo le envidiaba, él me envidiaba a mí todavía más por lo único que tenía, algo con lo que él sólo podía soñar: mis hermanas, mi abuela, mis padres, todos viviendo muy unidos en un hogar feliz.

Para mí, Panchito era sin embargo más un hermano que un amigo, y mi familia sentía lo mismo. Desde que lo conocieron, mis padres lo acogieron como a un hijo y no le dieron más opción que creer que nuestro hogar era también el suyo. Panchito aceptó esta invitación con afecto y pronto pasó a formar parte de nuestro mundo con total naturalidad. Pasaba los fines de semana con nosotros, nos acompañaba en los viajes, iba con nosotros de vacaciones y participaba en las celebraciones familiares. Compartía conmigo y con mi padre la pasión por los coches y por el automovilismo y le encantaba acompañarnos a las carreras. Para Susy era un segundo hermano mayor. Mi madre sentía un cariño especial por él. Recuerdo que solía subirse al mostrador de la cocina mientras ella cocinaba y hablaban allí durante horas. A menudo ella se burlaba de su obsesión por las chicas:

—Siempre estás pensando en lo mismo —solía decir ella—. ¿Cuándo vas a madurar?

—¡Cuando madure, que se preparen, porque entonces sí que las voy a acosar! —respondía él—. ¡Sólo tengo dieciocho años, señora Parrado! Estoy empezando.

Podía percibir la gran fuerza y profundidad de Panchito en su fidelidad como amigo, en el feroz modo en que protegía a Susy, en el sosegado respeto que mostraba hacia mis padres, incluso en el afecto con el que trataba al servicio en casa de su padre, que le querían como a un hijo. Sobre todo veía en él a un hombre que no quería nada más en su vida que disfrutar de una familia feliz. Conocía sus sentimientos. Podía ver su futuro: conocería a una mujer que lo haría sumiso y se convertiría en un buen marido y en un padre adorable. Yo también me casaría. Nuestras familias serían una y nuestros hijos crecerían juntos. Por supuesto, nunca hablábamos de estos temas, ya que sólo éramos unos adolescentes, pero creo que sabía que yo pensaba eso de él y que ese conocimiento reforzaba los lazos de nuestra amistad.

Aun así, éramos jóvenes y el futuro era tan sólo un rumor distante. La ambición y la responsabilidad podían esperar. Al igual que Panchito, yo vivía el presente; ya habría tiempo de ponerse serio más adelante. Ahora que era joven era el momento de disfrutar, y éste era sin duda el objetivo de mi vida. No es que fuera vago o egocéntrico, al contrario; me consideraba un buen hijo, un trabajador nato, un amigo fiel y una persona honesta y decente. Simplemente no tenía prisa por madurar. Para mí, la vida era algo que sucedía aquí y ahora. Carecía de principios sólidos, objetivos determinantes o apremio. En aquella época, si me hubieras preguntado por mi propósito en la vida, te hubiera respondido riéndome: «Divertirme.» En ese momento no se me pasaba por la cabeza que sólo podía permitirme el lujo de adoptar esta actitud despreocupada gracias a los sacrificios de mi padre, que desde que era joven se había tomado la vida muy en serio, había planificado sus metas al detalle y, a lo largo de años de disciplina y de esfuerzo, me había obsequiado con una vida de privilegios, seguridad y diversión que yo, inocentemente, daba por sentado.

Mi padre, Seler Parrado, nació en Estación Gonzales, un polvoriento puesto fronterizo en el rico interior agrícola de Uruguay, donde los enormes ranchos de ganado, llamados estancias, producían la preciada ternera de excelente calidad por la que Uruguay es conocido en el mundo entero. Su propio padre era un pobre vendedor ambulante que viajaba en un carro tirado por caballos de una estancia a otra, vendiendo sillas de montar, bridas, botas y otros productos de uso cotidiano en las granjas, a los propios dueños de los ranchos o, directamente, a los robustos gauchos que vigilaban sus rebaños. Su vida era difícil, llena de dureza e incertidumbre y con muy pocas comodidades. Cuando yo me quejaba de mi vida, mi padre solía recordarme que, de niño, su baño era un cobertizo de hojalata a quince metros de su casa y que no vio un rollo de papel higiénico hasta que cumplió los once años y su familia se trasladó a Montevideo.

La vida en el campo dejaba poco tiempo para descansar o jugar. Cada día, mi padre recorría a pie el trayecto de ida y vuelta hasta la escuela por caminos polvorientos, y además se esperaba de él que participara en la lucha cotidiana de la familia por sobrevivir. Al cumplir los seis años, ya trabajaba durante horas en la pequeña casa de su familia, cuidando de los pollos y los patos, trayendo agua del pozo, recogiendo leña y ayudando a su madre a cuidar del huerto. A los ocho años ya se había convertido en ayudante de su padre, así que se pasaba muchas horas en el carro, yendo de un rancho a otro. Su infancia no fue despreocupada, pero le demostró el valor del trabajo duro y le enseñó que no le iban a regalar nada, que su vida sería únicamente lo que él hiciera con ella.

Cuando mi padre cumplió once años, su familia se mudó a Montevideo, donde su padre abrió una tienda en la que vendía todos los artículos que había ofrecido a los rancheros y granjeros del campo. Seler se convirtió en mecánico de coches, ya que sentía una gran pasión por los automóviles y los motores desde que era pequeño, pero al cumplir los veinticinco, mi abuelo decidió jubilarse y mi padre empezó a llevar la tienda. El abuelo había ubicado la tienda estratégicamente, cerca de la estación de tren de Montevideo. En aquella época, el ferrocarril era el principal medio de transporte entre el campo y la ciudad y, cuando los rancheros y gauchos iban a la ciudad a por suministros, bajaban del tren y cruzaban directamente la puerta de la tienda. Sin embargo, para cuando Seler asumió el control del negocio, la situación había cambiado. Los autobuses habían sustituido a los trenes como el medio de transporte más popular y la estación de autobuses no estaba ni mucho menos cerca de la tienda. Para agravar aún más la situación, la era de la maquinaria había llegado al campo uruguayo. Los camiones y tractores redujeron rápidamente la dependencia que tenían los granjeros de los caballos y las mulas, lo cual comportó un espectacular descenso de la demanda de las sillas de montar y bridas que vendía mi padre. Las ventas cayeron; parecía que el negocio iba a fracasar. Entonces Seler hizo un experimento: dejó libre media tienda de utensilios agrícolas y dedicó ese espacio a elementos de ferretería básicos como tornillos y tuercas, clavos y roscas, alambres y bisagras. El negocio empezó a prosperar de inmediato. En el plazo de algunos meses había quitado todos los utensilios agrícolas y había abastecido las estanterías de productos de ferretería. Seguía viviendo al borde de la pobreza y dormía en el suelo de una habitación en el primer piso de la tienda, pero, a medida que las ventas continuaron aumentando, él se dio cuenta de que había encontrado su futuro.

En 1945, ese futuro se enriqueció cuando Seler se casó con mi madre, Eugenia. Ella era igual de ambiciosa e independiente que él y desde el principio fueron más que un matrimonio; formaron un equipo sólido que compartía una visión radiante del futuro. Al igual que mi padre, Eugenia había tenido una juventud difícil. En 1939, con dieciséis años, había emigrado de Ucrania, con sus padres y su abuela, para escapar de los estragos de la segunda guerra mundial. Sus padres, apicultores en Ucrania, se establecieron en el campo uruguayo y llevaron una existencia modesta criando abejas y vendiendo la miel. Era una vida de trabajo duro y pocas oportunidades, así que, al cumplir los veinte años, se mudó a Montevideo, como mi padre, para labrarse un futuro mejor. Trabajaba en las oficinas de un gran laboratorio médico de la ciudad cuando conoció a mi padre y al principio le ayudaba en la ferretería en su tiempo libre. En los primeros tiempos de su matrimonio tuvieron que luchar mucho. Tenían tan poco dinero que no podían permitirse comprar muebles, así que empezaron a compartir sus vidas en un apartamento vacío. Finalmente, su esfuerzo se vio recompensado y la ferretería empezó a obtener ganancias. Cuando nació mi hermana mayor, Graciela, en 1947, mi madre pudo dejar el laboratorio y trabajar a tiempo completo con mi padre. Yo llegué en 1949. Susy me siguió tres años después. Para entonces, Eugenia se había convertido en un elemento importante del negocio familiar y su esfuerzo y astucia para los negocios nos había ayudado a tener un nivel de vida muy cómodo. No obstante, a pesar de la importancia de su trabajo, el centro de la vida de mi madre siempre fueron su hogar y su familia. Un día, cuando yo tenía doce años, anunció que había encontrado la casa perfecta para todos en Carrasco, uno de los barrios residenciales más elegantes de Montevideo. Nunca olvidaré la mirada de felicidad en sus ojos mientras describía la casa: era una construcción moderna de dos plantas en la playa, dijo, con grandes ventanales y espaciosas habitaciones llenas de luz, un amplio jardín de césped y una terraza por la que corría el aire. Tenía unas hermosas vistas del mar, eso fue lo que hizo sobre todo que mi madre la adorara. Aún recuerdo el placer en su voz cuando nos dijo:

—¡Podremos contemplar la puesta de sol sobre el agua!

Tenía los ojos azules bañados de lágrimas. Había empezado desde muy abajo y ahora había encontrado la casa de sus sueños, un lugar que sería su hogar para toda la vida.

En Montevideo, vivir en Carrasco era señal de prestigio y en nuestra casa nueva nos encontramos conviviendo con lo mejor de lo mejor de la sociedad uruguaya. Teníamos como vecinos a los empresarios, profesionales, artistas y políticos más destacados del país. Era un lugar de clase alta y poder, muy diferente del humilde entorno en el que había nacido mi madre, que debía de sentir una enorme satisfacción por haber ganado allí un lugar para nosotros. Sin embargo, tenía los pies demasiado en el suelo como para dejarse impresionar excesivamente por el barrio, o por el hecho de vivir ella misma allí. Por mucho éxito que tuviéramos, mi madre no iba a abandonar los valores con los que creció ni tampoco olvidar quién era. Una de las primeras cosas que mi madre hizo en la casa fue ayudar a su propia madre, Lina, que vivía con nosotros desde que éramos pequeños, a quitar un extenso trozo de césped verde y exuberante junto a la casa para dejar sitio a un enorme huerto. Lina crió también un pequeño grupo de patos y pollos en el patio trasero, y debió de dejar perplejos a los vecinos el saber que esa anciana de ojos azules y pelo blanco, vestida con la sencillez de una campesina europea, que llevaba los utensilios colgados en un cinturón de cuero a la cintura, tenía una pequeña granja en uno de los barrios más refinados y cuidados de la ciudad. Con los entrañables cuidados de Lina, el huerto pronto empezó a generar abundantes cosechas de judías, guisantes, verdura, pimientos, calabazas, maíz y tomates. Era mucho más de lo que podíamos comer, pero mi madre no dejaría que nada se echase a perder. Se pasaba horas en la cocina con Lina envasando el excedente de producción en potes de vidrio, que guardaba en la despensa para que pudiéramos disfrutar de la cosecha del huerto todo el año. Mi madre detestaba el despilfarro y las pretensiones, valoraba la frugalidad y nunca perdió la fe en el valor del trabajo duro. El negocio de mi padre le exigía mucho y trabajaba con esfuerzo para que tuviera éxito. También tenía un papel muy activo en nuestras vidas, ya que siempre estaba allí para despedirnos al irnos al colegio o para darnos la bienvenida a casa al regreso, y nunca se perdía mis partidos de fútbol y rugby ni las obras de teatro y recitales de mi hermana en la escuela. Era una mujer con una energía tremenda y, sin embargo, tranquila, llena de coraje y sabios consejos, con una gran reserva de ingenio y buen juicio que le hacía ganarse el respeto de todos cuantos la conocían. Una vez, como parte de una expedición del Club Rotario, mi madre acompañó a quince niños de Carrasco en una visita de fin de semana a Buenos Aires. Horas después de su llegada, se produjo un golpe militar en esa ciudad para derrocar al gobierno argentino. El caos reinaba en las calles y el teléfono de nuestra casa sacaba humo por las llamadas de padres preocupados que querían saber si sus hijos estaban a salvo. Oí una y otra vez a mi padre asegurarles, con una confianza total en su voz:

—Están con Xenia, estarán bien.

Y estaban bien, gracias a los esfuerzos de mi madre. Casi era medianoche cuando decidió que Buenos Aires ya no era seguro. Sabía que el último transbordador a Montevideo zarparía en unos minutos, así que telefoneó a la compañía de transbordadores y convenció a los inquietos comandantes para que retrasasen la última salida hasta que ella llegara con los niños. Entonces reunió a todos los niños con sus equipajes y les condujo por las caóticas calles de Buenos Aires hasta el oscuro muelle donde estaba atracado el transbordador. Todos embarcaron a salvo y el transbordador zarpó justo después de las tres de la madrugada, tres horas después de la salida que tenía prevista. Era una auténtica fuente de fortaleza, pero su fortaleza siempre se basaba en la cordialidad y el amor.

Cuando empecé el instituto, mis padres tenían tres grandes y prósperas ferreterías en Uruguay. Mi padre también importaba mercancías de todo el mundo y las vendía al por mayor a las ferreterías más pequeñas de todo Uruguay. El chico pobre de Estación Gonzales había llegado muy lejos en su vida y creo que esto le daba una gran satisfacción, pero nunca me cupo la menor duda de que todo lo había hecho por y para nosotros. Nos había dado una vida con un grado tal de comodidades y privilegios que su propio padre nunca podría haber llegado a imaginar, nos había sustentado y protegido del mejor modo que pudo y, aunque no era un hombre que expresara sus sentimientos, siempre mostró su amor por nosotros de un modo sutil, silencioso, acorde al tipo de hombre que era.

De pequeño, mi padre solía llevarme a la ferretería, enseñarme las estanterías y compartir con paciencia los secretos de todos los brillantes artículos en los que se fundamentaba la prosperidad de nuestra familia.

—Esto es un tornillo articulado, Nando. Sirve para sujetar cosas a una pared hueca. Esto es una arandela; refuerza un agujero en una lona para que puedas atravesarla con una cuerda para sujetarla. Esto es un tornillo de ancla. Esto es un tornillo de torno. Esto son tuercas de alas. Aquí guardamos las arandelas: arandelas partidas, arandelas de freno, arandelas de anillo y arandelas planas de todos los tamaños. Tenemos tornillos de cabeza cuadrada, tornillos de cabeza Phillips, tornillos de cabeza ranurada, tornillos para metales, tornillos para madera, tornillos de autoinserción... Hay clavos normales, puntillas francesas, clavos para techos, clavos anillados, clavos de caja, clavos de mampostería, clavos de doble cabeza, más tipos de clavos de los que puedas imaginar...

Valoraba mucho estos momentos. Adoraba la amable seriedad con la que compartía sus conocimientos y me hacía sentir cerca de él saber que creía que yo era lo suficientemente mayor como para confiarme su saber. De hecho, no estaba simplemente jugando, sino que me estaba enseñando lo necesario para poder ayudarle en la tienda. Sin embargo, incluso de niño podía ver que lo que me estaba enseñando mi padre era un concepto mucho más profundo: que la vida es metódica, que la vida tiene sentido.

—Mira, Nando, cada trabajo tiene la tuerca, el tornillo, la bisagra o la herramienta correctos.

Tanto si lo hacía a propósito como si no, me estaba enseñando la lección magistral que sus años de sufrimiento le habían enseñado: no estés en las nubes, presta atención a los detalles, a la realidad de las cosas, a sus tuercas y tornillos. No puedes construir una vida basada en sueños y deseos. La buena vida no cae del cielo, sino que te la construyes desde abajo, con mucho esfuerzo y con ideas claras. Todo tiene sentido. Hay reglas y realidades que no cambiarán para ajustarse a tus necesidades, tu tarea es entender estas reglas. Si lo haces y si trabajas duro y con inteligencia, todo te saldrá bien.

Ésa era la sabiduría que había forjado la vida de mi padre y que él me transmitió de muchas formas distintas. Para él, por ejemplo, los coches eran muy importantes. Como ávido seguidor de los deportes de motor y como corredor aficionado que era, se jactaba mucho de su técnica de conducción y de su capacidad para cuidar sus automóviles. Se aseguró de que yo entendiera qué había bajo el capó de un coche, cómo funcionaban todos sus sistemas y qué mantenimiento exigía habitualmente. Me enseñó a sangrar los frenos, a cambiar el aceite y a poner el motor a punto. También se pasó horas enseñándome a conducir bien, con brío, sí, pero de un modo suave y seguro y siempre con equilibrio y control. De Seler aprendí a embragar doble mientras cambiaba de marcha, a evitar el desgaste de la caja de cambios. Me enseñó a escuchar el ruido del motor y a comprenderlo, para que pudiera acelerar y cambiar de marcha justo en el momento correcto, a estar en armonía con el coche y a obtener de él el mejor rendimiento. Me enseñó a trazar la línea exacta al girar y la manera correcta de tomar una curva yendo rápido: frenas mucho justo antes de entrar en la curva, luego cambias a una marcha más corta y aceleras suavemente cuando estás atravesando la curva. Los aficionados a los automóviles llaman a esta técnica «punta y tacón» por el trabajo de pies que comporta, ya que el pie izquierdo lleva el embrague y el derecho se apoya en el talón para ir desde el pedal de freno hasta el acelerador. Es un tipo de conducción que exige práctica y concentración, pero mi padre insistió en que la aprendiera porque era la forma correcta de conducir. Permitía que el coche se mantuviera equilibrado y respondiera pero, lo que es más importante, daba al conductor el control que necesitaba para resistir las fuerzas físicas del peso y la inercia que, si no se tenían en cuenta, podían sacar el vehículo de golpe de la carretera o enviarlo dando coletazos a un desgraciado accidente. Mi padre me dijo:

—Si no conduces así, tu coche simplemente flotará al dar una curva. Conducirás a ciegas, perdiendo el control de las fuerzas que actúan contra ti y confiando en que el próximo tramo de carretera no te dará sorpresas.

El respeto que sentía por mi padre era infinito, al igual que el valor que le daba a la vida que nos ofrecía. Quería por todos los medios ser como él pero, cuando llegué al instituto, tuve que aceptar el hecho de que éramos muy distintos. Yo carecía de su visión clara de las cosas o de su tenacidad pragmática. Veíamos el mundo de un modo sumamente diferente. Para mi padre, la vida era algo que creabas con mucho esfuerzo, con una planificación al detalle y con auténtica fuerza de voluntad. Para mí, el futuro era como una historia que se va desenvolviendo lentamente, con argumentos y subargumentos que se retorcían para que nunca alcanzaras a ver demasiado lejos en el camino. La vida era algo que descubrir, algo que llegaba a su ritmo. Aunque no era ni vago ni indulgente conmigo mismo, era un tanto soñador. La mayoría de mis amigos conocían su futuro: trabajarían en el negocio familiar o en las mismas profesiones que sus padres. En general se esperaba que yo hiciera lo mismo, pero no me podía imaginar vendiendo artículos de ferretería toda la vida. Quería viajar, quería aventura, emoción y creatividad. Más que ninguna otra cosa, soñaba con convertirme en piloto de carreras como mi ídolo Jackie Stewart, el campeón del mundo en tres ocasiones y tal vez el mejor piloto de todos los tiempos. Al igual que Jackie, sabía que conducir era más que los caballos de potencia y la velocidad a secas, era cuestión de equilibrio y ritmo, había poesía en la armonía existente entre el piloto y su vehículo. Sabía que un conductor excelente es más que un individuo atrevido; es un virtuoso con el coraje y tiene el talento necesario para acelerar su coche hasta el límite de sus capacidades, desafiando al peligro y a las leyes de la física mientras se mueve a toda velocidad por el filo de una navaja a medio camino entre el control y el caos. Ése es el encanto del automovilismo. Ése era el tipo de piloto que yo soñaba con ser. Al mirar fijamente el póster de Jackie Stewart que tenía colgado en mi habitación, me convencía de que él lo entendía. Incluso imaginaba que él vería en mí a una alma gemela.

Pero estos sueños parecían inalcanzables. A pesar de mis intensas ensoñaciones, cuando finalmente llegó la hora de elegir universidad, elegí la Facultad de Agricultura porque allí era donde iban la mayoría de mis amigos. Cuando mi padre se enteró, se encogió de hombros y sonrió.

—Nando, las familias de tus amigos tienen granjas y ranchos, pero nosotros tenemos ferreterías —me dijo.

No le costó mucho convencerme de que cambiara de opinión. Al final hice lo más lógico: entré en la Facultad de Empresariales sin una idea seria de lo que significaría la universidad para mí ni de adónde me llevaría esta decisión: ¿me graduaría? ¿Llevaría las ferreterías? La vida se me presentaría cuando estuviera preparado. Mientras tanto, me pasé el verano siendo Nando: jugué a rugby, conocí a chicas con Panchito, piloté mi pequeño Renault por las carreteras de la costa de Punta del Este, asistí a fiestas y me tumbé al sol; viví el momento, dejándome llevar por la marea, esperando a que mi futuro se revelara, siempre contento de que otros llevaran las riendas.

No pude evitar pensar en mi padre cuando el Fairchild sobrevoló el paso del Planchón. Nos había dejado en el aeropuerto de Montevideo al inicio de nuestro viaje.

—Divertíos —dijo—. Os vendré a buscar el lunes.

Besó a mi madre y a mi hermana, me dio un cálido abrazo y regresó a la oficina, al mundo metódico y predecible en el que prosperaba. Mientras nosotros nos divertíamos en Chile, él haría lo de siempre: resolver problemas, cuidar de todo, trabajar duro y ser nuestro sostén. Por amor a su familia se había propuesto un futuro que nos mantendría a todos a salvo, felices y siempre juntos. Lo había planeado todo bien y había prestado atención hasta el último detalle. Los Parrado siempre serían afortunados. Creía en ello con tal firmeza y confiábamos tanto en él que, ¿cómo íbamos siquiera a dudarlo?

—Abrochaos los cinturones —dijo el auxiliar de vuelo—. Vamos a atravesar una zona de turbulencias.

Estábamos atravesando el paso del Planchón. Panchito seguía en la ventana pero, como estábamos inmersos en una espesa niebla, no había mucho que ver. Pensaba en las chicas que Panchito y yo habíamos conocido en nuestro último viaje a Chile. Habíamos ido con ellas a la zona costera de Viña del Mar y habíamos salido hasta tan tarde que casi nos perdemos el partido de rugby a la mañana siguiente. Habían accedido a volver a vernos este año y se habían ofrecido a recogernos en el aeropuerto, pero nuestra escala en Mendoza nos había retrasado. Aun así, esperábamos que pudiéramos encontrarlas. Estaba a punto de comentarle esto a Panchito cuando el avión se ladeó y bajó de repente. Notamos cuatro golpes bruscos cuando la parte central del avión esquivó con gran esfuerzo las zonas de turbulencia. Algunos de los muchachos gritaron y vitorearon, como si estuvieran en la montaña rusa de un parque de atracciones.

Yo me incliné hacia delante y sonreí a Susy y a mi madre para tranquilizarlas. Mi madre parecía preocupada. Había dejado el libro que estaba leyendo y le había dado la mano a mi hermana. Quería decirles que no se preocuparan pero, antes de que pudiera hablar, el estómago me dio un vuelco; el fondo pareció desprenderse del fuselaje y el avión descendió lo que debían de ser cientos de metros de altura.

Ahora el avión daba tumbos y se inclinaba a causa de las turbulencias. Mientras los pilotos luchaban por estabilizar el Fairchild, noté el codo de Panchito en el costado.

—Mira eso, Nando —dijo—. ¿Deberíamos estar tan cerca de las montañas?

Me incliné para mirar por la ventanilla. Estábamos volando en medio de un espeso cúmulo de nubes pero, a través de los claros podía ver una impresionante pared de roca y nieve que pasaba a gran velocidad. El Fairchild daba bruscas sacudidas y la punta del ala ladeada no estaba a más de siete metros de la montaña. Durante un segundo más o menos, me quedé mirando incrédulo y entonces los motores del avión rechinaron mientras los pilotos trataban desesperadamente de hacer subir el avión. El fuselaje empezó a vibrar de una forma tan violenta que temí que se rompiera en pedazos. Mi madre y mi hermana se giraron para mirarme por encima de sus asientos. Nuestras miradas se encontraron durante un instante, justo cuando un fuerte temblor sacudió el avión. Se produjo un terrible chirrido, como si estuvieran afilando un metal. De repente vi el cielo sobre mi cabeza. Una ráfaga de aire gélido me golpeó la cara y me di cuenta, con una tranquilidad extraña, de que las nubes remolineaban por el pasillo. No había tiempo para recapacitar, rezar o sentir miedo. Todo sucedió en un abrir y cerrar de ojos. Entonces una increíble fuerza me propulsó del asiento y me abalancé hacia delante, sumergiéndome en la más completa oscuridad y silencio.

CAPÍTULO DOS

Todo lo que amaba

—Eh, Nando, ¿tienes sed? —Era mi compañero de equipo, Gustavo Zerbino, agachado a mi lado, aplastándome una bola de nieve en los labios. La nieve estaba fría y me quemaba la garganta mientras la tragaba, pero tenía el cuerpo tan sediento que la devoré a grandes bocados y pedí más. Habían pasado varias horas desde que desperté del coma. Tenía la mente más lúcida y me asediaban miles de preguntas. Cuando acabé con la nieve, le indiqué con un gesto a Gustavo que se acercara.

—¿Dónde está mi madre? —pregunté—. ¿Dónde está Susy? ¿Están bien?

El rostro de Gustavo se quedó impasible.

—Descansa —respondió—. Aún estás muy débil.

Se alejó, y durante un rato los demás se mantuvieron a distancia. Una y otra vez les supliqué que me dijeran cómo estaban mis seres queridos, pero mi voz no dejaba de ser un ronco susurro y les resultaba fácil hacer ver que no me oían.

Me quedé tumbado temblando en el frío suelo del fuselaje mientras los demás trabajaban con ahínco a mi alrededor, prestando atención por si oía la voz de mi hermana y echando un vistazo alrededor por si distinguía el rostro de mi madre. Desesperado, quería contemplar la amable sonrisa de mi madre, sus profundos ojos azules, quería que me acurrucara en sus brazos y me dijera que todo saldría bien. Eugenia era el corazón emocional de nuestra familia. Su saber, fortaleza y coraje habían sido los cimientos de nuestras vidas y la necesitaba tanto ahora que el hecho de perderla se me antojaba como un dolor físico peor que el frío o que las palpitaciones en mi cabeza.

Cuando Gustavo vino de nuevo con otra bola de nieve, le agarré por la manga.

—¿Dónde están, Gustavo? —insistí—. Por favor.

Gustavo me miró directamente a los ojos y debió de ver que yo estaba preparado para obtener una repuesta.

—Nando, debes ser fuerte —dijo—. Tu madre ha muerto.

Cuando recuerdo este momento no puedo decir por qué esta noticia no acabó conmigo. Nunca había necesitado tanto sentir las caricias de mi madre y ahora me estaban diciendo que ya no las sentiría nunca más. Durante un breve instante, la pena y el pánico explotaron en mi corazón con tanta violencia que temí enloquecer, pero entonces se formó una idea en mi cabeza, una idea que tomó la forma de una voz tan lúcida e imparcial que podría haber sido alguien susurrándome al oído. La voz me dijo: «No llores. Las lágrimas malgastan sal y la necesitas para sobrevivir.»

Me consternó la calma de esta idea y me quedé perplejo por la sangre fría de la voz que la expresaba. ¿Que no llorara por mi madre? ¿Que no llorara por la mayor pérdida en mi vida? ¡Estoy perdido en los Andes, me estoy congelando, puede que mi hermana esté moribunda y tengo el cráneo partido en miles de pedazos! ¿Y no debería llorar?

La voz volvió a hablarme: «No llores.»

—Hay otra cosa —me dijo Gustavo—. Panchito ha muerto, y Guido también. Y muchos otros también.

Negué débilmente con la cabeza porque no podía creerlo. ¿Cómo podía estar pasando todo esto? Se me hizo un nudo en la garganta pero, antes de que pudiera rendirme a mi pena y mi conmoción, la voz volvió a hablar, esta vez más alto: «Se han ido todos. Todos forman parte de tu pasado. No malgastes tu energía en lo que no puedes controlar. Mira hacia delante. Piensa con claridad. Sobrevivirás.»

Gustavo seguía arrodillado junto a mí. Yo quería agarrarle del brazo, sacudirle y hacerle confesar que todo era mentira. Entonces me acordé de mi hermana y, sin ningún esfuerzo por mi parte, hice lo que quería la voz, dejé que la tristeza por mi madre y por mis amigos se diluyera en el pasado y me invadió una terrible ola de temor por mi hermana. Me quedé mirando aturdido a Gustavo mientras reunía el coraje necesario para la pregunta que tenía que formular.

—Gustavo, ¿dónde está Susy?

—Está allí —contestó, señalando hacia la parte trasera del avión—, pero está muy malherida.

De repente, todo cambió para mí. Mi propio sufrimiento se mitigó y me invadió un apremiante deseo de llegar hasta mi hermana. Luchando por ponerme en pie, intenté caminar, pero el dolor que sentía en la cabeza me hizo desfallecer y me desplomé de golpe en el suelo del fuselaje. Descansé un rato, después me di la vuelta para ponerme boca abajo y me arrastré con los codos hasta donde estaba ella. Por todo el suelo a mi alrededor había esparcidos todo tipo de restos que recordaban la violenta interrupción de la vida cotidiana: vasos de plástico rotos, revistas desplegadas, naipes y libros de bolsillo. Los dañados asientos del avión estaban apilados con desorden cerca de la pared de la cabina del piloto y mientras reptaba sobre mi estómago pude ver, a ambos lados del pasillo, los puntales metálicos rotos que habían sujetado los asientos al suelo. Durante un instante imaginé la excepcional fuerza que haría falta para arrancar los asientos de aquellas sujeciones tan fuertes.

Avanzaba poco a poco hacia Susy, pero estaba muy débil y recorría cada centímetro con lentitud. Pronto me quedé sin fuerzas y dejé que mi cabeza se desplomara en el suelo para descansar. Entonces noté cómo unos brazos me levantaban y tiraban de mí. Alguien me estaba ayudando a llegar a la parte trasera del avión, donde, tumbada de espaldas, estaba Susy. A primera vista no parecía estar malherida. Aunque todavía tenía manchas de sangre en la frente, era evidente que alguien se las había limpiado. Le habían retirado el pelo de la cara. Alguien la había reconfortado. Llevaba puesto el abrigo nuevo que se había comprado justo para el viaje, un bonito abrigo de piel de antílope; su suave cuello de piel le daba golpecitos en la mejilla animado por la gélida brisa.

Mis amigos me ayudaron a tumbarme a su lado. La abracé y le susurré al oído:

—Estoy aquí, Susy. Soy Nando.

Se giró y me miró con esos dulces ojos suyos color caramelo pero tenía la mirada desenfocada y no estaba seguro de que me hubiera reconocido. Se enroscó en mis brazos como para acercarse a mí, entonces gimió débilmente y se apartó. Le dolía estar tumbada de esa forma, así que la dejé que buscara una postura menos dolorosa y la abracé de nuevo, envolviéndola con mis brazos y piernas para protegerla, lo mejor que podía, del frío. Me quedé tumbado con ella así durante horas. Casi todo el rato estuvo quieta. A veces sollozaba o gemía débilmente. A veces llamaba a nuestra madre.

—Mamá, por favor —decía llorando—. Tengo mucho frío, por favor, mamá, vámonos a casa.

Estas palabras se me clavaban en el corazón como flechas. Susy era la hija preferida de mi madre y las dos habían compartido una ternura especial. Tenían un carácter tan similar, eran tan amables, pacientes y afectuosas, se sentían tan bien juntas que no recuerdo haberlas visto nunca peleadas. Solían pasar mucho tiempo juntas, cocinando, dando paseos o tan sólo hablando. Las recuerdo muchas veces sentadas solas en el sofá, con las cabezas juntas, susurrando, asintiendo, riéndose de algún secreto compartido. Creo que mi hermana se lo contaba todo a mi madre. Confiaba en su consejo y le pedía asesoramiento sobre aquello que le importaba, como sus amistades, los estudios, la ropa, las ambiciones, los valores y, sobre todo, las relaciones con los hombres.

Susy había heredado los rasgos ucranianos de mi madre, fuertes y débiles a la vez, y le encantaba que le explicaran cosas sobre los orígenes de la familia en Europa del Este. Recuerdo que cada día, cuando solíamos tomarnos un café con leche al regresar de la escuela, ella solía persuadir a mi abuela Lina para que contara anécdotas del pueblecito rústico en el que nació: el frío y la nieve que había en invierno y la forma en que los habitantes tenían que compartirlo todo y trabajar juntos para sobrevivir. Era consciente de los sacrificios que Lina había hecho para ir a Uruguay y creo que estas historias la hacían sentir más cerca del pasado de nuestra familia. Susy compartía el amor de mi madre por la proximidad de la familia, pero no era tan casera como ella. Tenía muchos amigos, le encantaban la música, el baile y las fiestas y, al igual que adoraba nuestra vida familiar en Montevideo, siempre había soñado con ver otros lugares. Con dieciséis años se fue a pasar un año como estudiante de intercambio con una familia de Florida, una experiencia que le enseñó a amar Estados Unidos.

—Allí todo es posible —solía decirme—. Puedes tener un sueño y hacerlo realidad.

Su sueño era cursar sus estudios universitarios en Estados Unidos, y a menudo solía sugerir que acabaría quedándose allí más tiempo.

—¡Quién sabe! —comentaba—. ¡Tal vez conozca allí a mi marido y me convierta en norteamericana para siempre!

De pequeños, Susy y yo nos considerábamos mutuamente los mejores compañeros de juegos. A medida que crecimos, me convertí en su leal confidente. Ella compartía sus secretos conmigo, me confesaba sus esperanzas y sus preocupaciones. Recuerdo que siempre le preocupó su peso; creía que estaba demasiado rolliza, pero no era cierto. Aunque era de caderas y hombros anchos, era alta, tenía buen cuerpo y estaba proporcionada. Tenía la constitución robusta y definida de una gimnasta o nadadora. Sin embargo, su auténtica belleza residía en su profunda mirada acaramelada, en su piel fina y en la dulzura y fortaleza que resplandecían a través de sus facciones firmes y bondadosas. Era joven y aún no había tenido un novio formal, y yo sabía que le preocupaba que los chicos no la encontraran atractiva; pero, cuando la miraba, yo no veía más que belleza. ¿Cómo podía convencerla de que era un tesoro? Desde que nació, mi hermana había sido para mí el mejor de los regalos, y la primera vez que la sostuve en mis brazos supe que siempre me encargaría de protegerla. Mientras yacíamos juntos en el suelo del fuselaje recordé un día en la playa cuando éramos pequeños. Susy era prácticamente un bebé y yo tenía cinco o seis años. Ella jugaba con la arena, y el sol le iluminaba los ojos. Yo no me bañaba ni jugaba, sino que siempre la vigilaba, controlando que no se metiera en el oleaje, donde la marea podía arrastrarla, ni se adentrara en las dunas, donde algún extraño podría llevársela. Nunca la perdía de vista, y amedrentaba con la mirada a todo aquel que se le acercaba. Ya de niño era consciente de que la playa estaba llena de peligros y debía estar alerta para velar por la seguridad de mi pequeña hermana.

Ese instinto de protección no hizo más que aumentar a medida que nos hacíamos mayores. Insistía en conocer a sus amigos y los lugares que frecuentaba y, cuando tuve edad para conducir, me convertí en el chófer habitual de Susy y su pandilla. Solía llevarles a bailes y fiestas y recogerles después. Me gustaba hacerlo. Me satisfacía saber que estaban a salvo conmigo. Recuerdo haberles llevado al gran cine de nuestro barrio, un lugar donde todos nuestros amigos solían encontrarse el fin de semana. Ella se sentaba con sus amigos y yo con los míos, pero no le quitaba el ojo de encima ni en la oscuridad, controlando siempre que estuviera bien, asegurándome de que ella supiera que estaba lo suficientemente cerca en caso de que me necesitara. Otras chicas hubieran detestado tener un hermano así, pero creo que a Susy le gustaba que me preocupara por ella y, al final, eso nos unió más todavía.

Ahora, mientras la tenía en mis brazos, sentía una horrible punzada de impotencia. Verla sufrir me producía una angustia atroz, pero no podía hacer nada para evitarlo. Siempre había hecho todo lo posible para mantener a Susy a salvo y evitarle el dolor. Incluso ahora, en el armazón destrozado del avión, habría entregado mi propia vida para acabar con su sufrimiento y enviarla a casa con mi padre.

¡Mi padre! Con todo el caos y la confusión que reinaban, no había tenido tiempo de pararme a pensar por lo que estaría pasando. Hacía tres días que se habría enterado de la noticia y durante todo ese tiempo habría vivido creyendo que nos había perdido a todos. Le conocía bien, sabía su profundo sentido práctico y sabía que no se permitiría el lujo de darse falsas esperanzas. ¿Sobrevivir a un accidente de avión en los Andes? ¿En invierno? Imposible. Podía verlo con claridad, mi querido y fuerte padre dando vueltas en la cama, perplejo por esta pérdida inimaginable. Después de su preocupación por nosotros, de su trabajo y su planificación, de toda su confianza en el orden del mundo y en la certeza de nuestra felicidad, ¿cómo podría soportar la cruda realidad? No podía protegernos. Se me partió el alma al pensar en él; seguro que el dolor de su alma era más fuerte que la sed, el frío, el atroz miedo y el dolor de un cráneo hecho añicos. Lo imaginé lamentándose por mi pérdida. ¡Afligido por mí! No podía soportar la idea de que pensara que yo había muerto. Sentí un apremiante, casi violento, deseo de estar junto a él, de consolarle, de decirle que estaba cuidando de mi hermana, de demostrarle que no nos había perdido a todos.

—Estoy vivo —le susurré—. Estoy vivo.

Necesitaba desesperadamente la fortaleza de mi padre, su sabiduría. Sin duda, si él estuviera aquí, sabría cómo llevarnos a casa. A medida que pasaba la tarde, el cielo se oscurecía y bajaba la temperatura, me iba sumiendo en una auténtica desesperación. Me sentía tan lejos de mi padre como un alma que se va al cielo. Parecía que nos hubiéramos caído por una grieta y hubiéramos entrado en un infierno helado desde el que no había manera de regresar al mundo normal. Al igual que otros chicos, conocía los mitos y leyendas de héroes que habían caído en un inframundo diabólico o que se habían adentrado engañados en un bosque encantado del que no había escapatoria. En la lucha por volver a casa, habían pasado por numerosas experiencias penosas, como enfrentarse a dragones y demonios, hacer frente con ingenio a hechiceros y navegar por mares traicioneros; pero incluso esos grandes héroes necesitaban la ayuda de la magia para salir airosos, los consejos de un sabio, una alfombra voladora, un don secreto o una espada maravillosa. Nosotros éramos un grupo de muchachos sin experiencia que nunca habíamos sufrido de verdad en la vida. Pocos de nosotros habían visto siquiera la nieve. Ninguno de nosotros había pisado siquiera una montaña. ¿Dónde encontraríamos a un héroe? ¿Qué magia nos llevaría a casa?

Hundí el rostro en el pelo de Susy para evitar sollozar. Entonces, como si tuviera voluntad propia, un viejo recuerdo empezó a iluminar mi mente, una historia que mi padre me había contado cientos de veces. Cuando era joven, mi padre era uno de los mejores deportistas de remo de competición de Uruguay y un verano viajó a Argentina para competir en una carrera en un tramo del río Uruguay conocido como el delta del Tigre. Seler era un remero con mucha fuerza y rápidamente desbancó a todos, excepto a un remero argentino que se quedó junto a él. Remaron a toda velocidad, codo con codo, durante toda la carrera, intentando con todas sus fuerzas obtener una ligera ventaja con respecto al otro pero, cuando apareció la línea de meta, su competidor seguía estando demasiado cerca como para dar la carrera por terminada. A mi padre le ardían los pulmones y tenía las piernas paralizadas por los calambres. Todo lo que quería era desplomarse, inflar de aire los pulmones y acabar con su sufrimiento. «Habrá otras carreras», se dijo mientras aflojaba la mano del remo. Sin embargo, al observar a su rival en la canoa, junto a él, vio en el rostro de ese hombre la más auténtica de las agonías.

—Me di cuenta de que estaba sufriendo tanto como yo —me dijo mi padre—, así que al final decidí no rendirme. Decidí que sufriría un poco más.

Con una determinación renovada, Seler clavó el remo en el agua y avanzó con tantas fuerzas como pudo reunir. El corazón le salía por la boca, el estómago le daba vuelcos y sentía como si le arrancaran los músculos de los huesos, pero se obligó a luchar y, cuando los dos remeros llegaron a la línea de meta, la cabeza de mi padre llegó primero, por centímetros.

Tenía cinco años la primera vez que mi padre me contó esa historia y me sobrecogió esa imagen de él, tentando a la rendición y a la vez tratando de hallar la voluntad para resistir. De niño, le pedía que me la contara una y otra vez. Nunca me cansé de oírla ni olvidé esa imagen heroica de mi padre. Al cabo de muchos años, cuando lo observaba en la oficina de la ferretería, cansado, trabajando hasta tarde, inclinado sobre su mesa y aguzando la vista a través de sus gruesas gafas para revisar las pilas de facturas y pedidos, seguía viendo a ese joven heroico en el río argentino, sufriendo, luchando y negándose a rendirse, un hombre que sabía dónde estaba la línea de meta y que haría lo que fuera necesario para llegar hasta ella.

Acurrucado en el avión junto a Susy, pensé en mi padre luchando en ese río argentino. Intenté encontrar la misma fuerza en mí mismo, pero todo lo que sentía era impotencia y miedo. Oí su voz, su consejo de siempre: «Sé fuerte, Nando, sé inteligente. Busca tu propia suerte. Cuida a la gente que quieres.» Sin embargo, estas palabras no me inspiraban más que un pesimista sentimiento de pérdida.

Susy gimió levemente y se movió en mis brazos.

—No te preocupes —le susurré—. Nos encontrarán. Nos llevarán a casa.

No puedo decir si me creía estas palabras o no. Lo único en que pensaba ahora era en consolar a mi hermana. El sol se estaba poniendo y, a medida que oscurecía dentro del fuselaje, el aire gélido se volvía aún más punzante. Los demás, que ya habían sido testigos de dos largas noches en las montañas, se colocaron en sus zonas dormitorio y se prepararon para el sufrimiento que sabían que les esperaba. Pronto reinó una oscuridad total en el avión y el frío se cernió sobre nosotros como las fauces de una prensa de tornillo, con una crudeza que me dejó sin aliento. Parecía haber malicia en él, un deseo predatorio, pero no había forma de repeler su ataque, excepto acurrucándome más cerca de mi hermana. El propio tiempo parecía haberse congelado. Me quedé tumbado en el frío suelo del fuselaje, atormentado por las gélidas ráfagas de viento que entraban por todas las grietas, temblando sin control durante lo que parecieron horas interminables, seguro de que el amanecer debía de estar al llegar. Entonces alguien con un reloj con luz dio la hora y me di cuenta de que tan sólo habían pasado unos minutos. Sufrí durante toda la interminable noche, de una inspiración helada a la siguiente, de un tembloroso latido del corazón al siguiente..., y cada instante era un infierno distinto. Cuando pensaba que ya no podría resistirlo, abrazaba con más fuerza a Susy y la idea de que la estaba reconfortando me mantenía cuerdo. Cuando el sol se hubo puesto del todo, la oscuridad que reinaba en el fuselaje era tan absoluta que ni siquiera podía ver la cara de Susy, tan sólo oír su respiración dificultosa. Mientras permanecía tumbado a su lado, la dulzura de mi amor por ella, por los amigos a los que había perdido y por mi familia, la repentina conciencia del valor y de la fragilidad de mi propia vida y de mi futuro, se expandían dentro de mí con un dolor tan profundo que agotó todas mis fuerzas y, durante un instante, creí que iba a morir. Me esforcé por calmarme y me acerqué más a Susy, rodeándola con los brazos con tanta suavidad como podía, consciente de sus heridas y resistiéndome a la necesidad de abrazarla con todas mis fuerzas. Apreté mi mejilla contra la suya para poder sentir su cálido aliento en la cara y la sostuve así toda la noche, con suavidad, muy cerca, sin soltarla ni un momento, abrazándola como si abrazara todo el amor, la paz y el gozo que había conocido en el pasado y que ya nunca más conocería; como si sujetándola firmemente pudiera evitar que todo lo que amaba se me escapara de las manos.

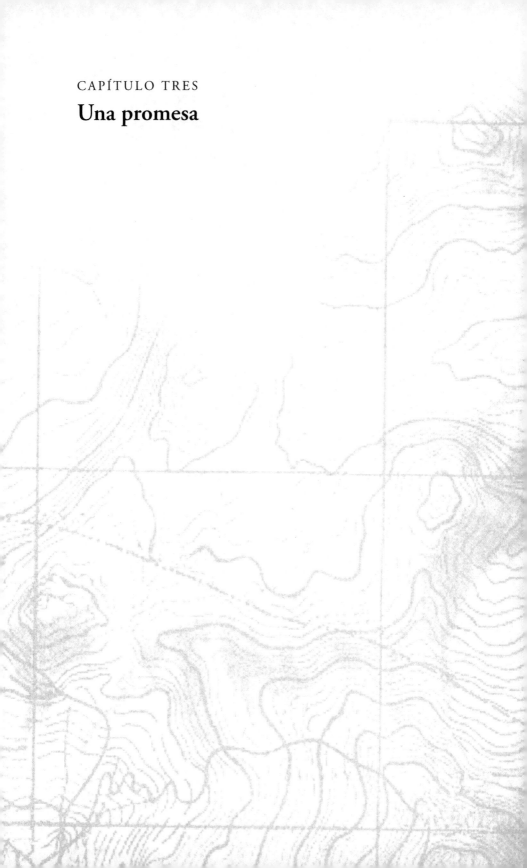

CAPÍTULO TRES

Una promesa

Dormí muy poco esa primera noche y, mientras yacía despierto en la gélida oscuridad, me parecía que nunca amanecería. Por fin un fino haz de luz iluminó poco a poco las ventanas del fuselaje y los demás empezaron a desperezarse. Se me partió el alma nada más verlos, con el pelo, las cejas y los labios relucientes, cubiertos de una gruesa capa de escarcha plateada, y moviéndose rígida y lentamente, como ancianos. Cuando empecé a levantarme me di cuenta de que se me había congelado la ropa, que estaba tiesa, y de que tenía escarcha acumulada en las cejas y en las pestañas. Me obligué a ponerme de pie. Seguía sintiendo palpitaciones de dolor en el interior de la cabeza, pero la hemorragia había cesado así que salí tambaleándome del fuselaje para contemplar por primera vez el extraño mundo blanco en el que habíamos caído.

El sol de la mañana iluminaba las laderas cubiertas de nieve con un fuerte destello blanco y tuve que entrecerrar los ojos para inspeccionar el paisaje en torno al lugar del accidente. El maltrecho fuselaje del Fairchild había ido a parar a un glaciar lleno de nieve que daba a la ladera oriental de una descomunal montaña nevada. El avión se había asentado con su arrugado morro apuntando ligeramente hacia abajo de la falda de la montaña. El propio glaciar se sumergía en la montaña y después emergía en un ancho valle que serpenteaba durante kilómetros a través de la cordillera hasta que desaparecía en un laberinto de montañas coronadas de nieve que se alejaba hacia el horizonte oriental. El oeste era el único punto en el que podíamos ver lo que había a gran distancia, dado que al norte, al sur y al oeste las colosales montañas nos tapaban la vista. Sabíamos que estábamos en la parte alta de los Andes, pero las nevadas laderas por encima de nosotros se elevaban aún más de forma que teníamos que echar la cabeza hacia atrás para ver las cimas. En la cumbre, las montañas interrumpían el manto blanco de la nieve con sus picos negros en forma de pirámides, de aletas de tiburón o de enormes muelas rotas. Las cordilleras formaban un semicírculo dentado que rodeaba el lugar del accidente como si fueran las paredes de un monstruoso anfiteatro, con los restos del Fairchild en el escenario central.

Mientras inspeccionaba nuestro nuevo entorno, me sentí tan desconcertado por la fantástica rareza del lugar que al principio tuve que esforzarme para convencerme de que era real.

Las montañas eran tan enormes, tan puras y silenciosas, tan lejanas e inalcanzables, que simplemente no podía orientarme. Había vivido toda la vida en Montevideo, una ciudad de un millón y medio de habitantes, y nunca me había planteado que las ciudades eran lugares prefabricados, construidos con escalas y marcos de referencia diseñados para adaptarse a las necesidades y a la susceptibilidad de los seres humanos. Los Andes, sin embargo, habían roto la corteza terrestre millones de años antes de que los humanos siquiera habitaran la Tierra. Nada en ese lugar era favorable para la vida humana, ni siquiera reconocía su existencia. El frío nos torturaba, el aire con poco oxígeno nos agotaba los pulmones, el sol sin filtro nos cegaba y nos levantaba ampollas en los labios y la piel, y la nieve era tan profunda que una vez el sol de la mañana había fundido la capa helada que se formaba en su superficie cada noche, no podíamos aventurarnos a alejarnos del avión sin hundirnos hasta las caderas. Además, en los interminables kilómetros de laderas congeladas y valles que nos tenían atrapados, no había nada que un ser vivo pudiera usar como alimento, ni un pájaro, ni un insecto, ni una hierba. Tendríamos más probabilidades de sobrevivir si estuviéramos varados mar adentro o perdidos en el Sahara. En esos lugares al menos existen algunas formas de vida. En los colosales Andes, en cambio, ningún tipo de vida sobrevive a los fríos meses del invierno. Allí estábamos absurdamente fuera de lugar, como un caballito de mar en un desierto o como una flor en la luna. Empezó a crecer un temor en mi mente, un pensamiento inmaduro que todavía no podía verbalizar: «La vida aquí es una anomalía y las montañas aguantarán esa anomalía durante poco tiempo.»

Desde las primerísimas horas que pasé en la montaña, sentí, hasta la médula, la inmediatez del peligro que nos rodeaba. No hubo nunca un instante en el que no sintiera la realidad y proximidad de la muerte ni un instante en que no estuviera absorbido por un miedo instintivo. Aun así, mientras estaba de pie fuera del Fairchild, no podía evitar dejarme encandilar por la imponente grandeza de todo lo que nos rodeaba. La belleza allí era increíble, tanto en la inmensidad y la autoridad que imponían las montañas como en los campos de nieve que, azotados por el viento, emitían unos destellos perfectamente blancos o en la asombrosa hermosura del cielo de los Andes. Cuando alcé la vista, el cielo estaba despejado y mostraba una iridiscente sombra de un azul frío y profundo. Su misteriosa belleza me dejó anonadado pero, al igual que todo lo demás allí, la inmensidad y el vacío de ese cielo infinito me hizo sentir pequeño y perdido, demasiado lejos de casa. En ese mundo primitivo, con sus abrumadoras proporciones, su esplendor inerte y su misterioso silencio, me sentí torpemente confuso respecto a la realidad en su sentido más fundamental y eso fue lo que más me asustó, ya que muy dentro de mí sabía que nuestra supervivencia allí dependería de nuestra capacidad para reaccionar a desafíos y catástrofes que no podíamos siquiera llegar a imaginar. Jugábamos un partido contra un rival desconocido e implacable. El desafío era atroz, jugar bien o morir, pero ni siquiera conocíamos las reglas básicas del juego. Sabía que si quería salvarme debería entender esas reglas pero el gélido mundo blanco a mi alrededor no me daba ninguna pista.

En aquellos primeros días de la penosa experiencia, hubiera asumido mejor mi nueva realidad si hubiera recordado más cosas del accidente. Dado que pasé en coma los primeros tres días, no tuve conocimiento de nada hasta que recuperé el sentido. Sin embargo, la mayoría del resto de supervivientes había estado consciente cada segundo de la tragedia y, cuando explicaron los detalles del accidente y los desesperados días que le siguieron, me di cuenta de que era un milagro que algunos de nosotros siguiéramos con vida.

Recordaba el vuelo por el paso del Planchón, donde atravesamos una capa de nubes tan espesa que la visibilidad era prácticamente nula y los pilotos se vieron obligados a volar guiándose sólo por el panel de mandos. Las fuertes turbulencias desestabilizaban constantemente el avión y llegó un momento en el que chocamos contra una bolsa de aire que hizo que el aparato bajara de golpe varios cientos de metros. El rápido descenso nos dejó bajo las nubes y ése fue probablemente el momento en que los pilotos vieron por primera vez la negra cordillera que se elevaba al frente. Inmediatamente aceleraron los motores del Fairchild en un intento desesperado por ganar altura. Con ese esfuerzo se pudo elevar el morro del avión unos pocos grados y se evitó la colisión frontal con la cordillera que, a una velocidad de crucero de 370 km/h, hubiera hecho añicos el Fairchild. Sin embargo, ya era demasiado tarde para rectificar y el avión no se elevó lo suficiente como para sobrevolar la montaña. La panza del Fairchild embistió contra la cordillera más o menos en el punto donde las alas se unen al cuerpo del avión y el daño fue catastrófico. Primero se desmembraron las alas. El ala derecha cayó en espiral por las profundidades del paso. La izquierda embistió contra el aparato, provocando que la hélice se seccionara contra el casco del Fairchild antes de que éste también se precipitara por las montañas. Medio segundo después, el fuselaje se fracturó a lo largo de una línea justo por encima de mi cabeza y la cola se separó y cayó. Todos los que iban detrás de mí se perdieron, el navegante del avión, el auxiliar de vuelo y los tres chicos que jugaban a cartas. Uno de esos muchachos era Guido.

En ese mismo instante, había sentido cómo me elevaba de mi asiento y era arrojado hacia delante con una fuerza indescriptible, como si un gigante me hubiera alzado como una pelota de béisbol y me hubiera lanzado con todas sus fuerzas. Recuerdo haberme dado un fuerte golpe contra algo, quizá la pared entre la cabina de pasajeros y la del piloto. Noté cómo la pared se encorvaba y después perdí el conocimiento, de forma que para mí se acabó el accidente. Sin embargo, el resto siguió soportando un viaje aterrador mientras el fuselaje, desprovisto de las alas, los motores y la cola, se deslizaba como un misil a la deriva. En ese momento se nos hizo el primero de muchos milagros. El avión no se tambaleó ni dio vueltas sino que, por los principios aerodinámicos que fueran, lo que quedaba del Fairchild siguió volando lo suficiente como para sortear otra cordillera negra hasta que el avión perdió impulso y al final el morro se hundió y empezó a caer. En ese momento nos salvó un segundo milagro, ya que el ángulo de descenso del Fairchild se ajustó casi exactamente a la escarpada ladera de la montaña por la que estábamos cayendo. Si ese ángulo hubiera sido unos cuantos grados más inclinado, el avión hubiera dado vueltas de campana por la montaña y se hubiera despedazado. En cambio, el aparato aterrizó sobre su barriga y empezó a deslizarse vertiginosamente por la ladera nevada a modo de tobogán. Los pasajeros gritaban y rezaban en voz alta mientras el fuselaje avanzaba como una bala a 320 km/h a lo largo de más de 350, encontrando un afortunado camino entre las enormes piedras y los afloramientos rocosos que salpicaban la montaña antes de embestir contra una berma de nieve y de pararse de un modo repentino y violento. El golpe de la colisión fue brutal. El morro del avión se arrugó como un vaso de papel. En la cabina de pasajeros los asientos saltaron de las guías colocadas en el suelo del fuselaje, se abalanzaron hacia delante con la gente sentada en ellos y se precipitaron contra la pared de la cabina del piloto. Varios pasajeros quedaron aplastados al instante cuando las filas de asientos se cernieron sobre ellos como los pliegues de un acordeón y después se desplomaron cayendo en una pila de mutilados que llenó la parte delantera del fuselaje hasta casi tocar el techo.

Coche Inciarte, uno de los seguidores del equipo, me contó cómo se había aferrado a la parte trasera de su siento delantero mientras el avión caía por la montaña, creyendo que iba a morir en cualquier momento. Tras el impacto, dijo, el fuselaje rodó ligeramente hacia la izquierda y después se asentó con pesadez sobre la nieve. Durante un rato no hubo más que silencio pero pronto la calma se quebró con gemidos débiles y después con gritos más agudos de dolor. Coche se vio a sí mismo tumbado en la maraña de asientos, ileso y sorprendido de estar vivo. Había sangre por todas partes y de debajo de la jungla comprimida de asientos asomaban las manos y las piernas de los cuerpos inmóviles. Sumamente confuso, se fijó en su corbata, que había sido desgarrada por la fuerza del viento durante el tremendo descenso del avión por la montaña.

Álvaro Mangino recordaba haber sido impulsado debajo del asiento de delante en el impacto final. Mientras yacía atrapado en el suelo, oyó los gemidos y el griterío a su alrededor y recordaba sobre todo estar desconcertado por el aspecto de Roy Harley, que parecía haberse vuelto de color azul claro. Más tarde se daría cuenta de que Roy estaba empapado de carburante.

Gustavo Zerbino está sentado junto a Álvaro. Explicó que, en el primer impacto, cuando el avión golpeó la cordillera, vio cómo el asiento en el que iba sentado Carlos Valeta se arrancó del suelo y desapareció en el cielo. Mientras el fuselaje bajaba deslizándose por la ladera, Gustavo se puso en pie y se agarró al compartimento para equipajes situado encima de su cabeza. Cerró los ojos y rezó:

—Jesús, Jesús, ¡quiero vivir! —gritó. Estaba seguro de que iba a morir.

Milagrosamente, seguía de pie cuando el avión se empotró en la nieve y frenó de repente. «Así que es cierto —pensó—. Sigues pensando cuando te mueres.» Entonces abrió los ojos. Cuando vio los restos del avión frente a él, dio un paso atrás instintivamente y de inmediato se hundió hasta las caderas en la nieve. Al alzar la vista contempló la dentada línea de la fractura por donde se había separado la cola del fuselaje y se dio cuenta de que todo y todos los que estaban detrás de él habían desaparecido. El suelo del fuselaje estaba ahora a la altura de su pecho y, mientras se impulsaba para volver a subir al avión, tuvo que pasar por encima del cuerpo inerte de una mujer de mediana edad que tenía la cara amoratada y cubierta de sangre pero en la que reconoció instantáneamente a mi madre. Gustavo, estudiante de Medicina de primer año, se inclinó y le tomó el pulso, pero ya había fallecido. Avanzó por el fuselaje hacia el montón de asientos. Levantó uno de ellos de la pila y encontró debajo a Roberto Canessa. Éste, que también estudiaba Medicina, no estaba herido y, al poco rato, Roberto y Gustavo empezaron a levantar más asientos del montón y a atender, lo mejor que pudieron, a los pasajeros heridos que liberaron.

Al mismo tiempo Marcelo Pérez trataba de salir de entre los restos del avión. Marcelo se hirió en el costado en el accidente y, tenía la cara amoratada, pero estas heridas eran de poca importancia y en calidad del capitán que había sido durante mucho tiempo, asumió el control de inmediato. Lo primero que hizo fue organizar a los muchachos que habían salido ilesos y enviarles a liberar a los pasajeros que habían quedado atrapados bajo el montón de asientos rotos. Era una tarea laboriosa. La fuerza del choque había estrujado los asientos de forma que se formó una maraña imposible de desmontar, ya que cada asiento se encontraba trabado con el resto en montones demasiado pesados como para ser movidos. Muchos de los supervivientes eran deportistas, con una preparación física excelente, pero, aun así, mientras intentaban arrancar los asientos de la pila, notaron lo mucho que les costaba respirar en el empobrecido aire de la montaña.

A medida que los pasajeros eran rescatados uno a uno de los asientos destrozados, Roberto Canessa y Gustavo Zerbino evaluaron su estado de salud e hicieron todo cuanto pudieron para curar las heridas, algunas de ellas espeluznantes. Arturo Nogueira tenía las piernas rotas por varios lados. Álvaro, una pierna rota, al igual que Pancho Delgado. En el estómago de Enrique Platero había impactado un tubo de acero de quince centímetros como si fuera la punta de una lanza, y cuando Zerbino lo arrancó de un tirón del estómago de su amigo salieron con él varios centímetros de intestino. La herida de la pierna derecha de Rafael Echavarren era incluso más horripilante. El músculo de la pantorrilla se le había desgarrado del hueso, enrollándosele hacia delante de tal forma que colgaba en una masa resbaladiza que le cruzaba la espinilla. Cuando Zerbino lo encontró, el hueso de la pierna de Echavarren estaba totalmente al descubierto. Zerbino, tragándose el asco que sentía, agarró el músculo suelto, lo apretó para colocarlo en su lugar y después vendó la pierna cubierta de sangre con tiras de la camiseta blanca de alguien. También vendó el estómago de Platero y entonces, este último, tranquilo y estoico, se fue de inmediato a ayudar a liberar al resto de quienes estaban atrapados en los asientos.

A medida que iban sacando a los pasajeros de los restos del avión, los «médicos» se sorprendían al comprobar que la mayoría de los supervivientes había sufrido tan sólo heridas leves. Canessa y Zerbino limpiaron y vendaron las heridas. Enviaron a otros, con lesiones en brazos y piernas, al glaciar, donde pudieron calmar el dolor al refrescar las extremidades en la nieve. Todo aquel superviviente ileso liberado de la montaña de asientos se convertía en otro trabajador, de modo que pronto fueron liberados todos los pasajeros atrapados todos, excepto uno, una mujer de mediana edad llamada señora Mariani. La señora no viajaba con nuestro grupo, sino que iba a la boda de su hija en Chile y había comprado los billetes de avión directamente a las fuerzas aéreas para poder viajar por poco dinero. En el accidente, el respaldo de su asiento se había arrojado hacia delante, presionándole el tórax contra las rodillas y dejando atrapadas sus piernas por debajo del asiento. Le habían caído encima otros asientos, los cuales la habían sepultado bajo una pila tan pesada y tan perversamente enmarañada que no había forma humana de liberarla. Tenía las dos piernas rotas y gritaba de agonía, pero no se podía hacer nada por ella.

Tampoco se podía hacer nada por Fernando Vásquez, uno de los seguidores del equipo. Cuando Roberto lo examinó tras el accidente, parecía aturdido pero ileso, así que Roberto prosiguió con su ronda. Cuando Roberto volvió para ver cómo estaba, encontró a Vásquez muerto en su asiento. La hélice le había seccionado la pierna por debajo de la rodilla cuando cortó el casco y, en el rato que Roberto estuvo alejado de él, éste se había desangrado hasta morir. El médico de nuestro equipo, Francisco Nicola, y su mujer, Esther, habían volado de sus asientos y yacían sin vida, uno al lado del otro, en la parte delantera de la cabina de pasajeros. Susy estaba tumbada junto al cuerpo de mi madre. Estaba consciente pero se mostraba incoherente, y la sangre le discurría por el rostro. Roberto le limpió la sangre de los ojos y vio que procedía de una herida superficial en el cuero cabelludo, aunque él sospechaba, con acierto, que había sufrido lesiones internas mucho más graves. A unos centímetros de distancia encontraron a Panchito, con una hemorragia craneal y divagando en un estado de semiconsciencia. Roberto se arrodilló a su lado y Panchito le dio la mano, suplicándole que no se fuera. Roberto le limpió la sangre de los ojos, le consoló y después prosiguió con la ronda. En la parte delantera del avión me encontró a mí inconsciente, con la cara cubierta de sangre y de contusiones negruzcas, y con la cabeza hinchada como una pelota de baloncesto. Me miró el pulso y se sorprendió al ver que mi corazón aún latía. Sin embargo, mis lesiones parecían tan graves que no me dio esperanzas de vida, así que él y Zerbino continuaron, ahorrando esfuerzos para aquellos a los que creían que podían ayudar.

Llegaban quejidos desde la cabina del piloto, cuya puerta estaba irremediablemente bloqueada por una barricada de asientos amontonados, por lo que Canessa y Zerbino tuvieron que salir fuera del fuselaje y esforzarse por llegar a la parte delantera del avión a través de la profunda capa de nieve, por donde treparon hasta llegar a la bodega de equipajes y poder entrar así en la cabina del piloto. Encontraron a Ferradas y a Lagurara atrapados en sus asientos. El impacto final del avión con el banco de nieve había aplastado el morro del Fairchild y empujado el cuadro de mandos contra su pecho, dejándoles clavados contra el respaldo. Ferradas estaba muerto. Lagurara en cambio estaba consciente, pero herido de gravedad y con un enorme dolor. Canessa y Zerbino intentaron sacar el cuadro de mandos del tórax del copiloto, pero éste no se movió.

—Hemos pasado Curicó —murmuró Lagurara, mientras los chicos trataban de ayudarlo—. Hemos pasado Curicó.

Canessa y Zerbino lograron quitar el cojín del respaldo de su asiento, lo cual alivió un poco la presión sobre el tórax, pero no podían hacer mucho más por él. Le dieron un poco de nieve para calmar su sed y le preguntaron si podían usar la radio del Fairchild. Lagurara les explicó cómo sintonizar la emisora para la transmisión, pero al intentar enviar un mensaje se dieron cuenta de que la radio había muerto. Lagurara imploró que le dieran más nieve, ellos accedieron. Después, se dieron la vuelta para marcharse. Cuando Lagurara fue consciente de que no tenía esperanzas, pidió a los muchachos que le llevaran el revólver que guardaba en su bolsa de vuelo, pero Canessa y Zerbino lo ignoraron y se dirigieron de regreso a la cabina de pasajeros. Mientras descendían desde la cabina del piloto, oyeron cómo Lagurara murmuraba:

—Hemos pasado Curicó. Hemos pasado Curicó.

De nuevo en el fuselaje, Marcelo hizo mentalmente algunos cálculos siniestros. Nos habíamos estrellado a las tres y media de la tarde. Suponía que no sería antes de las cuatro cuando los funcionarios pudieran confirmar que el avión no había aterrizado. Para cuando pudieran movilizar a un helicóptero de rescate, serían las cinco y media o las seis. Los helicópteros no nos alcanzarían hasta como mínimo las siete y media de la tarde y, dado que ningún piloto en su sano juicio sobrevolaría los Andes de noche, Marcelo sabía que el rescate no se iniciaría hasta el día siguiente. Tendríamos que pernoctar allí. La luz solar se estaba desvaneciendo y la temperatura, que ya era bajo cero cuando nos estrellamos, seguía descendiendo con rapidez. Marcelo sabía que no estábamos preparados para resistir una noche invernal en los Andes. Llevábamos sólo ropa de verano fina; algunos llevábamos americana o chaqueta deportiva pero la mayoría estábamos en mangas de camisa. Carecíamos de abrigos de lana, mantas o algo que nos protegiera del crudo frío. Marcelo sabía que a menos que encontráramos una forma de convertir el fuselaje en un refugio aceptable, ninguno duraría hasta la mañana. Sin embargo, el avión estaba tan lleno de asientos revueltos y restos desperdigados que no había espacio suficiente en el suelo para que los heridos estuvieran tumbados, y menos aún para que pudieran dormir las decenas de supervivientes ilesos.

Consciente de que debíamos sacar la maraña de asientos del interior del fuselaje, Marcelo se puso a trabajar. Primero reunió a un grupo de supervivientes sanos y les encomendó la tarea de transportar a los muertos y a los heridos. Empezaron sacando a los fallecidos al aire libre, usando largas tiras de nailon que habían encontrado en el compartimento de equipajes. A los heridos se los trasladó con más delicadeza y, una vez estuvieron todos sobre la nieve, Marcelo indicó a los supervivientes que despejaran el suelo del fuselaje tanto como pudieran. Los colaboradores trabajaron valientemente para cumplir sus órdenes pero el trabajo era agotador y extremadamente lento. Sufrían por el gélido viento y les costaba respirar. Cuando la oscuridad se cernió sobre ellos, acababan de limpiar un pequeño espacio cerca del abismal agujero en la parte trasera del fuselaje.

A las seis en punto Marcelo ordenó a los demás que metieran de nuevo a los heridos en el interior del avión. Entonces, los supervivientes sanos entraron uno tras otro y se prepararon para la larga noche que se les avecindaba. Cuando todos estuvieron bien colocados, Marcelo empezó a construir un muro provisional para sellar la enorme abertura en la parte trasera del fuselaje, por donde se había roto la cola. Con la ayuda de Roy Harley apiló maletas, fragmentos del aparato y asientos sueltos en el agujero y después tapó los huecos con nieve. Aunque no era ni mucho menos hermético y la temperatura ambiente del fuselaje seguía siendo terriblemente gélida, Marcelo tenía la esperanza de que el muro nos protegiera de lo peor del frío bajo cero.

Cuando terminaron la barricada, los supervivientes se acomodaron para pasar la noche. El Fairchild había llevado a bordo cuarenta y cinco personas, entre pasajeros y miembros de la tripulación, de los que se sabía que cinco habían muerto en el accidente y ocho habían desaparecido, por lo que no contaban como fallecidos, aunque los supervivientes estaban seguros de que al menos uno de ellos, Carlos Valeta, estaba muerto. Zerbino había visto el asiento de Valeta caer del avión pero, aunque resulte increíble, había sobrevivido a la caída. Justo después del accidente, un grupo de muchachos le había divisado haciendo eses por la ladera de la montaña a unos pocos cientos de metros del Fairchild. Le llamaron y pareció volver la vista hacia el lugar del accidente, pero justo entonces se tambaleó sobre la profunda capa de nieve, se desplomó por la ladera y se perdió de vista. Eso dejaba a treinta y dos personas vivas en el lugar del accidente. Lagurara seguía atrapado en la cabina del piloto. Algunos de los heridos, junto con Liliana Methol, la única superviviente de sexo femenino ilesa, se agruparon al abrigo del compartimento de equipajes del Fairchild, que era el lugar más cálido del avión. El resto se agolpó en un angosto espacio en el suelo lleno de basura del fuselaje que no medía más de 2,5 por 3 metros cuadrados.

Puesto que se había hecho de noche tan rápido no había habido tiempo de quitar todos los cadáveres y los supervivientes se vieron obligados a acurrucarse entre los muertos, apartando los cuerpos sin vida de sus amigos para hacerse un poco más de espacio. Parecía una escena sacada de las peores pesadillas, pero el miedo y el sufrimiento físico que soportaban los supervivientes eran más fuertes que su horror. Los estrechos cuartos eran sumamente incómodos y, a pesar de la pared que construyó Marcelo, el frío era insoportable. Los supervivientes se acurrucaron todos juntos para compartir su calor corporal e incluso algunos de ellos pidieron a los chicos que yacían a su lado que les pellizcaran brazos y piernas para activar el paso de la sangre por sus venas.

Afortunadamente, Roberto se dio cuenta de que el forro de tela de los asientos se podía desabrochar y quitar con facilidad para usarse de manta. Aunque estaba hecho de nailon fino y protegía poco del frío, Roberto sabía que los riesgos de la hipotermia eran fatales y que debían hacer todo lo que estuviera en sus manos para conservar el calor corporal. Las mantas no evitarían que nadie sufriera por el frío, pero ayudarían a conservar el calor necesario para sobrevivir hasta el amanecer.

A mí me tumbaron junto a Susy y a Panchito en la base de la pared que había construido Marcelo. El suelo de nuestra zona se había desgarrado durante el accidente, por lo que el aire frío se colaba desde abajo. Nos colocaron allí porque ya no tenían la esperanza de que sobreviviéramos mucho tiempo y guardaron los lugares donde se estaba más caliente para quienes tenían más probabilidades de resistir. Susy y Panchito, que seguían conscientes, debieron de sufrir terriblemente esa primera noche, pero yo seguía en coma, así que me libré de esa agonía. De hecho, es posible que el gélido aire me salvara la vida al reducir una inflamación que me hubiera destrozado el cerebro.

A medida que la noche avanzaba el frío se cernía sobre los supervivientes, helándoles hasta los huesos y agobiándoles sobremanera. Cada instante era una eternidad y, mientras se desvanecía el último atisbo de luz, era como si la oscuridad de la montaña se filtrara en el alma de los supervivientes. Todo el trabajo que habían realizado tras el accidente había evitado que se recrearan en sus miedos y el esfuerzo físico les había ayudado a entrar en calor pero, ahora, mientras yacían indefensos en la oscuridad, no había nada que los protegiera del frío o, peor aún, de la desesperación. Los supervivientes que habían rendido estoicamente a la luz del día lloraban y gritaban de dolor durante la noche. Se producían feroces ataques de ira cuando alguien cambiaba de postura en los concurridos cuartos y chocaba contra la pierna herida de otro o cuando alguien daba una patada sin querer mientras intentaba dormir. El tiempo transcurría muy despacio.

En algún momento Diego Storm, otro estudiante de Medicina de nuestro grupo, vio algo en mi cara que le hizo pensar que yo sobreviviría, así que me arrastró desde la base de la pared que había construido Marcelo hasta un lugar más cálido en el fuselaje, donde los demás me darían calor corporal. Algunos pudieron dormir esa noche pero la mayoría se limitó a soportarla, segundo a segundo, suspiro tras suspiro, mientras el sonido del sufrimiento y del delirio llenaba la oscuridad. Con un hilo de voz, Panchito pedía ayuda patéticamente y murmuraba constantemente que se estaba congelando. Susy rezaba y llamaba a nuestra madre. La señora Mariani gritaba y sollozaba en agonía. En la cabina del piloto, el copiloto, desvariando, suplicaba que le dieran su pistola e insistía una y otra vez en que «Hemos pasado Curicó, hemos pasado Curicó».

—Era una pesadilla, Nando —me dijo Coche—. Era el infierno de Dante.

Los supervivientes sufrieron durante toda esa primera noche en un entorno caótico. Las horas se hicieron interminables hasta que, finalmente, llegó la mañana. Marcelo fue el primero en levantarse. El resto, acurrucados aún en el suelo del fuselaje para entrar en calor, se mostraba reacio a ponerse en pie, pero él les obligó a levantarse. A pesar de que la noche les había trastocado profundamente, a medida que se iban poniendo en marcha, con la luz del día filtrándose en el interior de la cabina, su estado de ánimo mejoró. Habían hecho lo imposible: sobrevivir a una noche de invierno en los Andes. Sin duda, los equipos de rescate acudirían en su busca ese mismo día. Durante toda esa horrible noche, Marcelo les había asegurado que así sería. Ahora estaba seguro de que estarían pronto en casa, de que lo peor de su traumática experiencia había pasado.

Mientras los demás se preparaban para el día que tenían por delante, Canessa y Zerbino avanzaron por el fuselaje, examinando a los heridos. Panchito yacía quieto y rígido. Había fallecido durante la noche. En la cabina del piloto hallaron el cuerpo sin vida de Lagurara. La señora Mariani también estaba inmóvil pero cuando Canessa intentó moverla volvió a gritar presa de la agonía, así que la dejó sola. Cuando regresó a examinarla de nuevo, había fallecido.

Hicieron todo lo posible por los supervivientes heridos. Limpiaron heridas, cambiaron vendajes y llevaron a los numerosos muchachos con algún hueso roto al glaciar, donde podían aliviar el dolor al dejar reposar en la nieve las extremidades destrozadas. Encontraron a Susy tumbada junto al cadáver de Panchito. Aunque estaba consciente, seguía delirando. Roberto le frotó los pies, que estaban negros por la congelación que sufrían, y le limpió de nuevo la sangre de los ojos. Susy tenía todavía la lucidez necesaria como para agradecerle su amabilidad.

Mientras los médicos proseguían con las rondas, Marcelo y Roy

Harley habían derrumbado parte de la pared que habían construido la noche anterior y los supervivientes empezaron su segundo día en la montaña. Durante todo el día buscaron en el cielo señales que indicaran su rescate. A finales de la tarde oyeron un avión que les sobrevolaba, pero como el cielo estaba encapotado sabían que no podían haberles visto. Al llegar el crepúsculo, en el que la luz se desvanecía con rapidez, los supervivientes se reunieron en el fuselaje para enfrentarse a otra larga noche. Al tener más tiempo para trabajar, Marcelo había construido una pared mejor y más resistente al viento. Se había sacado del fuselaje al último de los cadáveres, lo cual, junto con la ausencia de otros que habían muerto, permitió que hubiera más espacio para dormir en el suelo. Aun así, la noche fue larga y el sufrimiento, amargo.

Al tercer día por la tarde desperté finalmente del coma y, mientras recuperaba lentamente la razón, me desconcertó el hecho de imaginar las horrorosas situaciones que mis amigos habían soportado. La dureza de lo que habían pasado parecía haberles envejecido. Estaban ojerosos y pálidos por la tensión y la falta de sueño. El agotamiento físico y la falta de energía que provocaba el aire sin oxígeno de la montaña hacía que sus movimientos fueran lentos e inseguros, de forma que muchos de ellos iban encorvados y arrastraban los pies por el lugar del accidente como si hubieran envejecido decenas de años en las últimas treinta y seis horas. Ahora había veintinueve supervivientes, la mayoría varones de edades comprendidas entre los diecinueve y veintiún años, aunque había otros que tan sólo tenían diecisiete. El superviviente de más edad era Javier Methol, de treinta y ocho años de edad, pero se encontraba tan mal por las náuseas y la fatiga que le causaba el mal de altura que apenas podía tenerse en pie. Ambos pilotos y la mayoría de la tripulación habían fallecido. El único miembro de la tripulación que había sobrevivido era Carlos Roque, el mecánico del avión. Sin embargo, la conmoción del accidente le había dejado tan sumamente consternado que lo único que podíamos sonsacarle era un delirio sin sentido. Ni siquiera nos podía decir dónde podríamos encontrar artículos de emergencia como bengalas y mantas. No había nadie que pudiera ayudarnos, nadie que supiera algo de montañas o aviones o de las técnicas de supervivencia. Vivíamos constantemente al borde de la histeria, pero no cundía el pánico. Surgieron líderes, que actuaron tal como nos habían enseñado los Christian Brothers, como un equipo.

Gran parte del mérito de haber sobrevivido en estos primeros días cruciales debe atribuirse a Marcelo Pérez, cuyo decisivo liderazgo salvó muchas vidas. Desde los primeros instantes de la tragedia, Marcelo reaccionó ante los retos, que eran cada vez mayores, con la misma mezcla de coraje, determinación y prudencia con la que nos había llevado a muchas victorias en el campo de rugby. Entendió de inmediato que el margen de error era pequeño y que la montaña nos haría pagar caro cualquier minúscula equivocación. En un partido de rugby, los titubeos, la indecisión y la confusión te pueden costar el partido. Marcelo se dio cuenta de que en los Andes, esos mismos errores nos costarían la vida. Su firme presencia durante las primeras horas tras el accidente evitaron lo que podría haber sido una situación de pánico absoluto. La operación de rescate que organizó con tanta rapidez salvó las vidas de muchas de las personas que estaban atrapadas en la maraña de asientos y, sin la pared protectora que construyó esa primera noche, todos nosotros hubiéramos muerto congelados antes de amanecer.

El liderazgo de Marcelo fue heroico. Durmió por la noche en la parte más fría del fuselaje y pidió en todo momento al resto de muchachos ilesos que hicieran lo mismo. Nos obligó a mantenernos ocupados cuando muchos de nosotros sólo queríamos acurrucarnos en el fuselaje y esperar a ser rescatados. Sobre todo, nos animó convenciéndonos de que nuestro sufrimiento acabaría pronto. Estaba convencido de que los equipos de rescate estaban de camino y logró persuadir enérgicamente al resto de que así era. Aun así, sabía que sobrevivir en los Andes, incluso durante unos pocos días, nos pondría a prueba hasta nuestros límites y asumió la responsabilidad de adoptar las medidas necesarias para aumentar nuestras probabilidades de sobrevivir durante ese tiempo. Una de las primeras decisiones que tomó fue reunir todo aquello comestible que encontráramos en las maletas o esparcido por la cabina. No había mucho, tan sólo unas cuantas barritas de chocolate y otros dulces, algunos frutos secos y galletas saladas, algo de fruta, varios potecitos de mermelada, tres botellas de vino, whisky y unas cuantas botellas de licor. A pesar de su convicción de que el rescate se produciría en cuestión de horas, un cierto instinto innato de supervivencia le dijo que tenía que ser prudente, por lo que al segundo día de la tragedia, Marcelo empezó a racionar la comida con precaución. En cada comida no se tomaba más que un pedacito de chocolate o una pizca de mermelada, regado con un sorbo de vino del tapón de una lata de aerosol. Aunque no bastaba para saciar el hambre de nadie, nos daba fuerza por su carácter ritual. Cada vez que nos reuníamos para recibir las escasas raciones, estábamos realizando el juramento, a los demás y a nosotros mismos, de que haríamos todo lo que estuviera en nuestras manos para sobrevivir.

Al principio todos creíamos que el rescate era nuestra única probabilidad de sobrevivir y nos aferramos a esa esperanza con un fervor casi religioso. Teníamos que creerlo, ya que las alternativas eran simplemente demasiado espantosas. Marcelo se aseguró de que nuestra fe en el rescate siguiera siendo intensa. Incluso a medida que transcurrían los días y no llegaban los equipos de rescate, no nos dejó dudar ni un instante de que finalmente vendrían a rescatarnos. No puedo decir si él realmente se lo creía o si era tan sólo una táctica valiente para evitar que tiráramos la toalla. Profesaba su creencia con tanta firmeza que nunca dudé de él; sin embargo, en ese momento no era consciente de la terrible carga que Marcelo llevaba a cuestas y de lo mucho que se culpaba a sí mismo por habernos llevado hasta ese viaje predestinado al fracaso.

Al cuarto día, por la tarde, una avioneta sobrevoló el lugar del accidente y varios de los supervivientes que la vieron aseguraron que había inclinado las alas, lo cual se consideró una señal de que nos habían visto. Pronto se propagó por el grupo una sensación de alivio y alegría. Esperamos mientras las largas sombras del anochecer se extendían por las montañas, pero al caer la noche todavía no habían llegado los equipos de rescate. Aunque Marcelo insistió en que los pilotos del avión enviarían ayuda pronto, los demás, agotados por la presión de la espera, estaban empezando a dudar.

—¿Por qué tardan tanto en encontrarnos? —preguntó alguien.

Marcelo respondió a la pregunta tal como hacía siempre:

—Tal vez los helicópteros no puedan volar en este aire con tan poco oxígeno, así que el equipo de rescate puede que esté llegando a pie, y eso requiere su tiempo.

—Pero si saben dónde estamos, ¿por qué no nos han sobrevolado para tirar alimentos?

—Imposible —solía decir Marcelo—. Todo lo que cayera de un avión se hundiría en la nieve sin más y se perdería. Los pilotos lo saben.

La mayoría de los muchachos aceptaba la lógica de las explicaciones de Marcelo. También confiaban plenamente en la bondad divina.

—Dios nos salvó de morir en el accidente —solían decir—. ¿Por qué haría eso tan sólo para dejarnos aquí hasta que muramos?

Yo escuchaba estas dialécticas mientras me pasaba largas horas cuidando de Susy. Quería confiar en Dios tanto como ellos, pero Dios se había llevado ya a mi madre, a Panchito y a muchos otros. ¿Por qué nos salvaría a nosotros y no a ellos? Del mismo modo, quería creer que llegarían los equipos de salvamento, pero no podía apartar de mí la pesimista sensación de que estábamos solos. Mientras yacía junto a Susy, sentía una impotencia atroz y una terrible sensación de apremio. Sabía que se moría y que la única esperanza era llevarla pronto a un hospital. Cada momento perdido era una agonía para mí y cada segundo que pasaba en vela mantenía mi atención alerta para escuchar si se acercaba el equipo de rescate. Nunca dejé de rezar por que llegara, o por la intercesión de Dios, pero al mismo tiempo la voz de sangre fría que me había exhortado para que me ahorrara las lágrimas me susurraba siempre en el fondo de mi mente: «Nadie nos encontrará. Moriremos aquí. Tenemos que urdir un plan. Debemos salvarnos a nosotros mismos.» Justo después de recuperar la conciencia me acosó el grave temor de que estábamos solos y me alarmó que los demás confiaran tanto en la esperanza de que nos iban a rescatar. Sin embargo, pronto me di cuenta de que había otros que pensaban como yo. Los «realistas», como yo los consideraba, eran Canessa y Zerbino, Fito Strauch, un ex miembro de los Old Christians que había ido al viaje invitado por su primo Eduardo, y Carlitos Páez, cuyo padre, Carlos Páez-Villaro, era un famoso pintor uruguayo, aventurero y amigo de Picasso. Durante días, este grupo había hablado de sus planes para escalar la montaña que nos quedaba encima para ver así qué es lo que había al otro lado. Teníamos razones para creer que podríamos escapar. Todos nosotros conocíamos las palabras que el copiloto había proferido entre gemidos: «Hemos pasado Curicó, hemos pasado Curicó.» En las primeras horas tras el accidente, alguien había encontrado un grupo de cartas de vuelo en la cabina del piloto. Arturo Nogueira, cuyas piernas destrozadas le confinaban a permanecer en el fuselaje, se pasó horas estudiando las complejas cartas de vuelo, buscando el pueblo de Curicó. Finalmente lo encontró, ubicado en el interior de la frontera chilena, mucho más allá de las laderas occidentales de los Andes. Ninguno de nosotros tenía experiencia en leer esas cartas de vuelo pero parecía evidente que si habíamos viajado hacia el oeste hasta Curicó no había duda de que habíamos atravesado volando la cordillera a lo ancho. Eso significaba que el lugar del accidente debía de hallarse en las estribaciones occidentales de los Andes. Nos avivó esta creencia la lectura del altímetro del Fairchild, que mostraba que estábamos a 2.134 metros de altitud. Si estuviéramos en lo más profundo de los Andes, nuestra altitud sería muy superior a ésta. Sin duda estábamos en las estribaciones y la alta cordillera que nos quedaba al oeste eran los últimos picos altos antes de que las montañas menguaran y se unieran a los pastos verdes. Estábamos seguros de que más allá de esas cimas occidentales se extendían los fértiles campos de Chile, donde encontraríamos un pueblo o al menos la cabaña de un pastor. Habría alguien que nos ayudaría y todos estaríamos a salvo. Hasta ahora nos habíamos sentido como víctimas de un naufragio, perdidos en el mar sin idea de dónde estaría la costa más próxima. Ahora, sin embargo, sentíamos una cierta sensación de control. Al menos sabíamos algo: Chile estaba al oeste. Esta frase se convirtió rápidamente en un mantra que nos reanimaba y, durante toda la tragedia, lo usamos para reforzar nuestras esperanzas.

La mañana del 17 de octubre, nuestro quinto día en la montaña, Carlitos, Roberto, Fito y Numa Turcatti, un superviviente de veinticuatro años de edad, decidieron que había llegado la hora de escalar la montaña. Numa no era un Old Christian —había ido al viaje invitado por sus amigos Pancho Delgado y Gaston Costemalle—, pero estaba tan en forma y era tan robusto como cualquiera de nosotros y había sobrevivido al accidente sin apenas un rasguño.

Aún no le conocía bien pero, en los pocos días difíciles que pasamos juntos, nos impresionó a todos por su calma y su discreta fortaleza. A Numa nunca le entró ningún ataque de pánico ni perdió los nervios, nunca cayó en la autocompasión ni en la desesperación; tenía algo de noble y desinteresado que todo el mundo percibió. Se preocupaba por los más débiles y consolaba a quienes lloraban o tenían miedo. Parecía importarle el bienestar del resto de nosotros tanto como el suyo propio y todos sacamos fuerzas de su ejemplo. Desde el principio supe que si lográbamos escapar alguna vez de esas montañas, Numa tendría algo que ver en todo ello y no me sorprendió ni un solo momento que se hubiera ofrecido voluntario para el ascenso a la montaña.

Tampoco me sorprendió que Carlitos y Roberto se hubieran ofrecido voluntarios. Ambos habían salido ilesos del accidente y cada uno, a su manera, se había vuelto una de las personalidades más destacadas del grupo: Roberto por su inteligencia, sus conocimientos médicos y a veces por su carácter beligerante, y Carlitos por su optimismo y humor valiente. Fito, ex jugador de los Old Christians, era un muchacho tranquilo y serio. Había sufrido una conmoción leve en el accidente pero ya se había recuperado totalmente, lo cual nos beneficiaba, pues Fito resultaría ser uno de los supervivientes más sabios e ingeniosos. Poco después del accidente, por ejemplo, cuando nos esforzábamos por caminar en la profunda capa de nieve blanda que rodeaba al fuselaje, Fito se dio cuenta de que, si nos atábamos a los pies los cojines de los asientos del Fairchild con los cinturones de seguridad o con cables, podríamos tener raquetas de nieve improvisadas para poder andar sin hundirnos en la nieve. Así pues, los cuatro escaladores se ataron las raquetas de nieve de Fito a los zapatos cuando partieron por los profundos bancos de nieve en dirección a la montaña. Esperaban alcanzar la cumbre para ver qué había detrás. Por el camino buscarían la parte de la cola que había perdido el Fairchild, pues esperaban estuviera llena de comida y de ropa de abrigo. Incluso nos llegamos a preguntar si podría haber otros supervivientes en su interior. Además, Carlos Roque, el mecánico del Fairchild, nos dijo que las baterías de la radio estaban guardadas allí, en un compartimento de la cola. Si las encontrábamos, dijo, podríamos arreglar la radio y hacer una llamada de emergencia.

El tiempo estaba despejado cuando partieron. Les deseé buena suerte y después me dediqué al cuidado de mi hermana. La penumbra de la tarde ya se había cernido sobre el Fairchild cuando los escaladores regresaron. Oí el alboroto en el fuselaje cuando llegaron y, al alzar la vista, les vi tambalearse y precipitarse hacia el suelo. Estaban agotados físicamente y respiraban con dificultad. Los demás les rodearon de inmediato, asediándoles a preguntas, ansiosos de tener noticias prometedoras. Me dirigí a Numa para preguntarle cómo había ido.

Negó con la cabeza y frunció el ceño:

—Maldita sea. Ha sido muy duro —dijo mientras trataba de recuperar el aliento—. Hay mucha pendiente. Hay más pendiente de lo que parece desde aquí.

—No hay suficiente aire —añadió Canessa—. No puedes respirar. Sólo puedes moverte muy despacio.

Numa asintió.

—La capa de nieve es muy profunda. Cada paso es una agonía. Y hay grietas bajo la nieve. Fito casi se cae en una.

—¿Habéis visto algo hacia el oeste? —pregunté.

—Apenas hemos podido llegar a la mitad de la ladera —respondió Numa—. No hemos podido ver nada. Las montañas no nos permiten ver nada. Son mucho más altas de lo que parecen.

Me volví hacia Canessa.

—Roberto —le dije—, ¿qué opinas? Y si lo intentamos de nuevo, ¿podríamos escalar la montaña?

—Hombre, no lo sé —susurró—. No lo sé...

—No podemos escalar esa montaña —murmuró Numa—. Tenemos que buscar otra ruta, si es que hay alguna.

Esa noche reinó la melancolía por todo el fuselaje. Los cuatro escaladores eran los más fuertes y sanos de entre nosotros y la montaña les había derrotado con facilidad. Sin embargo, yo no acepté esa derrota. Tal vez si mi estado mental hubiera sido el normal hubiera visto en sus rostros, y en las pesimistas miradas que intercambiaban, la amarga revelación de lo que el ascenso les había demostrado: que no podíamos escapar de ese lugar, que ya estábamos todos muertos. En lugar de eso, me dije a mí mismo que eran unos blandos, que tenían miedo, que habían abandonado demasiado rápido. La montaña a mí no me parecía tan traicionera. Estaba seguro de que si elegía-

mos la ruta correcta y el momento adecuado y simplemente nos ne-
gábamos a rendirnos al frío y al agotamiento, podríamos llegar a la
cumbre sin ninguna duda. Me aferré a esta creencia con la misma fe
ciega que hacía que los demás rezaran para ser rescatados. ¿Qué otra
opción tenía? A mí me parecía espantosamente sencillo: allí no se podía vivir. Debía marcharme a un lugar donde existiera la vida. Debía
ir hacia el oeste, a Chile. Albergaba tantas dudas y tanta confusión en
la mente que me aferré desesperadamente a la única cosa que sabía
que era cierta: «Chile queda al oeste. Chile queda al oeste.» Dejé que
esas palabras resonaran en mi mente como un mantra. Sabía que algún día tendría que escalar esa montaña.

En los primeros días de la tragedia rara vez me aparté de mi hermana. Me pasaba todo el rato con ella, frotándole los pies congelados y dándole sorbitos de agua que había previamente descongelado
y pedacitos de chocolate que Marcelo había apartado. La mayor parte del tiempo intentaba consolarla y mantenerla abrigada. Nunca estaba seguro de si era consciente de mi presencia porque seguía medio
inconsciente. A menudo gimoteaba. Tenía la ceja constantemente
fruncida, mostrando preocupación y confusión, y su mirada siempre
denotaba una tristeza desesperanzada. A veces rezaba, o cantaba una
canción de cuna. Muchas veces llamaba a nuestra madre. Yo la calmaba y le susurraba al oído. Cada momento que compartí con ella
fue precioso, incluso en ese horrible lugar, y la suavidad de su cálido
aliento en mi mejilla me reconfortaba lo indecible.

A última hora de la tarde del octavo día, mientras estaba tumbado abrazando a Susy, de repente sentí que su estado cambiaba. La
mirada de preocupación se le borró de la cara, la rigidez se desvaneció lentamente de su cuerpo, su respiración empezó a ser cada vez
más superficial y lenta, y finalmente sentí que su vida se me escapa-
ba de las manos, pero no podía hacer nada para impedirlo. Entonces
dejó de respirar y se quedó inmóvil.

—¡Susy! —grité—. ¡Dios mío, Susy, por favor, no!

Me tiré al suelo de rodillas, la puse boca arriba y empecé a hacerle el boca a boca para reanimarla. Ni siquiera estaba seguro de
cómo se hacía, pero estaba desesperado por salvarla.

—¡Vamos, Susy, por favor! —exclamé gritando—. ¡No me dejes! Seguí con la reanimación hasta que me caí, agotado, al suelo. Roberto me relevó, aunque sin éxito. Entonces lo intentó Carlitos, pero no sirvió de nada. Los demás se reunieron a mi alrededor en silencio. Roberto se acercó a mí.

—Lo siento, Nando, se ha ido —anunció—. Quédate con ella esta noche. La enterraremos por la mañana.

Asentí y sostuve entre mis brazos a mi hermana. Al menos ahora podía abrazarla con todas mis fuerzas, sin miedo de hacerle daño. Aún estaba caliente. Noté el suave tacto de su pelo en mi rostro. Sin embargo, cuando apreté mi mejilla contra sus labios, ya no sentí su cálido aliento en mi piel. Mi Susy me había dejado. Intenté memorizar la sensación de abrazarla, el tacto de su cuerpo, el olor de su pelo. Al pensar en todo lo que había perdido, me sentí invadido por un sentimiento de pena y mi cuerpo se vio sacudido por profundos sollozos, cada vez más intensos. Justo cuando mi tristeza estaba a punto de abatirme, oí una vez más cómo esa voz fría e incorpórea me susurraba al oído: «Las lágrimas malgastan sal.»

Me quedé despierto junto a ella toda la noche, emitiendo profundos sollozos, pero no me permití llorar.

Por la mañana atamos algunas de las largas tiras de nailon halladas en los equipajes alrededor del torso de Susy y la descolgamos desde el fuselaje hasta la nieve. La contemplé mientras la bajaban hasta su tumba. Me pareció brutal tratarla de ese modo, pero los demás sabían por su reciente experiencia que los cadáveres pesaban y estaban laxos, por lo que eran muy difíciles de manejar, y como ése era el modo más eficiente de trasladarlos, lo acepté con normalidad.

Llevamos a Susy hasta un lugar en la nieve, a la izquierda del fuselaje, en el que estaban enterrados el resto de fallecidos. Los cadáveres congelados se veían a simple vista, con los rostros tapados sólo por unos pocos centímetros de hielo y nieve. Me quedé de pie encima de una de las tumbas y distinguí con facilidad la silueta borrosa del vestido azul de mi madre. Cavé junto a ella una tumba poco profunda para Susy. La tumbé de lado y le eché el pelo hacia atrás. Entonces la cubrí lentamente con puñados de nieve cristalizada, dejando el rostro para el final. Parecía estar en paz, como si estuviera durmiendo bajo una gruesa y mullida manta. Miré por última vez a mi bella Susy y dejé caer con delicadeza puñados de nieve por encima de sus mejillas hasta que su rostro se desvaneció bajo los brillantes cristales.

Al acabar, los demás regresaron al interior del fuselaje. Yo me giré y alcé la vista por la ladera del glaciar, hacia la cordillera de montañas que nos cortaban el paso hacia el oeste. Aún podía ver la ancha brecha que el Fairchild había abierto en la nieve mientras se deslizaba por la ladera tras haber seccionado la montaña. Seguí ese camino que ascendía hasta el mismo lugar donde habíamos caído del cielo y por donde nos habíamos adentrado en aquella locura que ahora era la única realidad que conocíamos. ¿Cómo nos pudo pasar eso? ¡Éramos tan sólo un grupo de muchachos que íbamos a jugar un partido! De repente me invadió una deprimente sensación de vacío. Desde que había llegado a la montaña me había pasado todo el tiempo y había dedicado toda mi energía a cuidar de mi hermana. Reconfortarla se había convertido en un objetivo y me había dado estabilidad. Me había mantenido ocupado durante horas y me había evitado pensar en mi propio dolor y en mis miedos. Ahora estaba muy solo, sin nada que me alejara de las espantosas circunstancias de mi alrededor. Mi madre había muerto. Mi hermana también. Mis mejores amigos se habían caído del avión en pleno vuelo o estaban enterrados allí bajo la nieve. Estábamos heridos, famélicos y congelados. Había transcurrido más de una semana y los equipos de rescate aún no nos habían encontrado. Sentí el brutal poder de las montañas que se agolpaba a mi alrededor y percibí una total ausencia de calidez o misericordia o ternura en el paisaje. Cuando me di cuenta, con una punzada de lucidez reveladora, de lo lejos que estábamos de casa, me hundí en la desesperación y, por primera vez, supe con certeza que iba a morir.

De hecho, ya estaba muerto. Me habían quitado la vida. El futuro con el que había siempre soñado no iba a cumplirse. La mujer con la que me hubiera casado nunca me conocería. Mis hijos no nacerían. Nunca más disfrutaría de la cariñosa mirada de mi abuela ni sentiría el reconfortante abrazo de mi hermana Graciela. Y nunca volvería a ver a mi padre. Le imaginé de nuevo, sufriendo, y sentí un impulso tan violento de estar con él que casi me hizo caer de rodillas.

Me dio náuseas la ira e impotencia que se me acumuló en la garganta y me sentí tan abatido y atrapado que, por un momento, pensé que iba a perder la cabeza. Entonces vi a mi padre en ese río argentino, agotado, derrotado, a punto de rendirse, y recordé sus desafiadoras palabras: «Al final decidí no rendirme. Decidí que sufriría un poco más.»

Era mi historia preferida, pero ahora me daba cuenta de que era algo más que eso: era una señal de mi padre, un don de sabiduría y fuerza. Durante un instante noté su presencia junto a mí y experimenté una misteriosa calma. Me quedé mirando las enormes montañas al oeste y me imaginé que había un camino que conducía hasta ellas y que me llevaba de regreso a casa. Sentí que mi amor por él me arrastraba como una cuerda de salvamento, tirando de mí hacia esas yermas laderas. Con la vista puesta en el oeste, le hice una promesa en silencio: «Lucharé. Regresaré a casa. No dejaré que se rompa el lazo que nos une. Te lo prometo. ¡No moriré aquí! ¡No moriré aquí!»

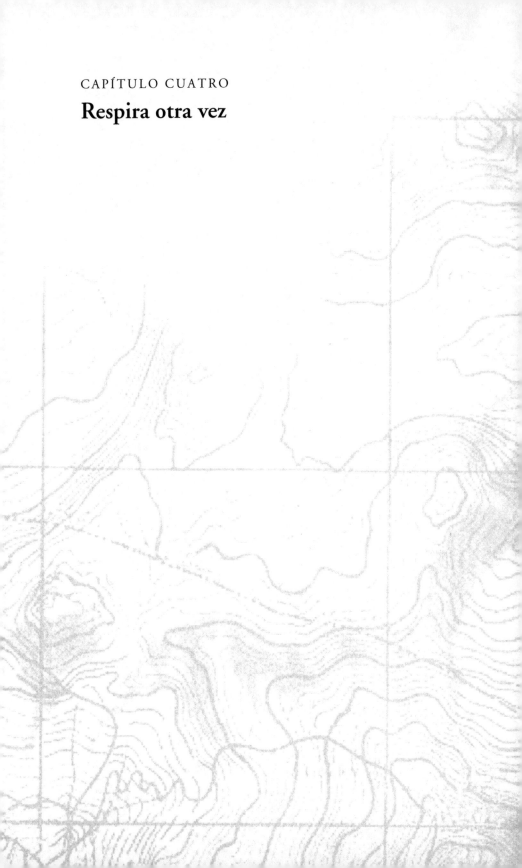

CAPÍTULO CUATRO

Respira otra vez

En las horas posteriores al entierro de Susy me senté solo en la parte oscura del fuselaje, desplomado contra la inclinada pared del Fairchild, con la cabeza hecha añicos resguardada entre las manos. Mi corazón se vio inundado de sentimientos muy intensos: incredulidad, indignación, pesar, miedo... hasta que, finalmente, un sentimiento de hastiada resignación me embargó como un suspiro. Estaba demasiado deprimido y confundido como para darme cuenta en ese momento, pero parecía que mi mente atravesaba como un rayo por las fases de aflicción. En mi antigua vida, en mi vida cotidiana de Montevideo, la pérdida de mi hermana hubiera detenido el tiempo y me hubiera dejado hecho pedazos desde el punto de vista emocional. Sin embargo, ahora ya nada era normal ni corriente, y algo primitivo en mí entendía que en ese lugar implacable no podía permitirme el lujo de sentir pena. Una vez más oí esa voz fría y firme en mi mente elevándose por encima del caos sentimental: «Mira hacia delante. Guarda tu energía para aquello que puedas cambiar. Si te aferras al pasado, morirás.» No quería dejar ir mi dolor. Echaba de menos tener a Susy conmigo en el fuselaje, donde podía consolarla y cuidar de ella, y mi tristeza era la única conexión que me ataba a ella, pero parecía que no tenía razón de ser en ese entorno. Mientras transcurría la larga noche y me esforzaba por vencer al frío, mis emociones empezaron a perder intensidad y los sentimientos respecto a mi hermana simplemente se esfumaron, de la misma forma en que los sueños se esfuman cuando te despiertas. Por la mañana lo único que sentía era un vacío amargo e insulso mientras mi amada Susy, así como mi madre y Panchito lo hicieron antes que ella, pasó a formar parte del pasado, un pasado que ya empezaba a parecer lejano e irreal. Las montañas me estaban obligando a cambiar. Mi mente se volvía más fría y simple a medida que se adaptaba a la nueva realidad. Empecé a ver la vida tal como debe parecerle a un animal que lucha por sobrevivir, como un simple juego en el que se gana o se pierde, un juego de vida o muerte, de riesgo y probabilidad. Los instintos más primitivos se apoderaban de mí, suprimiendo los sentimientos complejos y acotando mi mente hasta que toda mi existencia parecía girar en torno a los dos nuevos principios que regían mi vida: la escalofriante certeza de que iba a morir y la apremiante necesidad de estar con mi padre.

En los días posteriores a la muerte de Susy, el amor que sentía por mi padre era lo único que me mantenía cuerdo. Solía calmarme una y otra vez reafirmándome en la promesa que había hecho en la tumba de Susy: regresar junto a él; demostrarle que había sobrevivido y aliviar así un poco de su sufrimiento. El corazón se me colmaba de deseos de estar junto a él y no pasaba ni un instante en el que no imaginara su angustia. ¿Cómo lucharía él contra la desesperación? Me lo imaginé vagando por la noche de una habitación vacía a otra, o dando vueltas en la cama hasta el amanecer. Cuánto debía de torturarle el hecho de sentirse tan indefenso. Qué traicionado debía de sentirse al haberse pasado toda la vida protegiendo y sustentando a la familia que adoraba para que ahora se la quitaran por la fuerza. Era el hombre más fuerte que yo conocía pero ¿era lo suficientemente fuerte como para soportar este tipo de pérdida? ¿Se mantendría cuerdo? ¿Perdería toda la esperanza y las ganas de vivir? A veces mi imaginación sacaba lo mejor de mí y me preocupaba que pudiera hacerse daño, optando por acabar con su sufrimiento y uniéndose a sus seres queridos en el reino de la muerte.

Acordarme así de mi padre siempre me despertaba un intenso sentimiento de amor tan excepcional y apremiante que me dejaba sin aliento. No podía soportar la idea de que sufriera ni un segundo más. En mi desesperación, me enfurecí para mis adentros con los grandes picos que se erigían por encima del lugar del accidente, que me impedían llegar hasta mi padre y me atrapaban en ese maldito lugar donde no podía hacer nada para aliviar su dolor. Esa claustrofóbica frustración me consumió hasta que, como alguien a quien enterraran vivo, empecé a sentir pánico. Cada instante que pasaba llegaba cargado de un profundo miedo, como si en el suelo bajo mis pies hubiera una bomba activada que pudiese explotar en cualquier momento; como si estuviera de pie con los ojos vendados frente a un pelotón de fusilamiento, esperando a sentir cómo las balas impactaban en mi pecho. Esa espantosa sensación de vulnerabilidad —la certeza de que la condena estaba cerca— nunca cesaba. Llenaba cada segundo del tiempo que pasaba en la montaña. Se convirtió en el telón de fondo de todos mis pensamientos y conversaciones y me produjo una apremiante y maníaca necesidad de escapar. Luché contra ese miedo lo mejor que pude, intentando tranquilizarme y pensar con claridad, pero había momentos en que el instinto animal amenazaba con ser más fuerte que la razón y me tenía que reprimir con todas mis fuerzas para no huir disparado por la cordillera.

Al principio la única forma de ahuyentar esos miedos era imaginarme el momento en que los equipos de rescate acudirían en nuestra busca. Durante los primeros días de la tragedia, ésta era la esperanza a la que nos aferrábamos. Marcelo avivaba este deseo con sus tranquilizadoras palabras pero, a medida que transcurrían los días y se hacía más difícil explicar por qué no habían acudido a rescatarnos, Marcelo, un católico profundamente devoto, empezó a depender cada vez más de las creencias que siempre habían guiado su vida.

—Dios nos ama —solía decir—. No nos pediría que soportáramos este sufrimiento sólo para darnos la espalda y dejarnos morir así.

Marcelo insistía en que no estábamos en posición de preguntar por qué Dios nos estaba poniendo a prueba de un modo tan crudo. Nuestra misión —por Dios, por nuestras familias y por el resto de nosotros— era sobrevivir a cada instante, aceptar nuestros miedos y sufrimientos y estar vivos para cuando los equipos de rescate finalmente nos encontraran.

Las palabras de Marcelo ejercían un gran efecto en los demás y la mayoría aceptaba sus afirmaciones sin ponerlas en tela de juicio. Yo quería creerle, en serio, pero a medida que pasaba el tiempo no podía acallar las dudas que se estaban gestando en mi interior. Siempre habíamos supuesto que las autoridades sabían dónde había caído más o menos nuestro avión. Pensábamos que debían de conocer la ruta que habíamos recorrido por la montaña y sin duda los pilotos se habían comunicado por radio durante todo el camino. Simplemente bastaría con buscar por el trayecto del vuelo, empezando en el punto donde se perdió el contacto por radio con el avión. ¿Sería muy difícil divisar el lugar del accidente en medio de un glaciar con un avión tan grande que se veía a simple vista?

Pensé que, seguramente, si se hubiera realizado un rastreo exhaustivo, ya nos hubieran encontrado. Así pues, el hecho de que no hubieran acudido a nuestro rescate me obligaba a plantearme dos amargas cuestiones: que las autoridades tenían una idea equivocada del lugar en el que habíamos caído y estaban buscando en otro tramo de la cordillera, o bien que no tenían ni idea de dónde nos encontrábamos en medio de las irregulares y enormes montañas y no había un modo eficiente de acotar su búsqueda. Recuerdo lo yermas que se veían las montañas mientras sobrevolábamos el paso del Planchón, con todos esos barrancos de paredes escarpadas que se precipitaban durante cientos de metros por las laderas de numerosas montañas negras y tortuosas, cuando todo lo que alcanzaba la vista no era más que laderas y montañas. Pensar en ello me llevó irremediablemente a extraer una desagradable conclusión: «No nos han encontrado aún porque no tienen ni idea de dónde estamos y, sin tener ni la más remota idea de dónde estamos, nunca nos encontrarán.»

Al principio me guardé estas ideas para mis adentros, ya que no quería echar por tierra las esperanzas de los demás. Sin embargo, quizá también tenía motivos que no eran tan altruistas: tal vez no quería revelar en voz alta mis sentimientos porque temía que se hicieran realidad. Cuando se pierde la esperanza, la mente nos protege con el rechazo, y mi rechazo me protegía de enfrentarme a lo que sabía. A pesar de todas mis dudas sobre la posibilidad de que nos rescataran, seguía queriendo lo mismo que el resto: que llegara alguien que me sacara de ese infierno, que me llevara a casa y me devolviera a mi vida normal. Por mucho que mi intuición me obligara a abandonar estos anhelantes pensamientos, no podía permitirme cerrar las puertas a un posible milagro. Haciendo caso omiso de lo irremediable de nuestra penosa situación, mi corazón siguió albergando la esperanza con tanta naturalidad como seguía latiendo; así que rezaba cada noche junto a los demás, implorando a Dios que acelerara el avance de la patrulla de rescate, intentaba escuchar el zumbido y el aleteo de los helicópteros acercándose, asentía conforme cuando Marcelo nos pedía que tuviéramos fe… Aun así, mis dudas nunca se disipaban y cada vez que tenía un momento de tranquilidad, la mente se me iba hacia el oeste, hacia las colosales montañas que nos acorralaban en su interior, y me hervía un aluvión de escalofriantes preguntas en el cerebro. «¿Y si tuviéramos que salir escalando de aquí por nuestro propio pie? —me preguntaba—. ¿Tengo suficiente fuerza como para sobrevivir a una expedición a través de este inhóspito paisaje? ¿Qué inclinación tienen las laderas? ¿Hace mucho frío por la noche? ¿Se puede andar con estabilidad? ¿Qué camino debería seguir? ¿Qué ocurrirá si me caigo?» Y siempre me preguntaba: «¿Qué hay al oeste, detrás de esa cadena montañosa negra?»

Empecé a ensayar mi huida con tanta viveza y tan a menudo que mi ensueño pronto empezó a ser tan real como una película proyectada sobre mi mente. Me imaginaba ascendiendo por las laderas blancas hacia esas desoladas cumbres, viendo cada frágil huella en la nieve, comprobando la estabilidad de cada roca antes de agarrarme a ella, analizando con detalle dónde colocaba los pies. Me azotaban gélidas ráfagas de viento y jadeaba por la escasez de oxígeno del aire de la montaña, avanzando con dificultad por la nieve, que me llegaba hasta las caderas. En mi fantasía, cada paso que daba en el ascenso era una agonía, pero no me detenía, sino que seguía contra viento y marea hasta que finalmente llegaba a la cumbre y podía mirar hacia el oeste. Ante mí se extendía un amplio valle que descendía hasta el horizonte. En las inmediaciones podía ver cómo los campos de nieve daban paso a una cuadrícula definida de tonos verdosos y marrones, las tierras de cultivo que cubrían el suelo del valle. Los campos estaban divididos por finas líneas grises que podía reconocer como carreteras. Descendía tambaleante por el lado occidental de la montaña y caminaba durante horas por un terreno rocoso hasta llegar a una de esas carreteras. Después andaba hacia el oeste por la regular superficie asfaltada. Pronto oía el estruendo de un camión que se acercaba y le hacía señales al desconcertado conductor para que parara. Se mostraba cauteloso al encontrar a un extraño desesperado caminando por en medio de la nada, así que le tenía que hacer entender la situación. Sabía exactamente lo que le iba a decir:

—Vengo de un avión que cayó en las montañas...

Él lo entendía y me dejaba subir a la cabina del conductor. Viajábamos hacia el oeste por las verdes tierras de cultivo hasta llegar al pueblo más cercano, donde encontraba un teléfono. Marcaba el número de mi padre y en unos instantes oía sus sollozos de asombro al reconocer mi voz. Al cabo de uno o dos días estábamos juntos y veía la mirada de sus ojos, un poco alegre ahora, resplandeciente a pesar de toda la tristeza. No decía nada, sólo mi nombre. Sentía cómo se derrumbaba contra mí cuando le abrazaba...

Como un mantra, como mi propio mito personal, este sueño se convirtió pronto en mi piedra de toque, mi cuerda de salvamento, y lo alimenté y pulí hasta que brilló en mi mente como una joya. A medida que la idea de la huida se volvía más lúcida, la promesa que le hice a mi padre cobró la fuerza de una vocación secreta. Pasó a ser el centro de mis pensamientos, transformó mis miedos en motivación y me dio una sensación de orientación, de tener un objetivo importante, que me sacó del negro pozo de impotencia en el que me había atascado desde el accidente. Seguía rezando con Marcelo y el resto, seguía pidiendo a Dios que hiciera un milagro, seguí aguzando el oído cada noche para oír el lejano sonido de los helicópteros que daban vueltas por la cordillera... Sin embargo, cuando no lograba calmarme con ninguna de esas soluciones, cuando mis miedos se volvían tan violentos que creía que me iban a volver loco, cerraba los ojos y pensaba en mi padre. Renovaba mi promesa de regresar junto a él y, en mi mente, ascendía por la montaña.

Tras la muerte de Susy quedaban veintisiete supervivientes. La mayoría de nosotros había sufrido magulladuras y desgarros pero, teniendo en cuenta la violencia del accidente y el hecho de que habíamos soportado tres duros impactos a una velocidad muy elevada, era un milagro que tan pocos de nosotros hubiéramos resultado heridos de gravedad. Algunos de nosotros habíamos sobrevivido con apenas un rasguño. Roberto y Gustavo habían sufrido sólo heridas leves. Otros, como Liliana, Javier, Pedro Algorta, Moncho Sabella, Daniel Shaw, Bobby François y Juan Carlos Menéndez (ex alumno de Stella Maris y amigo de Pancho Delgado), habían sobrevivido también y sólo tenían unos pocos cortes y arañazos. Aquellos con lesiones más graves, como Delgado y Álvaro Mangino, que se habían roto las piernas en el accidente, estaban recuperándose y podían moverse cojeando. Antonio Vizintin, que se había desangrado casi hasta morir al desgarrársele el brazo, recuperaba las fuerzas con rapidez. Fito Strauch y su primo Eduardo se habían quedado inconscientes al darse un fuerte golpe en el último impacto pero habían recobrado la conciencia rápidamente. De hecho, sólo tres de nosotros habíamos sufrido lesiones muy graves. Una de las peores fue mi lesión craneal, aunque los fragmentos de mi cráneo ya se empezaban a unir. Esto dejaba sólo a dos heridos de gravedad: Arturo Nogueira, que padecía fracturas múltiples en ambas piernas, y Rafael Echavarren, al que se le había desgarrado del hueso el músculo de la pantorrilla. Los dos sufrían un dolor agudo y constante y verles agonizando era uno de los mayores espantos que tuvimos que soportar.

Hicimos por ellos todo cuanto estuvo en nuestras manos. Roberto les diseñó unas camas, que consistían en hamacas normales hechas de varas de aluminio y resistentes tiras de nailon que habíamos rescatado del compartimento de equipajes. Suspendidos en las hamacas, Rafael y Arturo se libraron de la agonía de dormir con el resto de nosotros en esa maraña de humanidad inquieta en el suelo del fuselaje, donde el más mínimo golpe o empujón podía provocarles un dolor extremo. Aunque en las camas oscilantes ya no compartían el calor de nuestros cuerpos acurrucados y sufrían por el frío con más intensidad. No obstante, para ellos el frío, por cruel que fuera, era una desgracia menor que el dolor.

Rafael no era un Old Christian, había venido al viaje invitado por algunos amigos que tenía en el equipo. Yo no le conocía antes del vuelo, pero le había visto en el avión. Se reía a carcajada limpia con sus amigos y se me antojó como un muchacho agradable y generoso. Me cayó bien al instante y, mientras le veía aguantar su sufrimiento, no tuve más remedio que sentir todavía más simpatía por él. Roberto examinaba con frecuencia sus heridas y le trataba lo mejor que podía, pero nuestro botiquín era patético y había poco que hacer. Cada día cambiaba las vendas manchadas de sangre y lavaba las heridas con el agua de colonia que había encontrado, con la esperanza de que el alcohol que llevaba evitara que las heridas se infectaran. Sin embargo, las heridas de Rafael supuraban constantemente y la piel de la pierna se le estaba ennegreciendo ya. Gustavo y Roberto sospecharon que se estaba gangrenando, pero Rafael nunca se permitió hundirse en la autocompasión, sino que mantuvo su valentía y su buen humor incluso mientras las toxinas fluían por su organismo y la carne de la pierna se pudría ante sus ojos.

—¡Soy Rafael Echavarren! —gritaba cada mañana—. ¡Y no me moriré aquí!

Rafael no se rendía, por mucho que sufriera, y yo me sentía más fuerte cada vez que le oía pronunciar esas palabras.

Por otro lado, Arturo era un muchacho más tranquilo y serio. Era compañero de equipo, el apertura participante en los XV Old Christians First y, aunque no había tenido un estrecho contacto con él antes del accidente, el coraje con el que aguantó su sufrimiento me acercó a él. Al igual que Rafael, Arturo debería haber estado ingresado en una unidad de cuidados intensivos, con especialistas que le atendieran las veinticuatro horas. Sin embargo, estaba en los Andes, balanceándose en una hamaca improvisada, sin antibióticos ni analgésicos, y con los únicos cuidados de dos estudiantes de primer año de Medicina y un grupo de muchachos inexpertos. Pedro Algorta, otro de los aficionados del equipo, era muy allegado a Arturo y se pasaba muchas horas con su amigo, llevándole comida y agua e intentando que no pensara en su dolor. El resto de nosotros también nos turnábamos para sentarnos con él, al igual que hicimos con Rafael. Yo siempre tenía ganas de conversar con Arturo. Al principio hablábamos principalmente de rugby. Patear el balón es una parte importante del juego, ya que un buen disparo puede cambiar el marcador de un partido, y Arturo era el pateador más fuerte y preciso de nuestro equipo. Solía recordarle las fabulosas jugadas que había hecho en momentos clave de nuestros partidos y le preguntaba cómo había podido chutar el balón enviándolo tan lejos y con tanta precisión. Creo que Arturo disfrutaba con estas conversaciones. Le enorgullecía ser buen pateador y a menudo se ofrecía a enseñarme su técnica mientras yacía en la hamaca. A veces se olvidaba de su situación e intentaba demostrarme cómo pateaba con una de sus destrozadas piernas, lo cual le hacía encogerse de dolor y nos recordaba a ambos dónde estábamos.

Sin embargo, a medida que fui conociendo a Arturo, nuestros

temas de conversación pasaron del deporte a cuestiones más profundas. Arturo era diferente del resto. Era sobre todo un socialista apasionado y su opinión inflexible sobre el capitalismo y la búsqueda de la riqueza personal lo convertía en una especie de excéntrico en medio del mundo de opulencia y privilegios en el que la mayoría de nosotros nos habíamos criado. Algunos de los chicos creían que su socialismo era pura fachada y que llevaba ropa andrajosa y leía a Marx sólo para llevar la contraria. Arturo no era fácil de tratar, es cierto. Podía tener opiniones punzantes y estridentes, lo cual irritaba a muchos de los chicos, pero conforme le iba entendiendo un poco, empecé a admirar su filosofía. No fue su opinión política lo que me atrajo, dado que a esa edad apenas tenía ideas políticas en la mente. Lo que me fascinaba de Arturo era la seriedad con la que vivía la vida y la intensa pasión con la que había aprendido a pensar por sí mismo. Le importaban las cosas relevantes, como la igualdad, la justicia, la compasión y la equidad. No le asustaba cuestionar cualquiera de las normas de la sociedad convencional ni condenar nuestro sistema de gobierno y de economía, que creía que servía a los poderosos a costa de los débiles.

Las firmes opiniones de Arturo molestaban a muchos y a menudo se enraizaban en airadas disputas por la noche sobre la historia, la política o los temas de actualidad. Sin embargo, yo siempre quería escuchar lo que Arturo tenía que decir, me intrigaban especialmente sus ideas sobre la religión. Al igual que la mayoría de los supervivientes, me había criado en un entorno católico convencional y, aunque no era lo que se dice un practicante devoto, nunca dudé de las enseñanzas fundamentales de la Iglesia. Hablar con Arturo me obligó a enfrentarme a mis creencias religiosas y a evaluar principios y valores que nunca había puesto en tela de juicio.

—¿Cómo puedes estar tan seguro de que todos los libros sagrados del mundo, aquellos en los que te enseñaron a creer, son la única palabra auténtica de Dios? —solía preguntar—. ¿Cómo sabes que tu idea de Dios es la única cierta? Somos un país católico porque llegaron los conquistadores españoles y sometieron a los aborígenes, reemplazando el Dios de los aborígenes por Jesucristo. Si los musulmanes hubieran conquistado América del Sur, todos rezaríamos a Mahoma en vez de a Jesús.

Las ideas de Arturo me perturbaban pero, a pesar de su tajante forma de pensar y de todo su escepticismo religioso, también me fascinaba comprobar que era una persona muy espiritual. En cuanto percibió mi ira hacia Dios me instó a no darle la espalda por nuestro sufrimiento.

—¿Qué bien nos hace Dios? —respondí—. ¿Dejaría que mi madre y mi hermana murieran de un modo tan insensato? Si nos ama tanto, ¿por qué nos deja aquí para que suframos?

—Estás furioso con el Dios en el que te enseñaron a creer de pequeño —contestó Arturo—. El Dios que se supone que te cuida y te protege, que responde a tus plegarias y perdona tus pecados. Ese Dios es sólo una leyenda. Las religiones intentan capturar a Dios, pero Dios está más allá de la religión. El verdadero Dios reside más allá de nuestro entendimiento. No podemos entender Su voluntad; es algo que no se puede explicar en un libro. Ni nos abandonó ni vendrá a salvarnos. Él no tiene nada que ver con el hecho de que estemos aquí. Dios no cambia; simplemente *es*. Yo no rezo a Dios para que me perdone o me haga favores, sino que sólo le rezo para estar más cerca de él y, cuando lo hago, el corazón se me llena de amor. Cuando rezo de esta forma, sé que Dios es, sin duda, amor. Al sentir ese amor recuerdo que no necesitamos ni ángeles ni cielo, porque todos formamos parte de Dios.

Negué con la cabeza.

—Tengo tantas dudas... —dije—. Creo que me he ganado el derecho a dudar.

—Confía en tus dudas —respondió Arturo—. Si tienes agallas para dudar de Dios y de cuestionar todo lo que te han enseñado sobre Él, entonces seguro que lo encontrarás. Está cerca de nosotros, Nando. Lo noto a nuestro alrededor. Abre los ojos y también lo verás.

Miré a Arturo, ese joven y apasionado socialista tumbado en una hamaca con las piernas rotas como palos y los ojos brillantes de fe y coraje, y sentí de repente un gran afecto por él. Sus palabras me conmovieron profundamente. ¿Cómo podía un muchacho tan joven conocerse tan bien? Hablar con Arturo me llevó a asumir que nunca me había tomado mi propia vida en serio. Había dado muchas cosas por sentado, gastando mis energías en chicas, automóviles y fiestas y dejándome llevar por la vida de un modo improvisado. Al fin y al cabo, ¿había prisa? Todo seguiría allí mañana, así que ya me preocuparía. Siempre había un mañana...

Me reí con tristeza para mis adentros, reflexionando: «Si hay un Dios y ese Dios quería que le prestara atención, sin duda la tiene ahora.» Me incliné hacia delante y coloqué el brazo y el hombro a lo ancho del pecho de Arturo para hacerle entrar en calor. Mientras escuchaba su respiración rítmica y notaba a veces cómo se le tensaba el cuerpo por el dolor, me dije: «Éste es un hombre de verdad.»

También me inspiró la valentía y el altruismo de otros. Enrique Platero, en cuyo abdomen había impactado un tubo en el golpe final, supo restar importancia a su herida como si se tratara de un arañazo y se convirtió en uno de los que más trabajó, incluso a pesar de que una semana después del accidente aún le sobresalía un trozo de intestino por la perforación que sufrió. Enrique siempre me había caído bien. Admiraba el respeto que mostraba por mis padres y el evidente afecto que sentía por su familia, que asistía a todos nuestros partidos. Enrique, que jugaba de pilar, no era un jugador destacado pero siempre estaba presente con seguridad y firmeza en el campo, bien colocado en todo momento, ayudándonos con todo su empeño a ganar. Era el mismo en la montaña. Siempre hacía lo que se le pedía y más; nunca se quejaba ni mostraba desesperación y, aunque su presencia en el fuselaje pasaba desapercibida, sabíamos que siempre haría todo cuanto pudiera para ayudarnos a sobrevivir.

También me impresionó la fuerza de Gustavo Nicholich, a quien llamábamos Coco. Coco era delantero de tercera fila de los Old Christians. Rápido, fuerte y un atajador excelente, era un jugador duro, pero con un espíritu afable y buen sentido del humor. Marcelo había puesto a Coco al mando del equipo de limpieza, formado principalmente por los más jóvenes de nuestro grupo: Álvaro Mangino, Coche Inciarte, Bobby François y el resto. Su trabajo consistía en mantener el fuselaje limpio en la medida de lo posible, airear cada mañana los cojines de los asientos sobre los que habíamos dormido y colocarlos en el suelo del avión cada noche antes de irnos a dormir. Coco se aseguraba de que los integrantes de su grupo se tomaran en serio sus responsabilidades, pero también era consciente de que manteniendo ocupados a los jóvenes alejaba el miedo de sus mentes. Mientras dirigía a los muchachos en sus tareas, los animaba

contándoles chistes y anécdotas y, durante los descansos, los persuadía para que jugaran a los acertijos y a otros juegos. Siempre que alguien se reía, solía tener algo que ver con Coco. El sonido de la risa
en esas montañas era como un milagro y yo admiraba a Coco por su
coraje, por animar a tanta gente cuando, al igual que el resto de nosotros, se sentía tan cansado y asustado.

Pero, sobre todo, estaba impresionado por la fortaleza y el coraje de Liliana Methol. Liliana, de treinta y cinco años, estaba casada
con Javier Methol, que con treinta y ocho años era el más mayor de
los supervivientes. Liliana y Javier se sentían sumamente unidos y se
querían mucho. Ambos eran ávidos seguidores del equipo, aunque,
para ellos, este viaje iba a ser más que nada una breve escapada romántica, una oportunidad de disfrutar de un poco habitual fin de semana juntos, solos, lejos de los cuatro niños pequeños que habían
dejado en casa de los abuelos. Inmediatamente después del accidente, Javier sufrió un grave cuadro de mal de altura, que le dejó en un
estado constante de náuseas y fatiga profunda. Pensaba con dificultad y estaba aturdido, y no podía hacer más que tambalearse por el
lugar del accidente en un estado de semiestupor. Liliana se pasaba
gran parte del tiempo cuidándolo, pero también encontraba huecos
para ser la infatigable enfermera de Roberto y Gustavo, a los que era
de gran ayuda mientras éstos atendían a los heridos.

Tras la muerte de Susy, Liliana era la única superviviente de sexo
femenino y al principio la tratamos con deferencia, insistiendo en
que durmiera junto a los heridos graves en el compartimento de
equipajes del Fairchild, que era la parte donde se estaba más caliente
del avión. Lo hizo sólo unas pocas noches y después nos dijo que no
aceptaría más ese trato especial. Desde ese momento, durmió en la
parte central del fuselaje con el resto de nosotros, donde solía reunir
a los muchachos más jóvenes a su alrededor, haciendo todo lo posible por consolarlos y abrigarlos para que no pasaran frío.

—Tápate la cabeza, Coche —decía mientras yacíamos en la oscuridad por la noche—. Toses demasiado, el frío te está irritando la
garganta. Bobby, ¿estás calentito? ¿Quieres que te frote los pies?

Se preocupaba constantemente por los niños que había dejado
en casa, pero aun así tuvo la valentía y el cariño suficientes para tratar de un modo maternal a esos chicos asustados que estaban tan le-

jos de sus familias. Se convirtió en una segunda madre para todos nosotros; reunía todas las cualidades de la madre perfecta: era fuerte, dulce, cariñosa, paciente y muy valiente.

Las montañas me enseñaron que hay muchos tipos de valentía y me parecía que incluso aquellos que pasaban más desapercibidos entre nosotros mostraban un gran coraje por el mero hecho de sobrevivir día tras día. Todos ellos contribuyeron, con su mera presencia y la fuerza de su personalidad, a crear ese sentimiento íntimo de comunidad y de propósito compartido que nos ofrecía una cierta protección ante la brutalidad y la crueldad que nos rodeaban. Coche Inciarte, por ejemplo, nos brindaba su ingenio rápido e irreverente y su amable sonrisa. Carlitos era una fuente de optimismo constante y de buen humor. Pedro Algorta, amigo íntimo de Arturo, era un pensador atípico, testarudo en sus opiniones y muy inteligente, por lo que me gustaba hablar con él por la noche. Sentía un especial sentimiento de protección hacia Álvaro Mangino, un amable y cándido seguidor de nuestro equipo y uno de los más jóvenes del avión, así que a menudo buscaba un lugar para dormir junto a él. Si no fuera por Diego Storm, que me había llevado dentro del avión para protegerme del frío cuando yo estaba en coma, sin duda me habría congelado hasta morir junto a Panchito. Daniel Fernández, otro primo de Fito, era un muchacho equilibrado y centrado cuya presencia en el fuselaje ayudaba a ahuyentar el pánico. Pancho Delgado, un estudiante de Derecho perspicaz y con don de palabra, además de uno de los mayores seguidores de Marcelo, ayudaba a mantener vivas nuestras esperanzas con sus elocuentes argumentaciones de que los equipos de rescate estaban en camino. Y también estaba Bobby François, cuya negativa directa, sin excusas y casi graciosa a luchar para salvarse nos encandilaba a todos. Bobby parecía incapaz de cuidar de sí mismo incluso en lo más básico: si se destapaba por la noche, por ejemplo, no se tomaba la molestia de taparse de nuevo. Así pues, todos cuidábamos de Bobby, haciendo todo lo que estaba en nuestras manos para evitar que se congelara, comprobando si tenía los pies helados y asegurándonos de que se levantaba de la cama por la mañana. En las montañas, todos los muchachos formábamos parte de una familia y todos contribuíamos, de la forma en que pudiéramos, a nuestra lucha común.

Sin embargo, a pesar de todos los tipos de coraje que vi a mi alrededor, desde el más evidente al más sutil, sabía que cada uno de nosotros vivía cada momento anclado en el miedo y que cada superviviente se enfrentaba a esos miedos a su manera. Algunos de ellos daban rienda suelta a sus temores a través de la ira, enfureciéndose con el destino por dejarnos atrapados allí o con las autoridades por tardar tanto en ir a salvarnos. Otros imploraban a Dios que les diera respuestas y suplicaban que se hiciera un milagro. Muchos estaban tan paralizados por el terror que les inspiraban las fuerzas amargas que se alzaban contra nosotros, que se hundían en la desesperación. Esos muchachos no tenían ningún tipo de iniciativa. Sólo trabajaban si se les obligaba e, incluso entonces, sólo podía confiarse en que realizaran las tareas más sencillas. Cada día que pasaba parecían pasar más desapercibidos en el fondo de la escena, cada vez más deprimidos y desganados, hasta que finalmente algunos de ellos se volvieron tan apáticos que se quedaban todo el día tumbados en el mismo lugar donde habían dormido, esperando el rescate o la muerte, sin importarles cuál llegara primero. Soñaban con su casa y rezaban para que se hiciera un milagro y, mientras languidecían en las sombras del fuselaje, torturados por el miedo a morir, con los ojos sin brillo y apagados, se iban convirtiendo en fantasmas.

Aquellos de nosotros que estábamos lo suficientemente fuertes como para trabajar no siempre éramos amables con esos muchachos. Con toda la presión que soportábamos, a veces resultaba difícil no considerarles cobardes o parásitos. La mayoría de ellos no estaban heridos de gravedad y nos irritaba que no tuvieran voluntad para unirse en nuestra lucha común por la supervivencia.

—¡Moved el culo! —les gritábamos—. ¡Haced algo! ¡Aún no estáis muertos!

Esta fisura emocional entre los trabajadores y los chicos perdidos creaba una línea de fuego en potencia en nuestra pequeña comunidad que podía haber originado un conflicto, crueldad e incluso violencia. Sin embargo, por algún motivo, eso nunca ocurrió. Jamás sucumbimos a los reproches ni a la búsqueda de culpables. Tal vez se debía a todos los años que habíamos pasado juntos en el campo de rugby. Tal vez los Christian Brothers nos habían enseñado bien. En cualquier caso, fuimos capaces de refrenar nuestro resentimiento y luchar como un equipo. Aquellos que tenían empeño y fuerza física, hicieron lo que debían. Los más débiles y los heridos, simplemente resistieron. Intentamos pincharles para que colaboraran y a veces les dábamos órdenes, pero nunca les despreciamos ni les abandonamos a su propia suerte. Entendíamos, intuitivamente, que nadie en ese espantoso lugar podía ser juzgado según los principios del mundo normal y corriente. Las terribles cosas a las que nos enfrentábamos allí eran abrumadoras y no se podía prever cómo reaccionaría cualquiera de nosotros en un momento dado. En ese lugar, incluso el mero hecho de sobrevivir exigía un esfuerzo heroico y esos muchachos también combatían, aunque sólo fuera en la oscuridad de sus propias batallas privadas. Sabíamos que era inútil pedir a nadie que hiciera más de lo que podía, así que nos aseguramos de que tuvieran siempre suficiente comida y ropa de abrigo. En las horas más frías de la noche les masajeábamos los pies para evitar que se congelaran. Nos asegurábamos de que se tapaban bien para dormir y fundíamos agua para dársela cuando no podían reunir el optimismo necesario para salir a buscarla. Sobre todo, seguíamos siendo compañeros en el sufrimiento. Por otro lado, habíamos perdido muchos amigos y valorábamos enormemente todas y cada una de las vidas. Haríamos lo posible por ayudar a sobrevivir a todos nuestros amigos.

—Respira otra vez —solíamos decir a los más débiles cuando el frío, el miedo o la desesperación les empujaban hasta llegar al borde de la rendición—. Vive lo suficiente para respirar otra vez. Mientras respires, estarás luchando para sobrevivir.

De hecho, todos los que estábamos en la montaña vivíamos de respiración en respiración, luchando por encontrar la voluntad que necesitábamos para resistir de un latido del corazón al siguiente. Sufríamos a cada momento y de muchas maneras, pero el origen de nuestro mayor sufrimiento siempre era el frío. Nuestros cuerpos nunca se acababan de adaptar a las gélidas temperaturas —ningún cuerpo humano lo haría—. Todavía era invierno en los Andes y a menudo la tempestad de nieve nos asediaba las veinticuatro horas, dejándonos atrapados dentro del avión. Sin embargo, en los días despejados, el intenso sol de la montaña pegaba con fuerza y nos pasábamos todo el tiempo posible fuera del fuselaje, absorbiendo los cálidos rayos. Incluso habíamos llevado algunos de los asientos del

Fairchild afuera y los habíamos colocado en la nieve como si fueran sillas de jardín para sentarnos a tomar el sol. Pero el sol se ocultaba demasiado pronto tras las montañas del oeste y en lo que parecían segundos el resplandeciente cielo azul se desvanecía y se tornaba de un violeta oscuro, aparecían las estrellas y la oscuridad se cernía sobre nosotros avanzando por la ladera de la montaña, como si fuera la marea. Cuando el sol ya no calentaba el aire de la montaña, las temperaturas caían en picado y nosotros nos retirábamos al cobijo del fuselaje para prepararnos a pasar otra desdichada noche.

El frío en las alturas es agresivo y malévolo. Te quema y te azota, invade todas y cada una de las células de tu cuerpo, cae sobre ti con una fuerza tan potente como para romper un hueso. El fuselaje nos protegía de las fuertes corrientes de viento que nos hubieran matado, pero aun así el aire en su interior era enfermizamente gélido. Como teníamos mecheros, hubiéramos podido encender fuego fácilmente, pero había poco material combustible en la montaña. Quemamos todos los billetes que teníamos (casi 7.500 dólares se esfumaron con el humo) y encontramos bastantes trozos de madera en el avión para encender dos o tres fuegos pequeños, pero éstos se apagaban muy rápido y lo único que lograba el breve lujo del calor era que notásemos más el frío una vez se extinguían las llamas. Principalmente, nuestra mejor defensa contra el frío era acurrucarnos todos juntos en los cojines de asiento que habíamos esparcido por el suelo del avión y enrollarnos en endebles mantas, con la esperanza de darnos el suficiente calor unos a otros como para sobrevivir a otra noche. Yo solía permanecer tumbado en la oscuridad durante horas, con los dientes tiritando intensamente, y el cuerpo me temblaba tanto que los músculos del cuello y los hombros sufrían espasmos continuamente. Todos teníamos mucho cuidado de prevenir la congelación en las extremidades, así que yo siempre dormía con las manos bajo las axilas y ponía los pies debajo del cuerpo de alguien. Aun así, el frío hacía que notara los dedos de las manos y de los pies como si les hubieran dado un mazazo. A veces, cuando temía que se me estaba helando la sangre de las venas, pedía a los demás que me pellizcaran los brazos y las piernas para estimular la circulación sanguínea. No sólo siempre dormía tapándome la cabeza con la manta para mantener el calor de mi aliento, sino que a veces incluso me tumbaba con la cabeza cerca de la cara del chico que estaba junto a mí para robarle un poco de aliento, un poco de calor. Algunas noches conversábamos, pero era difícil dado que nos castañeteaban los dientes y que nuestras mandíbulas temblaban con el gélido aire. A menudo trataba de distraerme de mi desdicha rezando o imaginándome a mi padre en casa, pero no lograba olvidarme del frío durante mucho tiempo. En ocasiones no podía hacer más que rendirme al sufrimiento y contar los segundos que pasaban hasta que amanecía. En esos momentos de impotencia, muchas veces creí que estaba enloqueciendo.

Aunque el frío era siempre nuestra mayor agonía, en los primeros días de la tragedia la mayor amenaza a la que nos enfrentamos fue la sed. En las alturas, el cuerpo humano se deshidrata cinco veces más rápido que al nivel del mar, sobre todo a causa del poco oxígeno que hay en la atmósfera. Para extraer suficiente oxígeno del fino aire de la montaña el cuerpo se obliga a respirar muy rápido. Se trata de una reacción involuntaria; a menudo jadeas sólo con estar de pie. Al inspirar más, llevas más oxígeno al torrente sanguíneo, pero cada vez que inspiras debes espirar también, así que una valiosa cantidad de humedad se pierde cada vez que sacas el aire. Un ser humano puede sobrevivir sin agua al nivel del mar durante una semana o más. En los Andes, el margen de seguridad es mucho menor y cada vez que respiras estás un paso más cerca de la muerte.

Como nos encontrábamos encima de un glaciar lleno de nieve, rodeados de millones de H_2O congelada, parecía evidente que no nos faltaba el agua; nuestro problema era hacerla bebible. Los escaladores bien equipados llevan pequeños hornillos de gas para fundir la nieve y podérsela beber en forma de agua, que beben constantemente (varios litros al día) para mantenerse bien hidratados. Nosotros carecíamos de hornos y de un modo eficiente de fundir la nieve. Al principio nos limitábamos a echarnos puñados de nieve a la boca e intentar comerla, pero al cabo de unos pocos días teníamos los labios tan agrietados, sangrantes y secos por el árido frío que meternos a la fuerza en la boca los helados grumos de nieve se convirtió en una agonía insoportable. Sin embargo, después aprendimos que, si hacíamos una bola de nieve y la calentábamos entre las manos, podíamos sorber las gotitas de agua de la bola mientras se iban fundiendo.

También fundíamos la nieve metiéndola en botellas de vino vacías y la sorbíamos de cada charquito que encontrábamos. La nieve que había encima del fuselaje, por ejemplo, se fundía con el sol, con lo cual fluía un fino chorro de agua por el parabrisas del avión, donde se recogía en un pequeño canal de aluminio que sujetaba la base del parabrisas para que no se moviera. Los días soleados solíamos hacer cola y esperar nuestro turno para sorber un poco de agua del canal, pero nunca era suficiente para calmar nuestra terrible sed. De hecho, ninguno de nuestros esfuerzos para obtener agua bebible nos proporcionaba la suficiente cantidad de líquido como para vencer la deshidratación. Nos debilitábamos, nos volvíamos más letárgicos y se nos embotaba cada vez más la mente a medida que las toxinas se nos acumulaban en la sangre. Rodeados de un océano congelado, nos estábamos muriendo poco a poco de sed. Necesitábamos contar con un modo eficaz de fundir la nieve rápidamente y, gracias al ingenio de Fito, encontramos uno. Una soleada mañana, mientras estábamos sentados fuera del fuselaje, Fito, presa de un fuerte deseo de beber agua al igual que el resto de nosotros, observó que el sol fundía la fina capa de hielo que se formaba cada noche en la nieve y tuvo una idea. Escudriñó con calma el montón de restos del accidente que se habían sacado del fuselaje y pronto encontró, bajo el desgarrado tapizado de un asiento hecho añicos, una pequeña lámina rectangular de aluminio. Dobló hacia arriba las esquinas de la lámina de aluminio para formar una palangana poco profunda y estrujó una de las esquinas para formar un surtidor. Entonces llenó la palangana de nieve y la dejó al sol, que brillaba con fuerza. Al poco rato la nieve se fundió y el agua chorreó por el surtidor de manera continua. Fito recogió el agua en una botella y, cuando el resto vio lo bien que funcionaba su invento, reunimos más láminas de aluminio —había una en cada asiento— e hicimos lo mismo con ellas. Marcelo estaba tan impresionado con el artilugio de Fito que creó un grupo de muchachos cuya principal responsabilidad era fundir el agua, asegurándose de que tuviéramos siempre una reserva disponible. Aunque no podíamos producir tanta como necesitábamos en realidad y la sed nunca se aliviaba, la inventiva de Fito nos permitió estar lo suficientemente hidratados como para sobrevivir. Nos manteníamos firmes. Mediante la astucia y la colaboración habíamos encontrado maneras de evitar que el frío y la sed acabaran con nosotros, pero pronto nos enfrentaríamos a un problema que la astucia y el trabajo en equipo no podía resolver: las reservas de comida mermaban y estábamos empezando a estar famélicos.

Los primeros días después del accidente el hambre no fue un gran motivo de preocupación. El frío y el impacto mental que habíamos soportado, junto con la depresión y el miedo que todos sentíamos, nos hizo perder el apetito. Además, al estar convencidos de que los equipos de rescate nos encontrarían pronto, nos conformábamos con pasar con las escasas raciones que Marcelo repartía. Sin embargo, nadie acudía a rescatarnos.

Una mañana, casi al final de la primera semana en las montañas, me vi a mí mismo de pie fuera del fuselaje, mirando a un único cacahuete cubierto de chocolate que sostenía con delicadeza en la palma de la mano. Se habían agotado las existencias, así que ése era el último bocado de comida que recibiría, y con una desesperación triste y casi mísera estaba decidido a hacerlo durar. El primer día chupé lentamente el chocolate que recubría el cacahuete y después lo guardé en el bolsillo del pantalón. El segundo día separé con cuidado las dos mitades del cacahuete, metiéndome una en el bolsillo y la otra en la boca. Chupé con suavidad el maní durante horas, permitiéndome mordisquearlo un poquito de vez en cuando. Hice lo mismo el tercer día y, cuando finalmente lo mordisqueé hasta acabarlo, ya no me quedó absolutamente nada que comer.

En las alturas el cuerpo necesita una cantidad astronómica de calorías. Un escalador que ascendiera por cualquiera de las montañas que rodeaban el lugar del accidente hubiera necesitado 15.000 calorías al día sólo para mantener su peso corporal. Nosotros no escalábamos pero, aun así, estando en una cota tan alta, nuestras necesidades calóricas eran muy superiores a las que hubiéramos necesitado en casa. Desde el accidente, incluso antes de que las raciones se hubieran acabado, nunca habíamos consumido más de unos cientos de calorías al día. Ahora, durante días, nuestra ingesta fue nula. Cuando embarcamos en el avión en Montevideo, éramos muchachos robustos y vigorosos, muchos de nosotros deportistas con una forma física excelente. Ahora veía cómo el rostro de mis amigos adelgazaba y se consumía. Sus movimientos eran lentos y vacilantes, y en los ojos sin brillo mostraban apatía. Nos moríamos de hambre de veras y, a pesar de no tener esperanzas de encontrar comida, nuestra hambre llegó a ser tan voraz que la buscamos por todas partes. Nos obsesionamos con la búsqueda de alimentos, pero lo que nos impulsaba no era algo parecido al apetito normal y corriente. Cuando el cerebro percibe el inicio de la inanición, es decir, cuando se da cuenta de que el cuerpo ha empezado a descomponer su propia carne y tejidos para usarlos como combustible, libera adrenalina en señal de alarma de un modo tan violento e intenso como el impulso que lleva a un animal acorralado a huir del depredador que le ataca. De la misma manera, nuestros instintos básicos se habían reafirmado y el miedo, más que el hambre, era realmente lo que nos forzaba a buscar frenéticamente comida. Una y otra vez registramos el fuselaje buscando migas o cualquier otro alimento. Tratamos de comer las tiras de piel desgarradas de los equipajes aunque supiéramos que las sustancias químicas con las que se habían tratado nos harían más mal que bien. Rasgamos los cojines de los asientos con la esperanza de encontrar paja en su interior, pero sólo encontramos espuma de tapizado no comestible. Incluso después de convencerme de que no había ni rastro de algo comestible, mi mente no se calmaba. Me pasaba horas devanándome los sesos compulsivamente para hallar cualquier posible alimento. «Tal vez crece alguna planta en algún lugar o hay insectos bajo una piedra. Tal vez los pilotos tienen aperitivos en su cabina. Quizá se tiró comida fuera por accidente cuando sacamos los asientos del avión. Deberíamos haber buscado otra vez en el montón de escombros. ¿Buscamos en los bolsillos de todos los cadáveres antes de enterrarlos?»

Una y otra vez llegaba a la misma conclusión: a menos que quisiéramos comernos la ropa que llevábamos puesta, no había nada más que aluminio, plástico, hielo y piedras. A veces interrumpía mis largos silencios para gritar con frustración:

—¡No hay nada para comer en este maldito lugar!

Pero por supuesto que había comida en la montaña. Había carne, mucha carne, y toda ante nuestros ojos. La teníamos tan cerca de nosotros como los cuerpos que yacían fuera del fuselaje bajo una fina capa de escarcha. Todavía no entiendo que, a pesar de mi deseo compulsivo de encontrar algo que comer, pasara por alto durante tanto tiempo la evidente presencia de los únicos objetos comestibles a cientos de kilómetros a la redonda. Supongo que hay ciertas líneas que la mente cruza muy lentamente. Cuando mi mente cruzó finalmente ésta, lo hizo con un impulso tan primitivo que me dejó anonadado. Era última hora de la tarde y estábamos tumbados en el fuselaje, preparándonos para la noche. Se me fue la vista hacia la herida de la pierna de un chico tumbado junto a mí que se iba curando lentamente. El centro de la herida estaba húmedo y en carne viva y había una capa de sangre seca en los bordes. No podía dejar de mirar esa capa seca y, mientras olía el débil hedor a sangre del aire, noté que aumentaba mi apetito. Entonces alcé la vista y crucé miradas con otros chicos que también se habían quedado mirando fijamente la herida. Avergonzados, nos leímos el pensamiento y apartamos la mirada rápidamente, pero yo no podía negar lo que había sentido: había contemplado la carne humana e instintivamente la había considerado comida. Una vez la puerta estuvo abierta ya no la podía cerrar y, desde ese momento, mi mente nunca se alejaba de los cadáveres congelados bajo la nieve. Sabía que esos cuerpos representaban nuestra única oportunidad de sobrevivir pero me sentía tan horrorizado por mis pensamientos que los mantuve en silencio. Sin embargo, finalmente, no pude aguantar más y una noche, en la oscuridad del fuselaje, decidí confiárselos a Carlitos Páez, que estaba tumbado junto a mí en la penumbra.

—Carlitos —susurré—, ¿estás despierto?

—Sí —murmuró—. ¿Quién puede dormir en este congelador?

—¿Tienes hambre?

—¡Puta carajo! —espetó—. ¿Tú qué crees? No he comido nada en días.

—Aquí nos vamos a morir de hambre —dije—. No creo que los equipos de rescate nos encuentren a tiempo.

—Eso no lo sabes —respondió Carlitos.

—Yo lo sé y tú también —contesté—, pero yo no me moriré aquí. Conseguiré llegar a casa.

—¿Aún sigues pensando en escalar la montaña? —preguntó—. Nando, estás demasiado débil.

—Estoy débil porque no he comido.

—¿Y qué podemos hacer? —inquirió—. Aquí no hay comida.

—Sí que hay comida —respondí—. Ya sabes a lo que me refiero.

Carlitos cambió de postura en la oscuridad, pero no pronunció palabra.

—Le cortaré carne al piloto —susurré—. Él es quien nos ha metido aquí y quizá nos ayude a salir.

—¡Por el amor de Dios, Nando! —murmuró Carlitos.

—Aquí hay mucha comida —dije—, sólo debes verla como carne. Nuestros amigos ya no necesitan más su cuerpo.

Carlitos se sentó en silencio durante un rato antes de hablar.

—¡Válgame Dios! —respondió en voz baja—. Yo he estado pensando lo mismo...

Durante los días siguientes, Carlitos compartió nuestra conversación con otros compañeros. Unos pocos, como Carlitos, admitieron haber pensado en ello. Roberto, Gustavo y Fito creían especialmente que era nuestra única manera de sobrevivir. Durante algunos días hablamos del tema entre nosotros y después decidimos convocar una reunión para darlo a conocer a los demás. Nos reunimos todos dentro del fuselaje. Era última hora de la tarde y había poca luz. Roberto empezó a hablar.

—Nos estamos muriendo de hambre —anunció sencillamente—. Nuestros cuerpos se están consumiendo. A menos que ingiramos pronto proteínas, moriremos, y la única proteína que hay aquí está en los cadáveres de nuestros amigos.

Se produjo un gran silencio cuando Roberto hizo una pausa. Finalmente, alguien saltó.

—Pero ¿de qué estás hablando? —gritó—. ¿De que nos comamos a los muertos?

—No sabemos cuánto tiempo estaremos atrapados aquí —continuó diciendo Roberto—. Si no comemos, moriremos. Así de simple. Si queréis volver a ver a vuestras familias, eso es lo que debéis hacer.

Los rostros de los demás reflejaron su perplejidad a medida que Roberto iba dejando caer sus palabras. Liliana habló entonces en voz baja.

—Yo no puedo hacerlo —dijo—. Nunca podría hacerlo.

—No lo harías por ti misma —contestó Gustavo—, pero debes hacerlo por tus hijos. Debes sobrevivir y regresar a casa junto a ellos.

—Pero ¿qué les pasará a nuestras almas si hacemos esto? —preguntó alguien—. ¿Dios perdonaría algo así?

—Si no comes, optas por morir —respondió Roberto—. ¿Dios perdonaría eso? Creo que Dios quiere que hagamos lo que podamos para sobrevivir.

Me decidí a hablar.

—Debemos creer que es sólo carne —les dije—. Sus almas ya se han ido. Si los equipos de rescate están de camino debemos aguantar un poco más de tiempo, o estaremos muertos cuando nos encuentren.

—Y si debemos escapar por nuestro propio pie —añadió Fito—, necesitaremos estar fuertes o moriremos en la expedición.

—Fito tiene razón —asentí—, y si los cadáveres de nuestros amigos pueden ayudarnos a sobrevivir, entonces no habrán muerto en vano.

El debate prosiguió durante toda la tarde. Muchos de los supervivientes —Liliana, Javier, Numa Turcatti y Coche Inciarte entre otros— se negaron a considerar el hecho de comer carne humana, pero nadie trataba de quitarnos la idea de la cabeza. En medio del silencio nos dimos cuenta de que habíamos llegado a un acuerdo. Ahora debíamos enfrentarnos a la espeluznante logística.

—¿Y cómo lo haremos? —preguntó alguien—. ¿Quién tiene las agallas de cortarle la carne a un amigo?

Ahora el fuselaje estaba sumido en la oscuridad y sólo podía ver las siluetas vagamente en la tenue luz. Tras un largo silencio, alguien habló. Reconocí la voz de Roberto.

—Yo lo haré —se ofreció.

Gustavo se puso de pie y dijo en voz baja:

—Yo te ayudaré.

—Pero ¿con quién empezaremos? —preguntó Fito—. ¿A quién elegimos?

Todos dirigimos la vista hacia Roberto.

—Gustavo y yo nos encargaremos de eso —contestó.

Fito se levantó.

—Iré con vosotros —dijo.

—Yo también os ayudaré —se ofreció Daniel Maspons, un ala de los Old Christians que era muy amigo de Coco.

Durante unos instantes nadie se movió. Después, todos pusimos las manos hacia delante para unirlas y jurar que, si cualquiera de nosotros moría allí, el resto tendría permiso para comerse su cuerpo. Tras el juramento, Roberto se levantó y rebuscó en el fuselaje hasta que encontró algunos trozos de cristal y a continuación se fue con sus tres ayudantes a las tumbas. Les oí hablar en voz baja mientras trabajaban, pero no tenía interés en observar lo que hacían. Cuando regresaron, llevaban trocitos de carne en las manos. Gustavo me ofreció un trozo y lo acepté. Tenía un color blanco grisáceo y estaba duro como la madera, además de muy frío. Me recordé a mí mismo que eso ya no pertenecía a un ser humano; el alma de esa persona había salido de su cuerpo. Aun así, me costó meterme la carne en la boca. Evité cruzar mi mirada con la de cualquiera de los demás pero por el rabillo del ojo los veía a mi alrededor. Algunos estaban sentados como yo con la carne en las manos, reuniendo fuerzas para comérsela. Otros agitaban las mandíbulas con un aspecto siniestro. Finalmente, reuní el coraje y me puse la carne en la boca. No tenía sabor. Mastiqué, una o dos veces, y después me obligué a tragarla. No me sentí culpable ni avergonzado. Hacía lo correcto para poder sobrevivir. Entendía la magnitud del tabú que acabábamos de romper pero si sentía un intenso resentimiento era sólo porque el destino nos había obligado a elegir entre ese horror y el horror de una muerte segura.

Con este pedazo de carne no satisfice mi hambre, pero se me tranquilizó la mente. Sabía que mi cuerpo usaría las proteínas para fortalecerme y retardar el proceso de inanición. Esa noche, por primera vez desde el accidente, sentí un pequeño atisbo de esperanza. Nos habíamos adaptado a nuestra nueva y amarga realidad y habíamos descubierto que teníamos la fuerza necesaria como para enfrentarnos a un horror inimaginable. Nuestro coraje nos dio cierto control de la situación en la que nos encontrábamos y nos hizo ganar un tiempo muy valioso. Ahora no había ilusiones. Todos sabíamos que nuestra lucha por sobrevivir sería más desagradable y horripilante de lo que habíamos imaginado, pero sentía que, como grupo, habíamos proclamado ante la montaña que no nos rendiríamos, y yo, como individuo, que de un modo triste y minúsculo, había dado el primer paso hacia mi padre.

CAPÍTULO CINCO

Abandonados

Al día siguiente, a primera hora de la mañana de nuestro undécimo día en la montaña, me quedé de pie fuera del fuselaje, recostado en su casco de aluminio. Eran casi las siete y media y el cielo estaba despejado. Intenté entrar en calor con los primeros rayos de sol, que acababa de salir por encima de las montañas del este. Marcelo y Coco Nicholich estaban a mi lado, así como Roy Harley, un ala alto y rápido de los Old Christians. Con dieciocho años, Roy era uno de los pasajeros más jóvenes del avión. También era lo más parecido que teníamos a un electricista, ya que una vez había ayudado a un primo a instalar un complejo equipo de música en su casa. Justo después del accidente, Roy había encontrado un transistor hecho añicos entre los restos del accidente y, con unos cuantos ajustes, logró que volviera a funcionar. En la rocosa cordillera la señal era muy mala, pero Roy diseñó una antena con cables eléctricos que arrancó del avión y, con un poco de dificultad, pudimos sintonizar emisoras de radio chilenas. Cada mañana temprano, Marcelo levantaba a Roy y le llevaba al glaciar, donde manipulaba la antena mientras Roy buscaba la emisora. Tenían la esperanza de escuchar las noticias sobre el estado de las tareas de rescate, pero hasta entonces sólo habían conseguido sintonizar los resultados de los partidos de fútbol, los partes meteorológicos y la propaganda política de las emisoras controladas por el gobierno chileno.

Aquella mañana, como todas las anteriores, la señal se debilitaba, iba y venía, e incluso cuando se recibía al máximo, el pequeño altavoz de la radio chisporroteaba por la descarga atmosférica que interfería la recepción. Roy no quería malgastar las baterías, así que tras mover el dial durante varios minutos estaba a punto de apagar la radio cuando escuchamos, a pesar de los zumbidos y los chisporroteos, la voz de un reportero que estaba dando las noticias. No recuerdo las palabras exactas que usó, pero nunca olvidaré el escueto sonido de su voz y el tono neutro en el que hablaba: «Después de diez días de búsqueda sin éxito, las autoridades chilenas han decidido suspender todas las tareas de búsqueda del vuelo chárter uruguayo que desapareció en los Andes el 13 de octubre. Las tareas de rescate en los Andes son demasiado peligrosas y, después de tanto tiempo en las gélidas montañas, no hay probabilidades de que nadie sobreviva.»

Tras un instante de aturdido silencio, Roy gritó incrédulo y después empezó a sollozar.

—¿Qué? —gritó Marcelo—. ¿Qué ha dicho?

—¡Suspendieron la búsqueda! —gritó Roy—. ¡La han suspendido! ¡Nos abandonan!

Durante unos segundos, Marcelo se quedó mirando a Roy con el semblante irritado, como si Roy hubiera hablado por hablar, pero cuando asumió el significado de las palabras de Roy, Marcelo se dejó caer de rodillas y emitió un aullido atormentado que resonó en toda la cordillera. Recuperado del impacto, examiné las reacciones de mis amigos con un silencio y con una indiferencia que un observador hubiera confundido con serenidad, pero de hecho me estaba rompiendo en pedazos y todos los miedos claustrofóbicos que había luchado por contener se estaban desbocando como las aguas torrenciales de una presa que se estuviera derrumbando. Me sentí al borde de la histeria. Supliqué a Dios. Grité con fuerza a mi padre. Impulsado con más determinación que nunca por la apremiante necesidad animal de adentrarme a ciegas en la cordillera, examiné el horizonte como un maníaco, como si después de diez días en la montaña hubiera divisado de repente una vía de escape que no había considerado antes. Entonces, lentamente, me volví hacia el oeste y miré las altas montañas que me impedían llegar a casa. Con una lucidez nueva, evalué su terrible poder. ¡Qué tontería hubiera sido pensar que un muchacho inexperto como yo podía conquistar esas laderas despiadadas! Ahora que la realidad me enseñaba los dientes, me di cuenta de que todos mis sueños de escalar la montaña no eran más que una fantasía para mantener viva la esperanza. A pesar del horror y el desafío, sabía qué debía hacer: iría hasta una grieta profunda en el glaciar y saltaría hacia las verdes profundidades. Dejaría que las rocas aplastaran toda la vida, el miedo y el sufrimiento de mi cuerpo. Sin embargo, incluso al imaginarme cayendo en silencio y en paz no lograba apartar la vista de las montañas del oeste, calculando las distancias e intentando visualizar el grado de inclinación de las laderas mientras la fría voz de la razón me susurraba al oído: «Esa línea gris de rocas podría servirte para apoyar los pies... Podrías encontrar cobijo bajo ese afloramiento justo debajo de la cordillera...»

En cierto modo era realmente una locura aferrarse a la esperanza de escapar incluso cuando sabía que era imposible huir, pero esa voz interna no me dejaba elección. Retar a las montañas era el único futuro que ese lugar podía ofrecerme y, así, con una sensación de amarga determinación que se había afianzado más que antes, acepté dentro de mí la sencilla realidad de que no dejaría de luchar por salir de ese lugar, seguro de que el esfuerzo me mataría pero desesperado por emprender el ascenso.

En ese momento una voz asustada atrajo mi atención. Era Coco Nicholich, que estaba de pie a mi lado.

—Nando, por favor, ¡dime que no es cierto! —tartamudeó.

—Es cierto —dije siseando—. Carajo. Estamos muertos.

—¡Nos están matando! —gritó Nicholich—. Nos están dejando morir aquí.

—Tengo que marcharme de aquí, Coco —revelé en voz baja—. ¡No puedo quedarme ni un minuto más!

Nicholich asintió, mirando hacia el fuselaje.

—Los demás nos han oído —dijo.

Al girarme, vi a varios de nuestros amigos que salían del avión.

—¿Qué pasa? —gritó alguien—. ¿Nos han encontrado?

—Tenemos que decírselo —susurré a Nicholich.

Ambos miramos a Marcelo, que estaba sentado, desplomado en la nieve.

—No se lo puedo decir —murmuró—. No puedo.

Los demás se acercaron.

—¿Qué ocurre? —preguntó alguien—. ¿Qué habéis oído?

Intenté hablar, pero tenía un nudo en la garganta. Entonces Nicholich dio un paso al frente y habló con firmeza, a pesar del miedo que sentía.

—Vamos dentro —ordenó— y os lo explicaré.

Todos seguimos a Coco hacia el fuselaje y nos reunimos a su alrededor.

—Escuchad, chicos —dijo—, hemos oído las noticias. Han suspendido nuestra búsqueda.

Los otros se quedaron de piedra al oír las palabras de Coco. Algunos de ellos lanzaron maldiciones y otros empezaron a llorar, pero la mayoría se limitó a mirarle fijamente como si no se lo creyera.

—Pero no os preocupéis —prosiguió— porque hay buenas noticias.

—¿Estás loco? —gritó alguien—. ¡Eso significa que estamos atrapados aquí para siempre!

Noté que el pánico se estaba apoderando del grupo, pero Coco mantuvo el tipo y continuó.

—Debemos calmarnos —dijo—. Ahora sabemos lo que debemos hacer. Tenemos que depender de nosotros mismos. Ya no hay motivo para seguir esperando. Podemos empezar a planear la huida por nuestra cuenta.

—Yo ya me he decidido —espeté—. ¡Me voy de este lugar ahora mismo! ¡No me moriré aquí!

—Tranquilízate, Nando —dijo Gustavo.

—¡Que no me da la gana tranquilizarme! Dadme carne para que me la lleve. Que alguien me preste otra chaqueta. ¿Quién se viene conmigo? Me iré solo si no hay más remedio. ¡No me quedaré aquí ni un segundo más!

Gustavo me agarró del brazo.

—Estás diciendo tonterías —dijo.

—No, no, ¡puedo hacerlo! —supliqué—. Sé que puedo. Escalaré hasta salir de aquí, encontraré ayuda... ¡pero tengo que irme ahora mismo!

—Si te vas ahora, morirás —contestó Gustavo.

—¡Si me quedo aquí estoy muerto! —exclamé—. ¡Este lugar es nuestra propia tumba! Todo está impregnado de muerte. ¿Acaso no lo ves? ¡Puedo notar cómo me pone las manos encima! ¡Puedo oler su maldito aliento!

—Nando, ¡cállate y escucha! —gritó Gustavo—. No tienes ropa de abrigo, no has escalado nunca, estás débil y ni siquiera sabemos dónde estamos. Sería un suicidio irse ahora. Estas montañas te matarían en un día.

—Gustavo tiene razón —dijo Numa—. Aún no estás lo suficientemente fuerte. Tienes la cabeza agrietada como la cáscara de un huevo. Echarás tu vida a perder.

—¡Tenemos que ir! —grité—. ¡Nos han dado una sentencia de muerte! ¿Es que os vais a limitar a esperar aquí a morir?

Mientras registraba el fuselaje a ciegas, buscando algo (guantes, mantas, calcetines...) que me ayudara durante el viaje, Marcelo me habló con dulzura:

—Hagas lo que hagas, Nando —dijo—, debes pensar en el bien del resto. Sé inteligente. No te eches a perder. Seguimos siendo un equipo y te necesitamos.

La voz de Marcelo era firme pero tenía un toque de tristeza, una resignación herida. Algo en su interior se había trastocado al oír que la búsqueda se había suspendido y parecía que en unos instantes había perdido la fuerza y la seguridad en sí mismo que le habían convertido en un líder en quien se podía confiar. Reclinado contra la pared de la cabina de pasajeros, parecía más bajo, más triste, y yo sabía que se estaba sumiendo rápidamente en un estado de desesperación. Yo seguía sintiendo un respeto muy profundo por él y no podía negar la sabiduría que residía en sus palabras, así que, muy a mi pesar, asentí para mostrar mi conformidad y encontré un lugar donde sentarme junto a los demás en el suelo del fuselaje.

—Todos debemos estar tranquilos —dijo Gustavo—, pero Nando tiene razón. Moriremos si nos quedamos aquí, así que tarde o temprano tendremos que escalar la montaña. Sin embargo, debemos hacerlo del modo más inteligente, tenemos que saber a lo que nos enfrentamos. Propongo que uno o dos de nosotros escalen hoy. Tal vez podamos echar un vistazo a lo que hay más allá de esas montañas.

—Buena idea —contestó Fito—. De camino, podemos buscar la cola del avión. Tal vez haya comida y ropa de abrigo dentro. Y, si Roque está en lo cierto, las baterías de la radio también estarán allí.

—Bien —dijo Gustavo—. Yo iré. Si nos vamos pronto, podemos regresar antes de la puesta de sol. ¿Quién se viene conmigo?

—Yo —se ofreció Numa, que ya había sobrevivido al primer intento de escalar por la ladera occidental.

—Yo también —dijo Daniel Maspons, uno de los valientes que ayudó a cortar la carne.

Gustavo asintió.

—Busquemos la ropa de más abrigo que tengamos y pongámonos en marcha —ordenó—. Ahora que sabemos cuál es la línea de meta, no hay tiempo que perder.

Gustavo tardó menos de una hora en organizar el ascenso por la montaña. Cada escalador llevaría un par de raquetas de nieve que Fito había diseñado con los cojines de los asientos y unas gafas de sol que Eduardo, el primo de Fito, había hecho cortando las lentes de las viseras de plástico tintado que había en la cabina del piloto y uniéndolas con alambre de cobre. Las raquetas de nieve evitarían que los escaladores se hundieran en la blanda capa de nieve y las gafas protegerían sus ojos del mordaz reflejo del sol en las laderas cubiertas de nieve. Por lo demás estaban poco protegidos. Sólo llevaban jerséis sobre las camisas finas de algodón y pantalones de verano. Todos los supervivientes calzaban mocasines de verano, pero ellos escalarían con zapatillas deportivas de lona. Ninguno llevaba guantes ni mantas, pero era un día despejado, hacía poco viento y el radiante sol nos calentaba lo suficiente como para hacer soportable el aire de la montaña. Si los escaladores se ceñían al plan y regresaban al Fairchild antes de la puesta de sol, el frío no tendría por qué ser un problema.

—Rezad por nosotros —dijo Gustavo mientras partían.

Los vimos a los tres atravesando el glaciar en dirección a las altas cimas al oeste, siguiendo el camino que el Fairchild había abierto en la nieve. A medida que ascendían lentamente por la ladera y se alejaban, sus cuerpos se volvían cada vez más pequeños, hasta que fueron tan sólo tres diminutas manchas que subían poco a poco por la cara blanca de la montaña. Mientras ascendían parecían tan pequeños y frágiles como un trío de mosquitos y yo sentía un respeto infinito por su valentía.

Los observamos escalar hasta que desaparecieron de nuestra vista. A partir de entonces nos mantuvimos alerta hasta última hora de la tarde, escudriñando las laderas por si veíamos cualquier movimiento, pero la luz se iba desvaneciendo y seguía sin haber rastro de ellos. Finalmente, la oscuridad se cernió sobre nosotros y el crudo frío nos obligó a entrar al abrigo del fuselaje. Esa noche, el fuselaje del Fairchild se vio azotado por fuertes vientos que hacían entrar chorros de nieve por todas las grietas y rendijas. Mientras nos acurrucábamos y temblábamos en los concurridos cuartos, el pensamiento no se alejó un instante de nuestros amigos, que permanecían en las laderas al aire libre. Rezamos de veras por que regresaran sanos y salvos, pero era difícil albergar esperanzas. Intenté imaginar su sufrimiento, atrapados en plena montaña con su ropa de verano, sin nada que les protegiera del abrumador viento. Todos nosotros sabíamos muy bien cómo era la muerte y me resultaba fácil imaginarme a mis amigos yaciendo rígidos en la nieve. Los veía como los cadáveres que había contemplado en el cementerio fuera del fuselaje, con la misma palidez de tonos azulados y el mismo aspecto ceroso de la piel, con los rígidos rostros sin expresión y con la capa de escarcha colgándoles de las cejas y los labios, engrosándoles la mandíbula y poniéndoles el pelo blanco.

Me los imaginaba así, yaciendo inmóviles en la oscuridad, tres amigos más que habían pasado a ser meras «cosas» congeladas. Pero ¿dónde habían caído exactamente? Esa pregunta empezó a fascinarme. Cada uno había encontrado el momento y el lugar precisos de su muerte. ¿Cuándo sería mi momento? ¿Cuál sería mi lugar? ¿Habría un lugar en esas montañas en el que finalmente caería y moriría como el resto, congelado para siempre? ¿Había un lugar como ése para cada uno de nosotros? ¿Era ése nuestro destino, reposar esparcidos por ese desconocido lugar? ¿Mi madre y mi hermana aquí, en el lugar del accidente; Zerbino y los demás, en las laderas; y el resto de nosotros allá donde estuviéramos cuando la muerte decidiera llevarnos? ¿Qué pasaría si renunciáramos a escapar? ¿Nos limitaríamos a sentarnos y esperar a la muerte? Y, si lo hiciéramos, ¿cómo sería la vida para los últimos supervivientes o, peor aún, para el último? ¿Y qué ocurriría si ese último fuera yo? ¿Cuánto tiempo podría mantenerme cuerdo, sentado solo en el fuselaje por la noche, con la única compañía de los fantasmas y oyendo solamente el constante bramido del viento? Intenté acallar estos pensamientos uniéndome a otra plegaria de los demás por los escaladores, pero dentro de mí no estaba seguro de si rezaba por que volvieran a salvo o simplemente por el descanso de sus almas, por el descanso de todas nuestras almas, porque sabía que incluso a pesar de hallarnos relativamente seguros en el fuselaje, la muerte se acercaba. «Es sólo cuestión de tiempo —me dije—, y quizá los que están en la montaña hoy son los afortunados, pues para ellos ha acabado la espera.»

—Tal vez han encontrado algún refugio —dijo alguien.

—No hay refugio en esa montaña —contestó Roberto.

—Pero tú la escalaste y sobreviviste —apuntó alguien.

—Escalamos de día y aun así sufrimos —replicó Roberto—. Debe de haber cuarenta grados menos allí arriba por la noche.

—Son fuertes —vaticinó alguien.

Los demás asintieron y, por respeto, se mordieron la lengua. Entonces Marcelo, que no había hablado durante horas, rompió el silencio.

—Es culpa mía —dijo en voz baja—. Os he matado a todos.

Todos entendíamos su abatimiento; lo habíamos visto venir.

—No pienses así, Marcelo —dijo Fito—. Todos tenemos un mismo destino. Nadie te culpa.

—¡Yo alquilé el avión! —espetó Marcelo—. ¡Contraté a los pilotos! ¡Organicé los partidos y os convencí a todos de que fueseis!

—No persuadiste a mi madre y a mi hermana —dije—. Lo hice yo, y ahora están muertas. Pero no puedo culparme de eso. No tenemos la culpa de que un avión se caiga del cielo.

—Cada uno de nosotros tomó su propia decisión —añadió alguien.

—Marcelo, eres un buen capitán, no te desanimes.

Sin embargo, Marcelo se estaba desanimando muy rápido y me inquietaba verlo en ese estado tan deprimente. Siempre había sido un héroe para mí. Cuando yo estudiaba en la escuela primaria, él ya destacaba en el equipo de rugby del Stella Maris y me encantaba verlo jugar. Tenía una presencia imponente y entusiasta en el terreno de juego y siempre admiré la satisfacción y la seguridad en sí mismo con la que jugaba. Al cabo de los años, cuando me encontré jugando a su lado en los Old Christians, mi respeto por su don deportivo no hizo más que intensificarse, aunque fue algo más que su destreza como jugador de rugby lo que le hizo ganarse mi respeto. Como Arturo, Marcelo era diferente de todos nosotros, tenía más principios, era más maduro. Era católico devoto, seguía todas las doctrinas religiosas e intentaba por todos los medios llevar una vida virtuosa. No era un santurrón arrogante, sino que, de hecho, era uno de los muchachos más humildes del equipo, pero sabía en lo que creía y, a menudo, usando la misma autoridad y el tranquilo carisma con el que nos impulsaba a jugar mejor en el equipo, nos persuadía de que fuéramos mejores hombres. A mí y a Panchito, por ejemplo, nos regañaba constantemente por nuestra inquieta obsesión por el sexo contrario.

—Esta vida es mucho más que ir detrás de las chicas —solía decirnos con una sonrisa burlona—. Vosotros dos necesitáis madurar un poco y tomaros la vida más en serio.

Marcelo había hecho la promesa de permanecer virgen hasta el matrimonio y muchos chicos se burlaban de él por ello. Panchito creía especialmente que era algo digno de risa: ¿sin mujeres hasta casarse? Para Panchito, eso era como pedirle a un pez que no nadara. Sin embargo, Marcelo no se alteraba por las bromas y siempre me impresionó la seriedad y el respeto por sí mismo con el que se comportaba. En muchos sentidos, era muy distinto a Arturo, el apasionado socialista con el concepto herético de Dios, pero al igual que él, parecía conocer bien sus propias ideas. Había pensado cuidadosamente en todos los temas importantes de su vida y sabía con certeza dónde pisaba. Para Marcelo, el mundo era un lugar ordenado, vigilado por un Dios sabio y lleno de amor que había prometido protegernos. Nuestra misión era seguir Sus mandamientos, cumplir con los sacramentos y amarle a Él y al prójimo tal como Jesús nos había enseñado. Ése era el sabio principio que regía su vida y moldeaba su carácter. También era la fuente de su gran seguridad en el terreno de juego, su paso firme y certero como capitán y el carisma que le había convertido en un gran líder. Siempre habíamos confiado a ciegas en Marcelo. ¿Cómo podía titubear ahora, cuando más le necesitábamos?

Pensé que quizá nunca fue tan fuerte como parecía. Pero entonces lo entendí: Marcelo se había derrumbado no porque su mente fuera débil sino porque era demasiado fuerte. Su fe en el rescate era absoluta e inflexible: «Dios no nos abandonaría. Las autoridades nunca nos dejarían morir aquí.» Oír la noticia de que la búsqueda se había suspendido debía haber sido para Marcelo como si la Tierra bajo sus pies hubiera empezado a desintegrarse. Dios le había girado la espalda, el mundo se había vuelto del revés y todo lo que había convertido a Marcelo en un gran líder (la seguridad en sí mismo, su determinación y su fe inamovible en sus propias creencias y decisiones) evitaba ahora que asumiera el golpe y encontrara un nuevo equilibrio. Su certeza, que le había resultado tan útil en el mundo normal, le había desestabilizado totalmente y le había quitado la flexibilidad que necesitaba para ajustarse a las nuevas y extrañas condiciones en las que luchábamos por sobrevivir. Cuando las reglas del juego cambiaron, Marcelo se hizo añicos como el cristal. Al verle sollozando en silencio en la oscuridad, de repente comprendí que en ese horrible lugar demasiada certeza podía matarnos; el razonamiento civilizado convencional podía costarnos la vida. Me prometí a mí mismo que nunca intentaría entender a esas montañas. Nunca me dejaría atrapar por mis propias expectativas. Nunca intentaría saber lo que pasaría a continuación. Allí las reglas eran demasiado salvajes y extrañas, y sabía que nunca podría imaginar las penurias, las derrotas y los horrores que habría más adelante. Aprendería a vivir en una incertidumbre constante, instante a instante, paso a paso. Viviría como si ya estuviera muerto. Con nada que perder, nada podía sorprenderme, nada podía evitar que luchara, los miedos no me impedirían seguir mis instintos y ningún riesgo sería demasiado grande.

El viento sopló durante toda la noche y pocos de nosotros logramos conciliar el sueño, pero al fin amaneció. Uno a uno nos sacudimos la escarcha de la cara, metimos los pies en los helados zapatos y nos obligamos a ponernos en pie; entonces nos reunimos fuera del avión y empezamos a examinar las montañas para ver si había alguna señal de nuestros amigos perdidos. El cielo estaba despejado, el sol ya había calentado el aire y el viento se había debilitado, transformándose en una ligera brisa. La visibilidad era bastante buena pero después de horas de observación todavía no habíamos detectado movimiento en las laderas. Entonces, a última hora de la mañana, alguien gritó:

—¡Algo se mueve! —anunció—. ¡Allí, encima de ese cerro!

—Yo también lo veo —gritó otro.

Me quedé mirando fijamente hacia la montaña y finalmente vi lo que veían los demás: tres puntos negros en la nieve.

—Son rocas —murmuró alguien.

—No estaban allí antes.

—Tu mente te está jugando una mala pasada —dijo otro suspirando.

—Fíjate bien. Se mueven.

Un poco más abajo de la ladera había un afloramiento rocoso oscuro. Usando esa roca como referencia, mantuve la mirada fija en los puntos. Al principio estaba seguro de que estaban quietos pero, al cabo de uno o dos minutos, se hizo evidente que los puntos se habían acercado hacia el afloramiento. ¡Era cierto!

—¡Son ellos! ¡Se mueven!

—¡Puta carajo! ¡Están vivos!

Se nos levantó el ánimo de repente y nos empezamos a dar palmadas en la espalda y a empujarnos unos a otros de la alegría que sentimos.

—¡Vamos, Gustavo!

—¡Vamos, Numa! ¡Vamos, Daniel!

—¡Vamos, capullos! ¡Podéis lograrlo!

Tardaron dos horas en bajar por la ladera y atravesar el glaciar. Durante todo ese rato no dejamos de gritarles palabras de ánimo y lo celebramos como si nuestros amigos hubieran resucitado. Sin embargo, las celebraciones se acabaron de golpe cuando se acercaron lo suficiente como para que viéramos el estado en que estaban. Venían encorvados y abatidos, demasiado débiles como para levantar los pies de la nieve mientras acudían arrastrándolos hacia nosotros, apoyándose entre ellos. Gustavo entrecerraba los ojos y andaba a tientas como si se hubiera quedado ciego, y los tres parecían tan fatigados e inestables que pensé que la más mínima brisa los abatiría. Pero lo peor era el aspecto de sus rostros. Parecían haber envejecido veinte años en una sola noche, como si la montaña hubiera hecho estallar la juventud y la fuerza de sus cuerpos. Además, vi en sus ojos algo que no había antes, la inquietante mezcla de espanto y resignación que a veces se percibe en el rostro de los ancianos. Corrimos hacia ellos y los ayudamos a entrar en el fuselaje, donde les tendimos cojines para que se tumbaran. Roberto los examinó de inmediato. Comprobamos que tenían los pies casi congelados. Entonces vimos las lágrimas que manaban de los hinchados ojos de Gustavo.

—Ha sido el reflejo en la nieve —dijo Gustavo—. El sol era tan fuerte...

—¿No llevabais puestas las gafas? —preguntó Roberto.

—Se rompieron —contestó Gustavo—. Parece como si tuviera arenilla en los ojos. Creo que me he quedado ciego.

Roberto le puso a Gustavo unas gotas en los ojos —algo que había encontrado en una maleta que creyó que podría aliviar la irritación— y le envolvió la cabeza con una camiseta para evitar que la luz le diera en los malheridos ojos. Entonces nos ordenó al resto de nosotros que hiciéramos turnos para dar friegas a los pies congelados de los escaladores. Les llevamos grandes raciones de carne y acordamos que encenderíamos fuego y les asaríamos la carne, incluso aunque nuestra valiosa reserva de madera era pequeña. Los escaladores comieron con un apetito voraz. Después de descansar, empezaron a relatar el ascenso.

—La montaña tiene mucha pendiente —explicó Gustavo—. Hay lugares en los que es como trepar por una pared. Tienes que aferrarte a la nieve frente a ti para darte impulso hacia arriba.

—Y el aire tiene poco oxígeno —añadió Maspons—. Jadeas y el corazón te va a mil por hora. Das cinco pasos y parece como si hubieras recorrido un kilómetro.

—¿Por qué no regresasteis antes del anochecer? —les pregunté.

—Escalamos todo el día y sólo habíamos llegado a la mitad de la ladera —dijo Gustavo—. No queríamos volver y deciros que habíamos fracasado. Queríamos ver qué había más allá de las montañas, queríamos regresar con buenas noticias, así que decidimos buscar cobijo para pasar la noche y seguir ascendiendo por la mañana.

Los escaladores nos contaron que habían encontrado una zona llana cerca del afloramiento rocoso. Construyeron una pequeña pared con piedras grandes que encontraron por allí y se acurrucaron tras la pared, esperando que les sirviera de protección contra el viento nocturno. Después de tantas noches congelados en el fuselaje, los escaladores no creían que fuera posible sufrir mucho más por el frío, pero en seguida descubrieron que se equivocaban.

—El frío en lo alto de estas laderas es indescriptible —explicó Gustavo—. Te quita la vida. Quema tanto como el fuego. No creí que amaneciéramos vivos.

Nos contaron que habían sufrido terriblemente con la fina ropa que llevaban, pellizcándose unos a otros en los brazos y las piernas para estimular la circulación sanguínea por las venas y durmiendo pegados para compartir el calor corporal. Mientras las horas pasaban lentamente, estaban seguros de que su decisión de quedarse en la montaña les había costado la vida, pero de algún modo sobrevivieron hasta el amanecer y, finalmente, sintieron cómo los primeros rayos de sol calentaban las laderas. Sorprendidos de estar vivos, dejaron que el sol deshelase sus cuerpos congelados y después volvieron a la ladera y prosiguieron el ascenso.

—¿Encontrasteis la cola? —preguntó Fito.

—Sólo encontramos restos del accidente y algunos equipajes —respondió Gustavo. Entonces relató que había encontrado los cuerpos de toda la gente que se había caído del avión, muchos de ellos aún atados a sus asientos—. Nos hemos llevado esto de los cuerpos —dijo, sacando relojes, carteras, medallas con motivos religiosos y otros objetos personales.

—Los cuerpos están en lo alto de la ladera —explicó Gustavo—, pero nosotros aún estábamos lejos de la cima. No teníamos fuerzas para seguir ascendiendo y no queríamos quedarnos atrapados otra noche.

Más tarde, esa noche, cuando todo estaba tranquilo en el fuselaje, me acerqué a Gustavo.

—¿Qué visteis allí arriba? —inquirí—. ¿Visteis lo que había más allá de los picos? ¿Visteis prados?

Negó con la cabeza pesadamente.

—Los picos están demasiado altos. La vista no alcanza a ver más lejos.

—Pero tenéis que haber visto algo.

Se encogió de hombros.

—Entre dos picos, a lo lejos, vi...

—¿Qué viste?

—No lo sé, Nando, algo amarillento, amarronado, no sabría decirte, era un ángulo muy estrecho. Pero debes saber algo: cuando estábamos en lo alto de la montaña miré hacia abajo, hacia el lugar del accidente, y vi que el Fairchild es una diminuta mancha en la nieve. No puedes distinguirlo de una roca ni de una sombra. No es posible que un piloto lo pudiera divisar desde un avión. No había posibilidad de ser rescatados.

La noticia de que la búsqueda se había suspendido convenció incluso a los más esperanzados de nosotros de que estábamos solos y de que nuestra única posibilidad de sobrevivir era salvarnos nosotros mismos. Sin embargo, el fracaso de la misión de Gustavo nos desanimó y, a medida que pasaban los días, nuestro estado de ánimo fue decayendo aún más al darnos cuenta de que Marcelo, que dudaba de sí mismo y estaba inmerso en la desesperación, había abdicado en silencio de su papel de líder. No parecía haber nadie que asumiera su función. Gustavo, que nos había animado con su coraje y su determinación desde el principio de la tragedia, se había visto derrotado por la montaña y no podía recuperar su fuerza. Roberto seguía siendo un personaje importante y habíamos pasado a depender de su inteligencia y sagaz ingenio, pero se había convertido en un joven sumamente terco, demasiado irritable y beligerante como para inspirar el tipo de confianza que teníamos en Marcelo. Al no presentarse ningún líder fuerte, surgió un estilo menos formal de liderazgo. Se formaron alianzas basadas en los lazos de amistad previos, en la similitud de las personalidades y en los intereses comunes. La alianza más firme era la formada por Fito y sus primos Eduardo Strauch y Daniel Fernández. De los tres, Fito era el más joven y destacado. Era un muchacho tranquilo y al principio creí que era tímido en un grado casi penoso, pero pronto demostró ser brillante y sensato y, aunque era plenamente consciente de las pocas posibilidades que teníamos, sabía que tenía intención de luchar con todas sus fuerzas para ayudarnos a sobrevivir. Los tres primos estaban sumamente unidos y, dado que Daniel y Eduardo seguían sin vacilar a Fito, representaban una fuerza unificadora que ejercía mucha influencia en todas las decisiones que tomábamos. Esto fue muy positivo para todos nosotros. «Los primos», como les llamábamos, nos aportaron un núcleo estable que evitó que el grupo se desintegrara en facciones y nos salvó de todos los conflictos y la confusión que eso podría haber causado. También pudieron convencer a la mayoría de los supervivientes de que nuestras vidas estaban ahora en nuestras manos y que cada uno de nosotros tenía que hacer todo lo posible para sobrevivir. Siguiendo ese consejo, y ante las súplicas de Javier, Liliana empezó finalmente a comer. Uno a uno, el resto de los reticentes (Numa, Coche y los demás) siguieron el ejemplo, diciéndose a sí mismos que sacar la vida de los cuerpos de sus amigos muertos era como sacar fuerza espiritual del cuerpo de Cristo cuando comulgaban. Aliviados por comer algo, no cuestionaron sus principios, pero a mi entender, comer la carne de los muertos no era nada más que una decisión dura y pragmática que había que tomar para sobrevivir. Me impulsaba el saber que, incluso muertos, mis amigos me daban lo que necesitaba para vivir, pero no sentí ninguna conexión espiritual con ellos que exaltase la moral. Mis amigos se habían ido. Sus cuerpos habían pasado a ser meros objetos. Seríamos tontos si no los usábamos.

A medida que transcurrían los días, aprendimos a tratar la carne de un modo más eficiente. Fito y sus primos asumieron la responsabilidad de cortarla y de racionarla y pronto idearon un sistema eficiente. Tras cortar la carne a trocitos, la disponían sobre superficies de aluminio y la dejaban secar al sol, lo cual facilitaba mucho su digestión. Las pocas veces que encendíamos fuego, la asaban, con lo que su sabor mejoraba espectacularmente. Para mí, comerme la carne se volvió más fácil a medida que pasaba el tiempo. Aunque algunos no podían superar su repulsión, todos comíamos lo suficiente para evitar la inanición. Los demás habían prometido no tocar los cuerpos de mi madre y mi hermana por respeto hacia mí, pero aun así había cadáveres suficientes como para que nos duraran semanas si racionábamos bien la carne. Para aprovechar los cadáveres empezamos a comernos los riñones, los hígados e incluso el corazón. Estos órganos internos eran sumamente nutritivos y por muy espeluznante que suene, a esas alturas de la tragedia, la mayoría de nosotros habíamos hecho oídos sordos al horror de descuartizar a nuestros amigos como si fueran ganado.

Aun así, comer carne humana nunca satisfacía mi hambre y jamás me hizo recuperar fuerzas. Seguía consumiéndome, como el resto, y la pequeña cantidad de comida que nos permitíamos ingerir cada día no parecía más que retrasar el proceso de inanición. Se nos acababa el tiempo y sabía que pronto estaría demasiado débil como para escalar. Esto se convirtió en mi mayor miedo: que nos debilitáramos tanto que escapar se volviera imposible, que se nos consumiera todo el cuerpo y que después no tuviéramos más opción que languidecer en el lugar del accidente mientras nos consumíamos, mirándonos a los ojos, esperando a ver quién de nuestros amigos se convertiría primero en comida. Esa espeluznante escena me preocupaba y a veces tenía que contenerme con todas mis fuerzas para evitar ignorar los deseos de los demás y partir por mi cuenta. Pero la casi desastrosa expedición de Gustavo me había dado una concepción nueva de lo difícil que sería el ascenso. Como el resto, me dejaba perplejo lo que las montañas le habían hecho a Gustavo, que era célebre por su fortaleza y resistencia en el terreno de juego. ¿Por qué debería creer que yo podía conquistar la montaña si él no había podido? En los momentos de debilidad me vencía la desesperación. «Mira esas montañas —solía decirme—. Es imposible. Estamos aquí atrapados. Estamos acabados. Todo nuestro sufrimiento ha sido en vano.»

Sin embargo, cada vez que me rendía a la derrota y a la autocompasión, el rostro de mi padre se dibujaba en mi memoria, recordándome su sufrimiento y la promesa que había hecho de regresar a su lado. A veces, cuando creía que no podría soportar ni un instante más el frío, la sed o el terror que me corroía, sentía una fuerte y apremiante necesidad de rendirme. «Puedes acabar con todo esto cuando quieras —solía decirme—. Túmbate en la nieve. Deja que el frío te recorra el cuerpo. Descansa. Quédate quieto. Deja de luchar.»

Aunque estas ideas eran reconfortantes y seductoras, si las saboreaba durante demasiado rato, la voz en mi mente me interrumpía: «Cuando asciendas por la montaña, asegúrate de agarrarte bien a la roca. No confíes que la roca te sujetará, comprueba siempre si es firme. Comprueba la nieve antes de pisarla por si hay grietas ocultas. Encuentra un buen cobijo para pasar la noche...»

Solía pensar en el ascenso por la montaña, lo cual me recordaba la promesa a mi padre. Me acordaba de él y dejaba que mi corazón se llenase de amor. Sus sentimientos por mí eran más fuertes que mi sufrimiento o que mi miedo. Tras dos semanas en la montaña, el amor por mi padre había adquirido la irresistible fuerza de una necesidad biológica. Sabía que algún día tendría que escalar, aunque escalara hacia mi fatal destino. Pero ¿qué importaba?, ya estaba muerto. ¿Por qué no morir en las montañas, luchando por dar un paso más, para que cuando muriera estuviera a un paso menos de casa? Estaba preparado para asumir esa muerte pero, por muy inevitable que ésta me pareciera, aún tenía la pequeña esperanza de que lograría de algún modo avanzar tambaleante por el inhóspito terreno y llegar a casa. La idea de dejar el fuselaje me aterrorizaba, incluso a pesar de que estaba impaciente por irme. Sabía que de algún modo encontraría el coraje necesario para enfrentarme a las montañas y también que nunca sería lo suficientemente valiente como para hacerles frente solo. Necesitaba un compañero de viaje, alguien que me hiciera más fuerte y mejor, así que empecé a examinar a los demás, sopesando sus virtudes, sus personalidades, su rendimiento bajo presión, intentando imaginar cuál de esos muchachos harapientos, famélicos y asustados prefería tener a mi lado.

Tan sólo veinticuatro horas antes la respuesta a la pregunta hubiera sido sencilla: quería a Marcelo, nuestro capitán, y a Gustavo, cuyo carácter fuerte había admirado siempre. Pero ahora Marcelo estaba desesperado y Gustavo, abatido y cegado por la montaña, y temía que ninguno de ellos se recuperase a tiempo de acompañarme. Así que volví la vista hacia el resto de supervivientes sanos y, mientras los observaba, unos pocos atrajeron rápidamente mi atención. Fito Strauch había demostrado su valentía en el primer intento de escalar la montaña y se había ganado nuestro respeto por su serenidad y sus ideas claras durante todo lo que duró la tragedia. Los primos de Fito, Eduardo y Daniel Fernández, le daban mucha fuerza, por lo que a veces me preguntaba cómo se las arreglaría por sí solo en las montañas, pero Fito estaba sin duda en los primeros puestos de mi lista. También lo estaba Numa Turcatti. Numa me había impresionado desde el principio y a medida que transcurrían los días había aumentado mi respeto por él. Aunque la mayoría no le conocíamos antes del accidente, se había ganado rápidamente la amistad y la admiración de todos los supervivientes. Numa dejaba sentir su presencia a través de actos heroicos silenciosos: nadie luchó tanto por que sobreviviéramos, nadie nos inspiró tanta esperanza y nadie mostró tanta compasión por quienes más sufrían. Aunque hacía poco que era amigo de la mayoría de nosotros, creo que Numa era el hombre más querido de la montaña.

Daniel Maspons, que había escalado con valentía junto a Gustavo, era otro candidato. También Coco Nicholich, cuya abnegación y compostura me habían impresionado. Antonio Vizintin, Roy Harley y Carlitos Páez eran fuertes y tenían buena salud. Y también estaba Roberto, el personaje más brillante, más difícil y complicado de la montaña.

Roberto siempre había sido difícil de tratar. Hijo de un prestigioso cardiólogo de Montevideo, era inteligente, seguro de sí mismo, ególatra e interesado en seguir únicamente sus propias reglas. Dado su carácter controvertido, estaba constantemente metido en líos en el colegio y, al parecer, a su madre siempre la llamaban para que fuera a la oficina del director a soportar otra charla sobre las transgresiones de Roberto. Él simplemente se negaba a que le mandaran. Por ejemplo, Roberto tenía un caballo en el que iba a clase cada mañana e incluso aunque los Christians Brothers le prohibían una y otra vez que entrase con el animal en el recinto escolar, Roberto se limitaba a ignorarles. Solía atar el caballo al aparcamiento de bicicletas, éste desataba la cuerda y al cabo de una hora más o menos los Hermanos se lo encontraban paseando por el jardín, comiéndose los arbustos y las flores que tanto apreciaban. También espoleaba al gran animal por las concurridas calles de Carrasco, galopando por las aceras y pasando por cruces llenos de coches a tal velocidad que las herraduras del caballo sacaban chispas al chocar con el pavimento. Los conductores lo esquivaban bruscamente y los peatones se apartaban de su camino. Nuestros vecinos se quejaban constantemente y, en una o dos ocasiones, la policía llegó incluso a hablar con el padre de Roberto, pero éste siguió montando a caballo.

Con la esperanza de encontrar un remedio constructivo para la rebeldía de Roberto, los Christians Brothers le animaron a jugar a rugby. Su enérgico carácter le hacía jugar de un modo formidable en el campo. Jugaba en el ala izquierda, la misma posición en la que Panchito jugaba a la derecha pero, mientras que Panchito esquivaba y se abría paso con gracia a través de los atajadores en dirección a la zona de gol, Roberto prefería labrarse con violencia un camino más directo a través de los jugadores del equipo contrario, con una colisión frontal tras otra. Aunque no era uno de nuestros jugadores más grandes, sus piernas gruesas tenían tanta musculatura que, junto con su famosa musculatura craneal, desarrollada a base de cabezazos, le valieron el apodo de Músculos. Dotado de unas extremidades tan robustas y de su beligerancia natural, Roberto era más que un rival para los más grandes jugadores del equipo contrario y nada le gustaba más que bajar el hombro y enviar volando a un supuesto atajador de tamaño descomunal.

Aunque a Roberto le encantaba el rugby, no curó su tozudez tal como esperaban los Christians Brothers. Roberto era Roberto, dentro y fuera del terreno de juego, e incluso en medio de un partido reñido se negaba a cumplir órdenes. Los entrenadores nos preparaban bien para cada partido, con jugadas y estrategias planificadas, y el resto de nosotros intentábamos con todo nuestro empeño seguir el plan de juego. Roberto, sin embargo, se reservaba el derecho de improvisar a su discreción, lo cual solía significar que se quedaba el balón cuando se suponía que debía pasarlo o que se abalanzaba de cabeza sobre un rival cuando los entrenadores querían que atajara por zonas despejadas. Mientras aguantaba las reprimendas de los entrenadores a regañadientes, la oscura mirada de sus penetrantes ojos mostraba desafío e impaciencia. Le irritaba que le dijeran lo que tenía que hacer. Simplemente creía que hacerlo a su manera era mejor. Vivía así todas las facetas de su vida. La determinación de Roberto le hacía un amigo provocador e incluso en nuestra cómoda situación en Carrasco podía mostrarse arrogante y altanero. En el ambiente cargado de presión del fuselaje, su conducta era a menudo intolerable. Solía hacer caso omiso de las decisiones tomadas por el grupo y se encendía con cualquiera que le desafiara, despotricando y lanzando insultos con la beligerante voz de falsete que usaba cuando le hervía la sangre. Podía ser brutalmente desconsiderado: si tenía que salir del avión por la noche para orinar, por ejemplo, simplemente iba pisando las manos y piernas de todos aquellos que dormían en su camino. Dormía donde quería, incluso si eso significaba apartar a los demás del lugar que habían elegido. Soportar su repentino mal genio y su carácter polémico nos creaba un estrés que no necesitábamos y nos costaba una energía que no podíamos permitirnos malgastar y, más de una vez, su tozudez y su personalidad abrasiva casi provocaron peleas.

Yo, a pesar de su difícil personalidad, respetaba a Roberto. Era el más inteligente e ingenioso de todos nosotros. Sin su perspicaz atención médica después del accidente, muchos de los chicos que se recuperaban de sus heridas bien podrían estar muertos, y su mente creativa había resuelto muchos problemas de forma que nos había hecho sentir más seguros o cómodos en la montaña. Fue Roberto quien se dio cuenta de que podía sacarse el tapizado de los asientos del Fairchild y usarse como manta, una idea que nos había salvado de congelarnos. La mayoría de las sencillas herramientas que utilizábamos y nuestra escasa selección de recursos médicos, las había improvisado él a partir de los restos que había recuperado del lugar del accidente. A pesar de todos sus arrebatos de egoísmo, sabía que él se sentía sumamente responsable del resto de nosotros. Después de ver cómo Arturo y Rafael sufrían por la noche tumbados en el suelo del avión (y de gritarles con furia que acabasen con sus patéticos gemidos), Roberto se pasó horas a la mañana siguiente diseñando las hamacas colgantes que aliviaron un poco el dolor de los dos muchachos heridos. No era exactamente compasión lo que le impulsaba a hacer eso, sino que era más bien el sentido del deber. Era consciente de sus dones y sus capacidades, y simplemente le parecía lógico en hacer lo que sabía que nadie más podía hacer.

Yo sabía que el ingenio de Roberto sería de gran ayuda en cualquier intento de huir. También confiaba en su visión realista de nuestra situación, ya que era consciente del desesperado estado en que nos encontrábamos y de que nuestra única esperanza era salvarnos a nosotros mismos. Pero sobre todo le quería a mi lado porque era simplemente Roberto, la persona más decidida y con el carácter más férreo que conocía. Si había alguien en el grupo que podía enfrentarse a los Andes por pura tozudez, ése era Roberto. No sería el compañero de viaje más fácil y me preocupaba que su carácter belicoso nos abocara a conflictos en nuestra expedición, saboteando cualquier ligera posibilidad que tuviéramos de llegar hasta la civilización. Pero, intuitivamente, era consciente de que la testarudez y el egocentrismo de Roberto serían el complemento perfecto para los alocados impulsos que me llevaban a huir a ciegas por un inhóspito paisaje. Debido a mi maníaca y apremiante necesidad de escapar, él sería el motor que nos propulsaría por las montañas; su espíritu avinagrado sería el embrague que me impediría acelerar y perder el control. No tenía manera de saber qué tipo de penurias nos esperaban en ese indómito territorio, pero sabía que Roberto me haría más fuerte y mejor durante el trayecto. Era justo el que necesitaba a mi lado, así que cuando encontré el mejor momento y por fin nos quedamos solos, le pedí que me acompañara en la expedición.

—Tenemos que hacerlo, Roberto, tú y yo —dije—. Tenemos más probabilidades que todos los que están aquí.

—Estás loco, Nando —espetó con un tono de voz agudo—. Mira esas malditas montañas. ¿Tienes idea de lo altas que son?

Eché un vistazo al pico más alto.

—Me parecen dos o tres veces más altas que Pan de Azúcar —contesté, refiriéndome a la «montaña» más alta de Uruguay.

Roberto soltó una risotada.

—No seas imbécil —chilló—. ¡En Pan de Azúcar no hay nieve! ¡Sólo tiene quinientos un metros de altura! ¡Esta montaña es como mínimo diez veces más alta!

—¿Qué opción nos queda? —pregunté—. Tenemos que intentarlo. Para mí, la decisión está tomada. Voy a escalar, Roberto, pero tengo miedo. No puedo hacerlo solo. Necesito que vengas conmigo.

Roberto negó con la cabeza con pesar.

—Ya viste lo que le pasó a Gustavo —respondió—. Y sólo subió la mitad de la ladera.

—No nos podemos quedar aquí —dije—. Lo sabes tan bien como yo. Tenemos que marcharnos lo antes posible.

—¡Ni hablar! —chilló Roberto—. Eso tiene que planearse. Tenemos que hacerlo de la manera más inteligente. Debemos planear bien cada detalle. ¿Cómo escalaremos? ¿Qué ladera? ¿En qué dirección?

—Pienso en ese tipo de cosas continuamente —contesté—. Necesitamos comida, agua, ropa de abrigo...

—¿Cómo nos protegeremos de la congelación por la noche? —preguntó.

—Encontraremos cobijo debajo de las rocas —dije—, o tal vez podamos excavar cuevas en la nieve.

—Encontrar el momento apropiado es muy importante —respondió—. Debemos esperar a que mejore el tiempo.

—Pero no podemos esperar hasta que estemos demasiado débiles como para escalar —le dije.

Roberto se quedó en silencio un instante.

—Moriremos, ¿sabes? —sentenció.

—Probablemente —respondí—, pero si nos quedamos aquí, ya estamos muertos. No puedo hacerlo solo, Roberto. Por favor, ven conmigo.

Durante un instante, Roberto pareció examinarme con su penetrante mirada, como si no me hubiera visto antes. Entonces asintió, mirando hacia el fuselaje.

—Entremos —dijo—. El viento sopla con más fuerza y me estoy helando.

Los días siguientes nos los pasamos preocupados analizando nuestro plan para salir escalando de la cordillera y pronto nos dimos cuenta de que los demás estaban empezando a confiar en ese plan de un modo tan desesperado como se habían aferrado antaño a la certeza de que nos iban a rescatar. Puesto que había sido el primero en hablar abiertamente de nuestra necesidad de escapar y dado que sabían que, sin duda, yo sería uno de los que lo intentaría, muchos de los supervivientes empezaron a considerarme un líder. Nunca en mi vida había adoptado una función así, más bien era siempre de los que se dejaba llevar, siguiendo la corriente, dejando que los demás me enseñaran el camino. Sin duda no me sentía como un líder en ese momento. ¿Acaso no veían lo confundido y asustado que estaba? ¿Realmente querían un líder que sintiera en su corazón que todos nosotros ya estábamos condenados? Por mi parte, no deseaba ni mucho menos liderar a nadie; necesitaba todas mis fuerzas sólo para evitar derrumbarme. Me preocupaba estar dándoles falsas esperanzas, pero al final decidí que dar falsas esperanzas era mejor que no dar ningún tipo de esperanza, así que me guardé mis pensamientos para mí. En su mayoría eran pensamientos pesimistas, pero una noche sucedió algo extraordinario: era más de medianoche, el fuselaje estaba oscuro y frío como siempre y yo yacía inquieto, inmerso en el atontado y superficial estupor que era lo más parecido a dormir que había experimentado hasta entonces cuando, de la nada, me invadió una ola de alegría de un modo tan profundo y sublime que casi se me levantó el cuerpo del suelo. Durante un instante, el frío se esfumó, como si me bañara una luz cálida y dorada y, por primera vez desde el accidente, estaba seguro de que sobreviviría. Emocionado, desperté a los demás.

—Chicos, ¡escuchad! —grité—. Todo saldrá bien. ¡Os llevaré a casa antes de Navidad!

Mi arranque pareció dejar perplejos a los demás, que se limitaron a murmurar en voz baja y volvieron a dormirse. En unos instantes, mi euforia se había desvanecido. Durante toda la noche traté de recuperar esa sensación, pero se había esfumado. Por la mañana tenía una vez más el corazón lleno únicamente de dudas y temor.

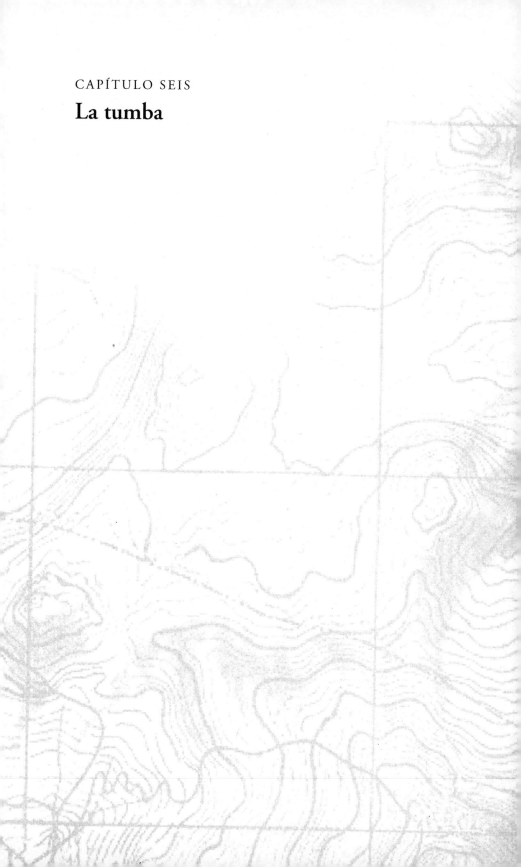

CAPÍTULO SEIS

La tumba

Durante la última semana de octubre elegimos al grupo que se marcharía del lugar del accidente para intentar buscar ayuda. Nadie tenía dudas de que yo iba a ir (hubieran tenido que atarme a una roca para impedir que fuera). Finalmente, Roberto había aceptado acompañarme. Fito y Numa completarían el equipo. El resto de supervivientes aprobaron la elección y empezaron a referirse a nosotros como «los expedicionarios». Se decidió que recibiríamos mayores raciones de comida para reunir fuerzas. También se nos daría la ropa de más abrigo y los mejores lugares para dormir, y se nos excluiría de los quehaceres cotidianos para que pudiéramos reservar las energías para la expedición.

El hecho de haber designado un equipo de expedicionarios hizo que nuestros planes de escapar parecieran al fin reales y, en consecuencia, el grupo empezó a mostrarse más animado. Tras dos semanas en la montaña, hallamos además otras razones para tener esperanza: a pesar de tanto sufrimiento y de tanto horror, ninguno de nosotros había muerto desde nuestro octavo día en la montaña, cuando yo había perdido a Susy. Con todos los cuerpos congelados que yacían en la nieve teníamos suficiente comida como para mantenernos vivos y, aunque seguíamos sufriendo durante las gélidas noches, sabíamos que mientras nos acurrucásemos al abrigo del Fairchild, el frío no podía acabar con nosotros. Nuestra situación seguía siendo crítica, pero empezamos a sentir que habíamos pasado lo más duro. Las cosas parecían haberse estabilizado más. Habíamos resuelto las amenazas inmediatas a las que nos enfrentábamos y ahora jugaríamos al juego de esperar, descansar y cobrar fuerzas mientras esperábamos a que el tiempo mejorase; después iniciaríamos el ascenso. Quizá habíamos visto el último de los horrores. Tal vez los veintisiete de nosotros estábamos destinados a sobrevivir. ¿Por qué otra cosa nos habría salvado Dios? Muchos de nosotros nos consolábamos con estos pensamientos mientras nos alineábamos en el interior del fuselaje la noche del 29 de octubre y nos preparábamos para dormir.

Esa noche soplaba el viento. Me acomodé en el suelo y Liliana se tumbó junto a mí. Durante un rato habló en voz baja con Javier, que estaba tumbado de cara a ella. Como siempre, conversaban sobre sus hijos. Liliana se mostraba preocupada por ellos en todo momento y Javier solía consolarla, diciéndole que seguro que sus abuelos los estaban cuidando bien. Me conmovió la ternura que había entre ellos. Compartían una gran intimidad, un gran sentido de compañerismo. Era como si fueran una única persona. Antes del accidente, llevaban la vida que yo había soñado: un matrimonio sólido, las alegrías de un hogar lleno de amor en familia. Me preguntaba si algún día volverían a llevar esa vida. ¿Y qué pasaba conmigo? ¿Mis propias posibilidades de sentir esa felicidad morirían conmigo en ese infierno helado? Dejé que mis pensamientos fluyeran: en ese mismo instante, ¿dónde estaría la mujer con la que me casaría? Ella también se preguntaba sobre su futuro: ¿con quién se casaría y dónde estaría él? «Aquí estoy —pensé— congelándome en lo alto del mundo y pensando en ti...»

Al cabo de un rato, Javier intentó dormir y Liliana se giró hacia mí.

—¿Cómo tienes la cabeza, Nando? —preguntó—. ¿Te sigue doliendo?

—Sólo un poco —respondí.

—Deberías descansar más.

—Me alegra que hayas decidido comer —le dije.

—Quiero ver a mis hijos —contestó—. Y si no como, moriré. Lo hago por ellos.

—¿Cómo está Javier?

—Todavía está muy enfermo —dijo suspirando—. Rezo con él a menudo. Está seguro de que Dios nos dará una oportunidad.

—¿Tú crees? —pregunté—. ¿Crees que Dios nos ayudará? Estoy muy confundido. Tengo demasiadas dudas.

—Dios ya nos ha salvado —afirmó—. Debemos confiar en Él.

—Pero ¿por qué iba a salvarnos Dios y dejar morir a los demás? Mi madre, mi hermana, Panchito, Guido, ¿no querían que Dios les salvara?

—No hay forma de entender a Dios ni su lógica —contestó ella.

—Entonces, ¿por qué deberíamos confiar en Él? —pregunté—. ¿Y qué hay de todos los judíos que murieron en los campos de concentración? ¿Y qué hay de todos los inocentes que han muerto en pestes y purgas y catástrofes naturales? ¿Por qué les daría la espalda y en cambio encontraría tiempo para nosotros?

Liliana suspiró, y noté su cálido aliento en mi rostro.

—Te estás complicando demasiado —dijo con voz dulce—. Lo único que podemos hacer es amar a Dios y amar al prójimo y confiar en la voluntad divina.

Las palabras de Liliana no me convencieron, pero su calidez y bondad me consolaron. Traté de imaginar cuánto añoraba a sus hijos y recé por que pudieran volver a estar juntos. Entonces cerré los ojos y me sumí como siempre en un ligero sopor. Dormité durante un rato, quizá media hora, y entonces me desperté, asustado y desorientado, cuando una enorme y pesada fuerza me golpeó el pecho. Algo iba muy mal. Noté una sensación húmeda y gélida contra el rostro y un peso aplastante se cernió sobre mí con tanta fuerza que me hizo expulsar todo el aire del pecho. Tras un momento de confusión, entendí lo que había pasado: un alud se había deslizado por la montaña y había llenado de nieve el fuselaje. Hubo un momento de completo silencio y entonces oí un lento y húmedo crujido; la nieve se asentó por su propio peso y me envolvió como si fuera una piedra. Traté de moverme, pero sentía como si tuviera el cuerpo encajonado en un bloque de cemento y ni siquiera podía mover un dedo. Pude respirar unas cuantas veces de un modo superficial, pero pronto la nieve me llenó la boca y las fosas nasales, y me empecé a asfixiar. Al principio, la presión en el pecho era insoportable pero, a medida que mi conciencia se desvanecía, dejé de notar las molestias. Mi mente se calmó y cobró lucidez. «Voy a morir —me dije—. Ahora veré lo que hay al otro lado.» No sentí ninguna emoción fuerte. No intenté gritar ni luchar. Me limité a esperar y, cuando acepté mi impotencia, me sobrecogió una sensación de paz. Esperé pacientemente a que acabara mi vida. No había ángeles, ni revelaciones, ni un largo túnel que llevara hacia una dorada luz llena de amor. En vez de eso, sólo sentí el mismo silencio oscuro en el que me había sumido cuando el Fairchild chocó contra la montaña. Me deje arrastrar por el silencio. Dejé que mi resistencia se desvaneciera. Era el final. Ya no habría más miedo. Ya no habría más lucha. Sólo un silencio insondable, y descanso.

Entonces una mano me quitó la nieve de la cara y me vi arrastrado violentamente de nuevo al mundo de los vivos. Alguien había cavado un estrecho pozo de varios centímetros para llegar hasta mí. Escupí la nieve de la boca y me metí una bocanada de aire frío en los pulmones, aunque el peso que todavía presionaba mi pecho me hacía difícil respirar correctamente.

Oí la voz de Carlitos por encima de mí.

—¿Quién es? —gritó.

—Yo —farfullé—. Nando.

Entonces me dejó. Oí caos por encima de mí, voces que gritaban y sollozaban.

—¡Excavad en busca de caras! —vociferó alguien—. ¡Dejadles respirar!

—¡Coco! ¿Dónde está Coco?

—¡Aquí! ¡Ayudadme!

—¿Alguien ha visto a Marcelo?

—¿Cuántos hay? ¿Quién falta?

—¡Que alguien cuente!

Entonces escuché la voz de Javier gritando histérico:

—¿Liliana? ¿Liliana? ¡Ayudadla! ¡Aguanta, Liliana! ¡Oh, por favor, daos prisa, encontradla!

El caos duró tan sólo unos minutos, después pude levantarme de entre la nieve. El oscuro fuselaje se iluminó tenuemente con la llama del mechero que sujetaba Pancho Delgado. Los otros chicos se levantaban de la nieve como zombis saliendo de sus tumbas. Javier estaba arrodillado a mi lado, con Liliana en sus brazos. Por la languidez con la que le colgaban los brazos y la cabeza supe que estaba muerta. Negué con la cabeza, incrédulo, mientras Javier empezó a sollozar.

—No. No —dije con voz apagada, como si pudiera discutir con

lo que acababa de pasar. Como si pudiera negarme a permitir que fuera real.

Eché un vistazo a quienes estaban de pie a mi alrededor. Algunos estaban llorando, otros consolando a Javier, otros con la mirada perdida en las sombras y con una expresión de aturdimiento. Durante un instante nadie habló pero, una vez recuperados de la conmoción, los demás me contaron lo que habían visto.

Empezó con un lejano estruendo en la montaña. Roy Harley oyó el ruido y se puso de pie de un salto. A los pocos segundos, el alud arrasó la pared artificial construida en la parte de atrás del fuselaje, enterrándole hasta las caderas. Roy vio con horror cómo a todos los que estábamos durmiendo en el suelo nos había sepultado la nieve. Aterrado de pensar que todos nosotros estábamos muertos y de que estaba solo en la montaña, Roy empezó a excavar. Pronto destapó a Carlitos, Fito y Roberto. A medida que se iba destapando a los muchachos, éstos empezaban también a escarbar. Rebuscaron por la superficie de la nieve, tratando de encontrar frenéticamente a nuestros amigos enterrados pero, a pesar de todos sus esfuerzos, no fueron lo suficientemente rápidos como para salvarnos a todos. Tuvimos muchas pérdidas. Marcelo había muerto, así como Enrique Platero, Coco Nicholich y Daniel Maspons. Carlos Roque, el mecánico del Fairchild, y Juan Carlos Menéndez habían fallecido bajo la pared caída. Diego Storm, que al tercer día de la tragedia me había salvado la vida arrastrándome hacia el cálido interior del fuselaje mientras yo seguía en coma, se había asfixiado bajo la nieve. Y Liliana, que hacía tan sólo unos minutos me había dedicado unas amables palabras de consuelo, también se había ido. Gustavo había ayudado a Javier a excavar en su busca, pero había pasado demasiado tiempo y, cuando la encontraron, ya estaba muerta.

Es difícil describir la profunda desesperación que se cernió sobre nosotros después del alud. Las muertes de nuestros amigos nos hicieron tambalearnos. Nos habíamos permitido creer que el peligro había pasado, pero ahora veíamos que nunca estaríamos a salvo en ese lugar; la montaña podía acabar con nuestras vidas de muchas formas. Lo que más me torturaba era lo caprichosa que era la muerte. ¿Cómo podía encontrarle sentido a eso? Daniel Maspons estaba durmiendo tan sólo unos centímetros a mi derecha y Liliana, a escasos centímetros a mi izquierda. Ambos habían muerto. ¿Por qué ellos y no yo? ¿Acaso yo era más fuerte? ¿Más inteligente? ¿Mejor preparado? La respuesta estaba clara: Daniel y Liliana querían vivir tanto como yo, eran igual de fuertes y luchaban con el mismo ímpetu por sobrevivir, pero su destino estaba decidido por un simple golpe de mala suerte: habían elegido los lugares donde dormirían esa noche y esa decisión les había matado. Pensé en mi madre y en Susy eligiendo los asientos en el avión. Recordé cómo Panchito se había cambiado de asiento conmigo momentos antes del accidente. La arbitrariedad de todas esas muertes me enfurecía pero también me asustaba porque, si la muerte era tan absurda y aleatoria, nada, ni el coraje, ni la planificación, ni la determinación, podía protegerme de ella.

Más tarde, esa noche, como para mofarse de mis miedos, la montaña envió un segundo alud que se deslizó estruendosamente por las laderas. Lo oímos llegar y nos preparamos para lo peor, pero la nieve se limitó a rodar por encima de nosotros esa vez. El Fairchild quedó sepultado.

Los restos del avión siempre habían sido un refugio ante las corrientes de aire, pero tras el alud se convirtió en un lugar realmente infernal. La capa de nieve que invadía el fuselaje era tan profunda que no podíamos tenernos en pie; apenas teníamos altura suficiente como para ir a cuatro patas por su interior. Tan pronto como nos sentimos dispuestos, apilamos los cadáveres en la parte trasera del avión, donde la capa de nieve era más profunda, lo cual dejaba sólo una pequeña zona despejada cerca de la cabina del piloto para que los vivos durmieran. Nos apelotonamos en ese espacio los diecinueve que quedábamos, agolpados en una área que podría haber alojado cómodamente a cuatro, sin otra opción que apretarnos, con las rodillas, los pies y los codos mezclados en una monstruosa versión del *scrum*. El aire allí dentro era denso por la humedad de la nieve, lo cual hacía que el frío fuera aún más penetrante. La nieve que nos cubría se derritió rápidamente por el calor de nuestros cuerpos, y pronto tuvimos la ropa totalmente empapada. Para empeorar más las cosas, todas nuestras posesiones estaban ahora enterradas debajo de varios centímetros de nieve en el suelo del fuselaje. Carecíamos de nuestras mantas improvisadas para abrigarnos, de zapatos para protegernos los pies del frío y de cojines para aislarnos de la congelada superficie de la nieve, que había pasado a ser la única superficie sobre la que descansar. Había tan poco espacio libre por encima de nuestras cabezas que nos vimos obligados a descansar con los hombros tirados hacia delante y la barbilla apretada contra el pecho, y aun así la parte de atrás de la cabeza golpeaba el techo. Mientras trataba de encontrar una postura cómoda en la maraña de cuerpos que se disputaban el espacio, sentí cómo el pánico me subía por la garganta y tuve que contener una apremiante necesidad de gritar. «¿Cuánta nieve tenemos encima? —me pregunté—. ¿Sesenta centímetros? ¿Tres metros? ¿Seis metros? ¿Nos habían enterrado vivos? ¿El Fairchild se había convertido en nuestra tumba?» Podía sentir la presión de la nieve a nuestro alrededor. Nos aislaba del sonido del viento del exterior y distorsionaba el ruido en el interior del avión, creando un silencio espeso y amortiguado, dando a nuestras voces un sutil eco, como si habláramos desde el fondo de un pozo. Pensé: «Ahora sé lo que se siente al estar atrapado en un submarino en el suelo oceánico.» A pesar de las bajas temperaturas, un sudor húmedo y frío recorría mi cuello. Sentí que las paredes del fuselaje se cernían sobre mí. Todos mis miedos claustrofóbicos —quedar atrapados por las montañas a nuestro alrededor, no poder huir y separarme definitivamente de mi padre— se estaban materializando de un modo absurdamente literal. Estaba atrapado dentro de un tubo de aluminio bajo toneladas de nieve dura. Titubeando al borde del pánico, recordé la plácida aceptación que había sentido bajo el alud y por un instante deseé que hubieran encontrado a Liliana en vez de a mí.

Las siguientes horas fueron de las peores de toda la tragedia. Javier lloraba desconsoladamente por Liliana y casi todos los demás supervivientes lamentaban la pérdida de al menos un amigo especial. Roberto había perdido a su mejor amigo, Daniel Maspons. Carlitos había perdido a Coco Nicholich y Diego Storm. Todos lamentábamos la pérdida de Marcelo y Enrique Platero. Las muertes de nuestros amigos nos hicieron sentir más impotentes y vulnerables que antes. La montaña nos había dado otra muestra de fuerza y no había nada que pudiéramos hacer en respuesta, excepto sentarnos temblando y revueltos en una maraña de desdichados seres sobre un duro lecho de nieve, sin mantas, sin zapatos y sin siquiera sitio suficiente para poner recta la espalda o estirar un brazo o una pierna. Los minutos transcurrían como si fueran horas. Algunos de los supervivientes pronto empezaron a toser y a jadear, y me di cuenta de que el aire del fuselaje se estaba enranciando. La nieve nos había sellado de un modo tan hermético que nos había privado de aire fresco. Si no encontrábamos pronto aire limpio, nos asfixiaríamos. Vi la punta de una vara de aluminio que sobresalía de la nieve. Sin pensarlo, la arranqué, la agarré como si fuera una lanza y, apoyándola en mis rodillas, empecé a ahondar la puntiaguda punta de la vara en el techo. Con todas mis fuerzas, la clavé en el techo una y otra vez hasta que, de alguna manera, logré atravesar el techo del Fairchild. Empujé la vara hacia arriba, notando la resistencia de la nieve que había encima del avión. De pronto cesó la resistencia y la vara salió. No estábamos irremediablemente sepultados. El Fairchild no estaba cubierto más que por unos cuantos centímetros de nieve.

Cuando saqué el tubo, el aire fresco entró por el agujero y todos respiramos mejor mientras volvíamos a acomodarnos en nuestro concurrido espacio e intentábamos dormir. La noche fue interminable. Cuando finalmente amaneció, las ventanas del fuselaje brillaban ligeramente a medida que la tenue luz se filtraba a través de la nieve. No malgastamos tiempo en intentar excavar para salir de nuestra tumba de aluminio. Sabíamos que, por la forma en la que el avión estaba inclinado en el glaciar, las ventanas del lado derecho de la cabina del piloto miraban hacia el cielo y, dado que había toneladas de nieve que obstaculizaban nuestra salida habitual por la parte trasera del avión, decidimos que esas ventanas serían nuestra mejor vía de escape. Sin embargo, el camino hacia la cabina del piloto también estaba tapado por la nieve. Empezamos a excavar para llegar hasta la cabina, usando como palas trozos de metal y fragmentos de plástico. Sólo había espacio para trabajar de uno en uno, así que hicimos turnos de quince minutos para excavar y, mientras uno picaba la nieve dura como una piedra para extraerla, el resto echábamos a paladas la nieve picada hacia la parte trasera del avión. En la tenue luz no podía evitar pensar que mis amigos con barba, en los huesos y desaliñados parecían prisioneros desesperados excavando un túnel para escaparse de su celda en el gulag siberiano.

Tardamos horas en construir un pasillo hacia la cabina, pero finalmente Gustavo consiguió llegar al asiento del piloto y, de pie sobre su cuerpo sin vida, pudo alcanzar la ventana. La empujó hacia arriba, con la esperanza de forzarla a salirse del marco, pero la nieve que presionaba hacia abajo el cristal pesaba demasiado y Gustavo no tenía suficiente fuerza. Roberto fue el siguiente en intentarlo, pero sin mucho más éxito. Después, Roy Harley se subió al asiento del piloto y, con un empujón lleno de furia, abrió la ventana. Trepando por la salida que había creado, Roy apartó unos cuantos centímetros de nieve hasta que salió a la superficie y pudo echar un vistazo alrededor. Una ventisca azotaba la montaña con fuertes vientos y lanzaba la nieve con tanta violencia que sintió punzadas en la cara. Con los ojos entreabiertos protegiéndose del viento, Roy vio que el alud había enterrado completamente el fuselaje. Antes de regresar con nosotros, miró hacia el cielo. No vio claros entre las nubes.

—Hay ventisca —anunció al bajar de nuevo al fuselaje—. Y la capa de nieve que rodea el avión es demasiado profunda para caminar por encima de ella. Creo que nos hundiríamos y estaríamos perdidos. Estamos atrapados aquí dentro hasta que acabe la ventisca, y no parece que vaya a acabar pronto.

Aprisionados por el tiempo atmosférico, no teníamos otra elección que acurrucarnos en nuestra miserable prisión y soportar nuestra desgracia otro largo rato más. Para animarnos hablamos del único tema que nos consolaba, nuestros planes para escapar y, a medida que el debate avanzaba, surgió una nueva idea. Dos intentos fallidos de escalar las montañas por encima de nosotros habían convencido a muchos del grupo que escapar hacia el oeste era imposible. Ahora dirigían su atención hacia el amplio valle que descendía desde el lugar del accidente y se extendía por la ladera de la montaña hacia el este. Su teoría era que si estábamos tan cerca de Chile como creíamos, entonces todo el agua de esa región debía atravesar las estribaciones montañosas chilenas y desembocar en el océano Pacífico al oeste. Allí iría a parar toda la nieve que se derritiera en esa región de la cordillera. Esa agua debía de abrirse camino hacia el oeste, argumentaron, y si podíamos encontrar el camino por el que descendía por la cordillera y remontarlo, hallaríamos nuestra vía de escape.

No tenía demasiada fe en ese plan. En primer lugar porque no creía que las montañas nos dejaran escapar tan fácilmente. También parecía de locos no hacer caso de lo único que sabíamos que era cierto —al oeste está Chile— y seguir un camino que casi seguramente nos llevaría al profundo corazón de los Andes. Pero, como los demás decidieron tener fe en ese nuevo plan, no discutí. Ignoraba por qué. Quizá mi mente estaba confusa por la altura, la deshidratación o la falta de sueño. Quizá me sentía aliviado por evitarnos el espanto de enfrentarnos a la montaña. Por algún motivo acepté su decisión sin protestar, incluso aunque creía que era una pérdida de tiempo. Lo único que sabía era que debíamos irnos de allí y que debíamos hacerlo pronto.

—Tan pronto como acabe la tormenta debemos irnos —les dije.

Fito se mostró en desacuerdo.

—Debemos esperar a que el tiempo mejore —respondió.

—Estoy cansado de esperar —contesté—. ¿Cómo sabremos que el tiempo va a mejorar de una vez en este maldito lugar?

En aquel instante Pedro Algorta recordó una conversación que había tenido con un taxista en Santiago.

—Dijo que el verano en los Andes llega como un reloj el quince de noviembre —explicó Pedro.

—Eso es más o menos dentro de dos semanas, Nando —dijo Fito—. Puedes esperar.

—Esperaré —respondí—. Pero sólo hasta el quince de noviembre. Si nadie más está preparado para irse entonces, me marcharé solo.

Los días que pasamos atrapados bajo el alud fueron los más desoladores de la tragedia. No podíamos dormir, ni entrar en calor, ni secarnos la ropa empapada. Prisioneros en el interior, los artilugios para obtener agua de Fito no nos servían y la única forma de calmar la sed era mordisquear trozos de la nieve sucia por la que gateábamos y sobre la que dormíamos. El hambre se convirtió en un problema más complicado. Al no poder llegar a los cadáveres del exterior, carecíamos de comida y empezamos a debilitarnos rápidamente. Todos éramos muy conscientes de que teníamos muy cerca los cadáveres de las víctimas del alud, pero nos costó tiempo enfrentarnos al hecho de despedazarlos. Hasta ahora, la carne se había cortado fuera del fuselaje y nadie excepto quienes troceaban los cuerpos lo tenían que ver. Nunca supimos de qué cadáver procedía la carne. Además, después de estar tantos días atrapados en la nieve, los cadáveres del exterior se habían congelado tanto que era más fácil pensar en ellos como objetos inertes. Sin embargo, no había forma de convertir en objetos los cadáveres del interior del fuselaje; hacía tan sólo un día habían desprendido calor y tenían vida. ¿Cómo íbamos a poder co-´ mernos la carne que tendría que cortarse de esos recientes cadáveres justo delante de nosotros? Sin mediar palabra, decidimos que preferíamos morirnos de hambre mientras esperábamos a que acabase la tormenta.

Sin embargo, el 31 de octubre, nuestro tercer día sepultados por el alud, supimos que no podríamos soportarlo más. No puedo recordar quién fue, tal vez Roberto o Gustavo, pero alguien encontró un trozo de cristal, apartó la nieve de uno de los cuerpos y empezó a trocearlo. Era horrible verle cortar en tajadas a su amigo, escuchar el suave sonido del cristal rasgando la piel y seccionando el músculo que había debajo. Cuando me dieron un trozo de carne, se me revolvió el estómago. Siempre habíamos secado la carne al sol antes de comerla, lo cual disimulaba su sabor y le daba una textura más agradable al paladar, pero el trozo de carne que Fito me dio era blando y estaba cubierto de grasa, de sangre y de trozos de cartílago húmedo. Sentí náuseas al metérmelo en la boca y tuve que poner toda mi fuerza de voluntad para tragármelo. Fito tuvo que obligar a muchos de los demás a comer y a su primo Eduardo incluso llegó a meterle por la fuerza un trozo en la boca. Pero a otros, como Numa y Coche, que hasta en las mejores circunstancias apenas podían ingerir carne humana, no pudieron convencerles de que comieran. Me preocupaba especialmente la terquedad de Numa. Era un expedicionario, una gran fuente de fortaleza para mí, y no me gustaba la idea de enfrentarme a las montañas sin él.

—Numa —le dije—, tienes que comer. Necesitamos que estés con nosotros cuando caminemos por las montañas. Debes ponerte fuerte.

Numa hizo una mueca y negó con la cabeza.

—Apenas podía tragarme la carne antes —respondió—. No podría soportar comérmela así.

—Piensa en tu familia —le ordené—. Si quieres volver a verles, debes comer.

—Lo siento, Nando —se disculpó, apartándose de mí—. No puedo.

Sabía que tras el rechazo de Numa había más que la mera sensación de repulsa. De alguna manera ya había tenido suficiente, y su negativa a comer era una forma de rebelarse contra la ineludible pesadilla en la que se habían convertido nuestras vidas. Yo sentía lo mismo. ¿Quién podía sobrevivir a tal letanía de situaciones espantosas como nos habían obligado a soportar? ¿Qué habíamos hecho para merecer tanta desdicha? ¿Cuál era el sentido de nuestro sufrimiento? ¿Nuestras vidas tenían algún valor? ¿Qué clase de Dios podía ser tan cruel? Estas preguntas me asediaban a cada momento, pero de alguna manera entendía que pensar de esa forma era peligroso, pues no llevaba más que a una ira impotente que se agriaba rápidamente y se convertía en apatía. En ese lugar, apatía equivalía a muerte, de modo que aparté a la fuerza esas preguntas de mi mente evocando los recuerdos de mi familia en casa. Me imaginaba a mi hermana Graciela con su recién nacido. Quería desesperadamente ser su tío. Todavía tenía los zapatos rojos de bebé que mi madre le había comprado en Mendoza y me imaginaba poniéndoselos en los piececitos, besándole la cabeza, susurrándole:

—Soy tu tío, Nando.

Pensé en mi abuela Lina, que tenía los mismos ojos azul claro y la entrañable sonrisa de mi madre. ¿Qué daría yo por sentir su abrazo en ese horrible lugar? Incluso me acordé de mi perro, Jimmy, un bóxer juguetón que me acompañaba a todas partes. Me partía el corazón imaginarle tristemente tumbado en mi cama vacía o esperando en la puerta de entrada a que yo llegase a casa. Me acordé de mis amigos en Montevideo. Soñé con visitar los lugares que frecuentaba en el pasado. Recordé todos los pequeños placeres de mi vida anterior: nadar en la playa, el fútbol y el automovilismo, la comodidad de dormir en mi propia cama y la cocina llena de comida. ¿Realmente hubo una época en la que estuve rodeado de esas cosas preciosas, en la que había tanta felicidad a mi alcance? Ahora todo parecía muy distante, muy irreal.

Mientras tiritaba en la húmeda y fría nieve, atormentado por la desesperación y condenado a masticar los trozos de carne crudos y húmedos cortados de los cuerpos de mis amigos ante mis ojos, me costaba creer que hubiera habido algo antes del accidente. En esos momentos me obligaba a pensar en mi padre y prometí una vez más que nunca dejaría de luchar para regresar a casa. A veces esto me daba una sensación de esperanza y paz pero, a menudo, mientras contemplaba nuestra penosa situación y el panorama espantoso de nuestro alrededor, me costaba conectarme con la vida feliz que había tenido antes y, por primera vez, la promesa que le hice a mi padre empezó a parecerme falsa. La muerte se acercaba; su hedor era cada vez más fuerte a mi alrededor. Ahora había algo sórdido y rancio en nuestro sufrimiento, una sensación de oscuridad y putrefacción que me agriaba el corazón.

Soñaba muy poco en las montañas —rara vez lograba dormir profundamente y soñar—, pero una noche, mientras dormía atrapado por el alud, me vi a mí mismo tumbado de espaldas con las manos extendidas a los lados. Tenía los ojos cerrados.

—¿Estoy muerto? —me pregunté—. No, puedo pensar, estoy vivo.

Entonces vi una oscura figura de pie encima de mí.

—¿Roberto? ¿Gustavo? ¿Quién eres? ¿Quién anda ahí?

Nadie respondió. Vi que algo brillaba en su mano y me di cuenta de que sujetaba un trozo de cristal. Traté de levantarme, pero no podía moverme.

—¡Aléjate de mí! ¿Quién demonios eres? ¿Qué estás haciendo?

La figura se arrodilló a mi lado y empezó a cortarme con el cristal. Me seccionó trocitos de carne del antebrazo y se los pasó a las demás siluetas que estaban de pie detrás de él.

—¡Para! —grité—. ¡Deja de cortarme, estoy vivo!

Los demás se llevaron mi carne a la boca. Empezaron a masticar.

—¡No! ¡Aún no! —chillé—. ¡No me cortes!

El extraño siguió con su tarea, laminándome la carne. Me di cuenta de que no podía oírme. Entonces vi que no sentía dolor.

—¡Oh, Dios! ¿Estoy muerto? ¡Oh, no, por favor, Dios, por favor...!

Al instante me desperté sobresaltado.

—¿Estás bien, Nando? —Era Gustavo, que estaba tumbado a mi lado.

El corazón me latía con fuerza.

—He tenido una pesadilla —le dije.

—Ya ha pasado todo —contestó—. Ya estás despierto.

El 31 de octubre, nuestro tercer día sepultados por el alud, Carlitos cumplía diecinueve años. Esa noche, tumbado junto a él en el fuselaje, le prometí que celebraríamos su cumpleaños cuando regresáramos a casa.

—Mi cumpleaños es el nueve de diciembre —le dije—. Iremos todos a la casa de mis padres en Punta del Este y celebraremos todos los cumpleaños que no hemos podido celebrar aquí.

—Hablando de cumpleaños —contestó—, mañana es el cumpleaños de mi padre y también el de mi hermana. He estado pensando en ellos y ahora estoy seguro de que les volveré a ver. Dios me ha salvado del accidente y del alud. Debe de querer que sobreviva y regrese con mi familia.

—Yo no sé qué pensar ya de Dios —dije.

—Pero ¿no notas lo cerca que está de nosotros? —preguntó—. Yo noto Su fuerte presencia aquí. Mira lo apacible que es la montaña, lo hermosa que es. Dios está aquí, y cuando noto Su presencia, sé que todo nos irá bien.

Como Carlitos, yo había visto la belleza de las montañas, pero para mí era una belleza letal y nosotros éramos la imperfección que la montaña quería borrar. Me preguntaba si Carlitos entendía realmente el problema que teníamos. Aun así le admiraba por el coraje de su optimismo.

—Eres fuerte, Nando —dijo—. Lo lograrás. Encontrarás ayuda.

No contesté. Carlitos empezó a rezar.

—Feliz cumpleaños, Carlitos —susurré, y entonces traté de dormir.

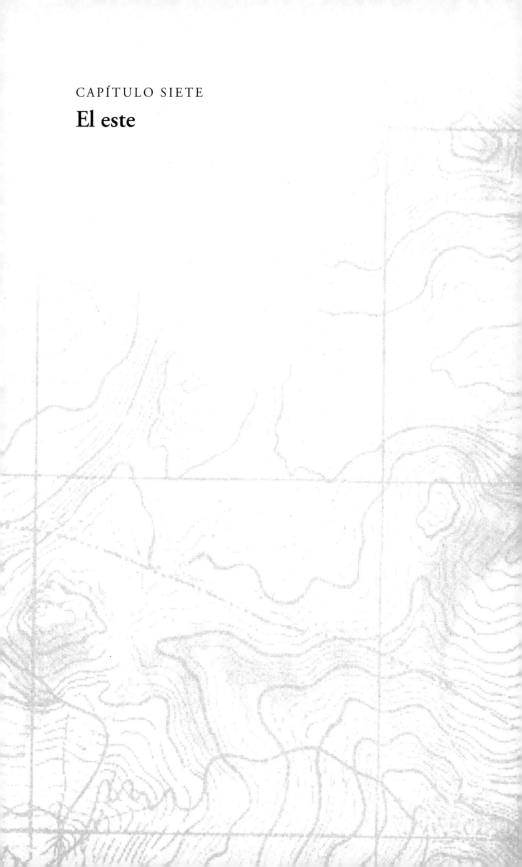

CAPÍTULO SIETE

El este

La tormenta de nieve acabó finalmente la mañana del 1 de noviembre. El cielo estaba despejado y el sol brillaba con fuerza, así que algunos de los muchachos se subieron al tejado del fuselaje para derretir nieve y transformarla en agua para beber. El resto de nosotros empezamos el lento proceso de sacar las toneladas de nieve que abarrotaban el interior del Fairchild. Tardamos ocho días en limpiar el fuselaje, picando la nieve dura como una piedra con nuestras endebles palas de plástico y pasándonos cada palada de uno a otro, formando una cadena a lo largo de toda la cabina, hasta que pudimos sacar toda la nieve fuera. Como expedicionario, se me eximía oficialmente de esa agotadora tarea, pero yo insistí en trabajar de todos modos. Ahora que se había elegido la fecha de nuestra huida, ya no podía descansar. Tenía que mantenerme ocupado, temeroso de que los momentos ociosos pudieran debilitar mi determinación o hacerme enloquecer.

Mientras trabajábamos para que el fuselaje volviera a ser habitable, mis compañeros de expedición, Numa, Fito y Roberto, se preparaban para el viaje. Habían construido un trineo atando una tira de nailon a la mitad de una maleta de plástico duro y lo habían cargado con todos aquellos utensilios que pensaban que pudiéramos necesitar: la tapicería de los asientos que serviría de manta, las raquetas de nieve hechas con cojines de asiento, una botella en la que derretiríamos agua y algunos otros artículos. Roberto había diseñado unas mochilas para nosotros, atando las perneras de unos cuantos pantalones y atravesándolas con tiras de nailon de forma que pudiéramos llevarlas colgadas a la espalda. Llenamos las mochilas con más bártulos, pero también dejamos sitio para la carne que Fito y sus primos estaban cortando y enfriando en la nieve para nosotros. Todos observamos atentamente el tiempo, esperando señales que indicasen que la primavera estaba por llegar, y la segunda semana de noviembre pareció que el invierno se estaba retirando. Con sol la temperatura era suave, llegando a valores de ocho grados centígrados. Sin embargo, en los días nublados seguía haciendo frío e incluso el más ligero viento daba al aire un efecto gélido. Las noches todavía continuaban siendo amargamente frías y la ventisca seguía azotando las montañas, a menudo sin apenas avisar, y la idea de quedarme atrapado en las laderas abiertas en una tempestad era una de mis mayores preocupaciones.

La primera semana de noviembre decidimos añadir a Antonio Vizintin a las filas de expedicionarios. Antonio, o «Tintín», como le llamábamos, era uno de los supervivientes más fuertes. De espalda ancha y piernas como troncos de árbol, era uno de los pilares de los Old Christians, puesto en el que jugaba con la fuerza de un toro. De hecho, tenía un cierto temperamento taurino. Tintín podía llegar a tener tanto genio y a ser tan insoportable como Roberto, y me preocupaba que enfrentarnos a la montaña con esos dos grandes tozudos a mi lado fuera una estrategia desastrosa. Sin embargo, Tintín no era tan complicado como Roberto; le faltaba su ego airado y su obsesión por dar órdenes a los otros. En cuanto a fuerza física, Tintín había resistido todas las semanas en la montaña tan bien como cualquiera de nosotros y, a pesar de mis reservas, me alegraba de que nos acompañara, ya que pensaba que con cinco expedicionarios en vez de cuatro mejoraría la probabilidad de que al menos uno de nosotros llegara vivo. Pero tan pronto como añadimos ese nuevo miembro al equipo, perdimos otro. Fito sufría un cuadro de hemorroides tan grave que la sangre le bajaba por las piernas y convertía en una agonía recorrer andando incluso distancias muy cortas. No era posible que cruzara las montañas con tanto dolor, así que se decidió que viajaríamos los cuatro y que Fito se quedaría.

A medida que se acercaba el día de nuestra partida, mejoraba el estado de ánimo del grupo y su confianza en las perspectivas de nuestra misión aumentaba. Yo no compartía esa confianza. Sabía muy dentro de mí que la única forma de escapar de esas montañas era seguir el camino que ascendía por las laderas de los aterradores picos al oeste, pero no opuse resistencia a la decisión de los demás de probar la ruta oriental. Me dije que, al menos, el trayecto más fácil hacia el este sería una buena misión de entrenamiento para el viaje más difícil que todavía estaba por llegar. En realidad, creo que era más sencillo que eso. Había reprimido mi ansiedad y mi apremiante y enloquecedora necesidad de escapar durante demasiado tiempo. No podía quedarme en el lugar del accidente ni un segundo más. La idea de marcharme de ese lugar, en la dirección que fuera, me atraía demasiado como para resistirme. Si los demás insistían en ir hacia el este, les acompañaría. Haría lo que fuera por estar en cualquier lugar menos allí. Sin embargo, en el fondo sabía que esa expedición no era más que un preludio y me preocupaba que nos costase un tiempo muy valioso. Todos nosotros nos íbamos debilitando a cada hora y unos pocos parecían consumirse a un ritmo alarmante. Coche Inciarte era uno de los más débiles. Coche, aficionado desde hacía tiempo a los Old Christians, era uno de los que moraban en la parte de atrás del avión. Era conocido por gorrear cigarrillos y por arreglárselas para dormir en los lugares más cálidos, pero siempre lo hacía con gran encanto, así que era imposible que no te cayera bien. Coche tenía un carácter abierto y amable, un ingenio agudo y una sonrisa irresistible. Su carácter jovial nos animaba incluso en los peores momentos y su sentido del humor cordial amortiguaba bien las personalidades más agresivas del grupo. Al disipar las tensiones y hacernos sonreír, Coche ayudaba, a su manera, a mantenernos vivos.

Al igual que Numa, Coche era uno de los que se había negado a comer cuando cortamos carne de los cadáveres por primera vez. Cambió de opinión al cabo de unos pocos días, pero aún sentía tanto asco con sólo pensar en comer carne humana que no había podido obligarse a ingerir suficiente comida como para mantenerse fuerte. Se había adelgazado de un modo sorprendente y su sistema inmunológico se había visto tan gravemente afectado que su cuerpo ya no podía combatir las bacterias. En consecuencia, se le habían infectado las pequeñas heridas de sus piernas delgadas como palillos y de ellas sobresalían grandes y dolorosos forúnculos.

—¿Qué opinas? —me preguntó, mientras se subía la pierna del

pantalón hasta la rodilla y movía coquetamente la pantorrilla de lado a lado—. ¿Bastante flaca, eh? ¿Te gustaría una chica con unas piernas tan flacas como las mías?

Esas ardientes llagas en las piernas tenían que dolerle enormemente y sabía que él estaba tan asustado y débil como cualquiera de nosotros pero, a pesar de todo, era Coche, y seguía arreglándoselas para hacerme reír.

Por muy mal que estuviera Coche, Roy Harley parecía estar peor. A Roy también le costaba comer carne humana, así que su alta y robusta silueta se había visto privada rápidamente de la grasa y el músculo. Ahora andaba encorvado y titubeante, como si sus huesos fueran una endeble estructura de palos sujetados por una piel pálida y flácida. El estado mental de Roy también se estaba deteriorando. Siempre había sido un jugador vigoroso y valiente, pero la montaña había acabado con toda su contención emocional y ahora parecía vivir constantemente al borde de la histeria, sobresaltado por los ruidos, llorando ante la más mínima provocación y siempre con el rostro tenso y con una mueca de aprehensión y desesperación extremas.

Muchos de los muchachos más jóvenes también se estaban debilitando, sobre todo Moncho Sabella, pero Arturo y Rafael eran los peor parados con diferencia. Aunque Rafael había sufrido atrozmente desde el primer minuto del accidente, no había perdido ni una pizca de su carácter luchador. Seguía siendo valiente y desafiante y empezando cada día con una proclamación en voz alta de su intención de sobrevivir, un gesto gallardo del que todos sacábamos fuerzas. Arturo, por otra parte, se había vuelto aún más tranquilo e introspectivo de lo habitual, y cuando ahora me sentaba con él, notaba que se aproximaba el final de su lucha.

—¿Qué tal estás, Arturo?

—Tengo mucho frío, Nando —contestaba—. No me duele mucho. Ya no siento las piernas. Me cuesta respirar. —Su voz se debilitaba y se volvía aguda, pero los ojos le brillaban cuando se acercó a mí y me habló con una tierna premura—. Sé que me estoy acercando a Dios. A veces noto Su presencia muy cerca de mí. Puedo sentir Su amor, Nando. Hay tanto amor que me dan ganas de llorar.

—Intenta aguantar, Arturo.

—No creo que me quede mucho —dijo—. Siento que me empuja hacia Él. Pronto conoceré a Dios y entonces tendré las respuestas a todas tus preguntas.

—¿Quieres que te traiga agua, Arturo?

—Nando, quiero que recuerdes, incluso en este lugar, que nuestras vidas tienen sentido. Nuestro sufrimiento no es en vano. Incluso si nos quedamos aquí atrapados para siempre, podemos amar a nuestras familias y a Dios y a los demás mientras vivamos. Incluso en este lugar, vale la pena vivir la vida.

El rostro de Arturo se iluminó con una intensidad serena al decir eso. Yo seguí en silencio, por miedo a que se me quebrase la voz si intentaba hablar.

—Dile a mi familia que la quiero, ¿vale? Eso es lo único que me importa ahora.

—Se lo dirás tú mismo —contesté.

Arturo se rió de la mentira.

—Estoy preparado, Nando —continuó—. Ya me he confesado con Dios. Mi alma está limpia. Moriré libre de pecado.

—Pero ¿qué significa esto? —me reí—. Creí que no creías en el tipo de Dios que perdona los pecados.

Arturo me miró y logró hacer una ligera mueca de humildad.

—En un momento como éste —dijo— parece sabio cubrir todas las posibilidades.

Durante la primera semana de noviembre, Arturo se debilitó y se volvió cada vez más distante. Su mejor amigo, Pedro Algorta, se quedó junto a él en todo momento, llevándole agua, abrigándole para que no pasara frío y rezando con él. Una noche, Arturo empezó a lloriquear. Cuando Pedro le preguntó que por qué sollozaba, Arturo contestó, con una mirada abstraída:

—Porque estoy muy cerca de Dios.

Al día siguiente, Arturo empezó a tener una fiebre muy alta. Estuvo delirando durante cuarenta y ocho horas, alternando la consciencia y la inconsciencia. En su última noche lo ayudamos a bajar de la hamaca para que pudiera dormir junto a Pedro y, antes de que amaneciera, Arturo Nogueira, uno de los hombres más valientes que he conocido, fallecía en silencio en brazos de su mejor amigo.

La mañana del 15 de noviembre, Numa, Roberto, Tintín y yo salimos fuera del fuselaje y, allí de pie miramos hacia el valle que se extendía por la ladera hacia el este. Numa estaba a mi lado y, aunque trataba de ocultarlo, podía sentir su dolor. Desde el alud se había obligado a comer, a pesar del asco que sentía, porque sabía que necesitaría todas sus fuerzas para la expedición. Sin embargo, al igual que Coche, no podía digerir más que unos pocos trozos en una comida —a veces no podía obligarse a sí mismo a tragar— y, a pesar de que su voluntad seguía siendo fuerte, era evidente que su cuerpo se había debilitado. Hacía unas pocas noches, alguien que trataba de abrirse paso por el oscuro fuselaje había pisado la pantorrilla de Numa mientras él estaba tumbado en el suelo. Le apareció rápidamente un morado con muy mal aspecto y, cuando Roberto vio lo mucho que se había inflamado la pierna, le aconsejó que abandonara la expedición, pero Numa le aseguró a Roberto que no había que preocuparse por la contusión y se negó firmemente a dejarnos marchar sin él.

—¿Cómo te encuentras? —le pregunté, después de reunir nuestros equipajes y despedirnos de los demás—. ¿Estás seguro de que puedes ir con la pierna así?

—No pasa nada —dijo, encogiéndose de hombros—. Estaré bien.

Mientras partíamos ladera abajo, el cielo estaba encapotado y el aire era frío, pero el viento soplaba con suavidad y, a pesar de todo mi recelo por ir hacia el este, me sentó bien dejar por fin el lugar del accidente. Al principio descendimos a buen ritmo por la ladera pero, después de aproximadamente una hora de camino, el cielo se oscureció, la temperatura bajó y la nieve empezó a caer en violentas espirales a nuestro alrededor. En menos que canta un gallo, se cernió sobre nosotros una gran ventisca. Sabiendo que cada segundo contaba, subimos como pudimos por la ladera y llegamos tambaleándonos al fuselaje, asustados y medio congelados, justo cuando la ventisca se agravó y se convirtió en una tempestad de nieve con todas las de la ley. Mientras el fuerte viento que soplaba sacudía el avión, Roberto y yo intercambiamos una mirada seria. Entendimos, sin necesidad de hablar, que si la tormenta se hubiera formado sólo una hora o dos después, dejándonos atrapados lejos de un lugar donde cobijarnos, en las laderas abiertas, en ese momento estaríamos muertos, o a punto de morir.

La ventisca, una de las peores que habíamos visto en todas las semanas que llevábamos en los Andes, nos mantuvo encerrados en el fuselaje durante dos largos días. Mientras esperábamos a que acabase, Roberto se mostró cada día más preocupado por la pierna de Numa: ahora había dos llagas grandes, cada una del tamaño de una bola de billar. Mientras Roberto abría y drenaba las llagas, se dio cuenta de que Numa no estaba en condiciones de caminar por la montaña.

—Se te están poniendo peor las piernas —dijo Roberto—. Tendrás que quedarte.

Por primera vez en la montaña, Numa se enfureció.

—¡Tengo la pierna bien! —gritó—. Puedo aguantar el dolor.

—Tienes la pierna infectada —contestó Roberto—. Si comieras más, tu cuerpo estaría lo suficientemente fuerte como para combatir la infección.

—¡No me quedaré aquí!

Roberto se quedó mirando a Numa y, con su brusquedad característica, dijo:

—Estás demasiado débil. Lo único que harás es retrasarnos. No nos podemos permitir llevarte con nosotros.

Numa se giró hacia mí.

—Nando, por favor, puedo hacerlo. No me hagáis quedarme.

Negué con la cabeza.

—Lo siento, Numa —dije—. Estoy de acuerdo con Roberto. Tienes la pierna mal. Deberías quedarte aquí.

Dado que el resto aconsejó lo mismo, Numa se irritó y se encerró en sí mismo. Yo sabía lo mucho que quería ir con nosotros y lo duro que fue para él vernos partir. Sabía que yo mismo no podría soportar esa decepción y esperaba que ese revés no le derrumbara.

La ventisca perdió finalmente fuerza y la mañana del 17 de noviembre nos levantamos con un día despejado y calmado. Sin demasiado bombo, Roberto, Tintín y yo recogimos nuestras cosas y partimos una vez más en dirección descendente por la ladera, esta vez con un sol brillante y con una ligera brisa. Hablamos muy poco. Rápidamente me quedé absorto en el ritmo de mis pisadas y, a medida que avanzábamos kilómetros, el único sonido que había en el mundo era el crujido de mis zapatillas de rugby sobre la nieve. Roberto, que arrastraba el trineo, se había adelantado y, después de una hora y media de caminata, le oí gritar. Estaba de pie en un alto ventisquero de nieve y, cuando llegamos hasta él y miramos más allá del lomo de nieve, vimos lo que estaba señalando: los restos de la cola del Fairchild estaban a unos cuantos metros. En unos minutos habíamos llegado a la cola. Había maletas esparcidas por todas partes y las abrimos para extraer todos los tesoros que había en su interior: calcetines, jerséis y pantalones de abrigo. Con alegría nos arrancamos los harapientos trapos sucios que llevábamos a las espaldas y nos pusimos ropa limpia.

Dentro de la cola encontramos más maletas con ropa. También encontramos ron, una caja de bombones, cigarrillos y una pequeña cámara fotográfica con carrete. La pequeña cocina del avión estaba en la cola, donde encontramos tres pastelitos de carne que devoramos de inmediato, así como un sándwich con moho que guardamos para más tarde.

Estábamos tan emocionados con este botín inesperado que casi nos olvidamos de las baterías de la radio, que Carlos Roque nos había dicho que estaban en algún lugar de la cola. Tras una breve búsqueda, encontramos las baterías en un compartimento detrás de una compuerta en el casco exterior de la cola. Eran más grandes de lo que esperaba. También encontramos algunas cajas de Coca-Cola vacías en el compartimento de equipajes de detrás de la cocina; las sacamos al exterior y encendimos un fuego con ellas. Roberto asó algunos trozos de carne que llevábamos con nosotros y comimos con gran apetito. Rascamos el moho de los sándwiches que encontramos y nos los comimos también. Al caer la noche, esparcimos la ropa de las maletas en el suelo de la bodega de equipajes y nos tumbamos a descansar. Con unos cables que Roberto había arrancado de las paredes de la cola, conectamos la batería del avión a una luz fijada al techo y, por primera vez desde que estábamos allí, tuvimos luz al anochecer.

Leímos algunas revistas y cómics que habíamos rescatado de entre las maletas y saqué algunas fotos de Roberto y de Tintín con la cámara que habíamos encontrado. Creía que, si no lográbamos salir con vida de ésa, alguien encontraría la cámara, revelaría el carrete y sabría que habíamos sobrevivido, al menos durante un tiempo. Por algún motivo, eso era importante para mí.

La bodega del equipaje era lujosamente cálida y espaciosa —qué placer poder estirar las piernas y ponerme en cualquier postura que quisiera—, así que pronto nos adormecimos. Roberto apagó la luz, cerramos los ojos y todos nosotros disfrutamos de la mejor noche de sueño que habíamos tenido desde que el avión se chocó contra la montaña. Por la mañana nos tentó la idea de quedarnos un poco más en esos cómodos aposentos, pero nos acordamos del resto y de las esperanzas que habían depositado en nuestra expedición, y así que al poco rato de despertarnos ya estábamos de nuevo caminando hacia el este.

Esa mañana nevó pero, a última hora de la mañana, el cielo se despejó y el sol nos cayó con fuerza sobre los hombros, de modo que sudamos mucho vestidos con la ropa de abrigo. Después de tantas semanas soportando temperaturas gélidas, el repentino calor nos agotó rápidamente y por la tarde nos vimos obligados a descansar a la sombra de un afloramiento rocoso. Comimos algo de carne y derretimos nieve para convertirla en agua para beber pero, incluso después de habernos refrescado, ninguno teníamos energía para continuar, así que decidimos acampar en la roca durante la noche.

El sol brillaba con más fuerza a medida que transcurría la tarde, pero al anochecer la temperatura empezó a caer en picado. A pesar de que excavamos en la nieve para cobijarnos y nos envolvimos en las mantas, cuando el punzante frío de la noche se cernió sobre nosotros todo eso no pareció protegernos en absoluto. Era mi primera noche fuera del fuselaje y sólo tardé un rato en entender lo muchísimo que habrían sufrido Gustavo, Numa y Maspons cuando pasaron su larga noche a campo abierto. Nuestra noche no fue mejor. El frío nos azotaba con tanta violencia que temía que la sangre se me hubiera congelado y solidificado en las venas. Acurrucados todos juntos para entrar en calor, tiritamos unos entre los brazos de otros. Descubrimos que haciendo un sándwich con los cuerpos —con uno de nosotros tumbado entre los demás— podíamos dar calor al que estaba en medio. Nos quedamos así tumbados durante horas, turnándonos para ponernos en medio, y, aunque no logramos dormir nada, todos sobrevivimos hasta que amaneció. Cuando finalmente se hizo de día, salimos de nuestro precario refugio y nos calentamos con los primeros rayos de sol, aturdidos por lo que habíamos pasado y sorprendidos de seguir con vida.

—No resistiremos otra noche como ésta —dijo Roberto. Miraba fijamente hacia el este, hacia las montañas que parecían haber crecido y estar más lejos conforme avanzábamos.

—¿En qué piensas? —pregunté.

—No creo que este valle llegue a girar hacia el oeste —contestó—. Lo único que hacemos es adentrarnos en la cordillera.

—Tal vez tengas razón —dije—, pero los demás cuentan con nosotros. Tal vez deberíamos llegar un poco más lejos.

Roberto frunció el ceño.

—¡Es inútil! —espetó, y oí ese falsete irritado que a menudo se colaba en su voz—. ¿Les hacemos algún bien si morimos?

—Entonces, ¿qué deberíamos hacer?

—Vayamos a buscar las baterías de la cola y llevémoslas al Fairchild —dijo—. Podemos arrastrarlas en el trineo. Si podemos hacer funcionar la radio, podremos salvarnos sin arriesgar nuestras vidas.

No tenía más fe en la radio de la que había tenido en la perspectiva de caminar hacia el este, pero me dije que teníamos que considerar cualquier esperanza, por mínima que fuera, así que recogimos nuestras cosas y regresamos a la cola. Sólo tardamos unos minutos en sacar las baterías del avión y ponerlas en el trineo Samsonite, pero cuando Roberto trató de tirar del trineo, se clavó en la nieve y no se movió.

—¡Maldita sea! Pesan demasiado —dijo—. No hay forma de poder subirlas hasta el avión.

—No podemos llevarlas —contesté.

Roberto negó con la cabeza.

—No, pero podemos ir a buscar la radio del Fairchild y traerla hasta aquí —propuso—. Nos traeremos a Roy con nosotros. Tal vez él sepa cómo conectarla a las baterías.

No me gustaba cómo sonaba eso. Estaba seguro de que la radio estaba estropeada y no había posibilidad de repararla, y temía que los intentos de Roberto por arreglarla no hicieran más que distraerle de lo que ahora sabíamos más claro que nunca que era nuestra única oportunidad de sobrevivir: ascender por las montañas hacia el oeste.

—¿De veras crees que podemos hacerla funcionar? —pregunté.

—¿Cómo voy a saberlo? —espetó Roberto—. Pero vale la pena intentarlo.

—Me preocupa que malgastemos demasiado tiempo.

—¿Es que tienes que discutirlo todo? —soltó—. Esta radio nos podría salvar la vida.

—Vale —contesté—. Os ayudaré. Pero si no funciona, entonces subiremos por la montaña. ¿Hay trato?

Roberto asintió y, después de permitirnos dos noches de lujo más en la bodega de equipajes de la cola, partimos por la tarde del 21 de noviembre de vuelta al fuselaje. El descenso por el valle desde el lugar del accidente había sido fácil, de hecho, había sido tan fácil que ni siquiera había visto la pendiente de las laderas. Ahora, después de tan sólo unos minutos ascendiendo por la montaña, estábamos poniendo al límite nuestra resistencia. En algunos lugares nos enfrentamos a una inclinación de hasta cuarenta y cinco grados y la capa de nieve me llegaba a menudo hasta las caderas. Ascender desafiando a la montaña agotó mis fuerzas. Jadeaba, los músculos me ardían por la fatiga y me vi obligado a descansar durante treinta segundos o más después de cada pocos pasos. Avanzábamos a un ritmo extremadamente lento; habíamos tardado menos de dos horas en descender desde el Fairchild hasta la cola; tardaríamos el doble en recorrer el mismo trayecto a la inversa.

Llegamos al lugar del accidente a mitad de la tarde y los supervivientes del fuselaje nos dieron una triste bienvenida: hacía seis días que les habíamos dejado y esperaban que ya estuviéramos cerca de la civilización por aquel entonces. Nuestro regreso había roto sus esperanzas, pero ése no era el único motivo de su tristeza; mientras estábamos fuera, Rafael Echavarren había muerto.

—Al final deliraba —me contó Carlitos—. No dejaba de llamar a su padre para que viniera a buscarlo. Su última noche le hice rezar conmigo y eso le calmó un poco. A las pocas horas empezó a jadear y después se fue. Gustavo y yo tratamos de reanimarle, pero era demasiado tarde.

La muerte de Rafael fue un duro golpe. Se había convertido en tal símbolo de coraje y desafío para todos nosotros que verle derrotado, después de toda su valiente resistencia, era una razón más para creer que la montaña tarde o temprano nos reclamaría a todos. ¿Acaso nuestro sufrimiento no tenía ninguna finalidad? ¿El que luchaba con valentía se iba y el que no luchaba en absoluto sobrevivía? Desde el alud, algunos de los del grupo se habían aferrado a la esperanza de que Dios había considerado que diecinueve de nosotros superaríamos la tragedia porque éramos los que él había elegido para sobrevivir. La muerte de Rafael hizo que me costara más creer que Dios nos prestara atención.

Mientras nos acomodábamos en el fuselaje aquella noche, Roberto explicó el motivo de nuestro regreso.

—La ruta hacia el este no es válida —dijo—. Sólo lleva al interior de las montañas. Pero hemos encontrado la cola y la mayoría del equipaje; hemos traído ropa de abrigo para todos. Y muchos cigarrillos. Sin embargo, la mejor noticia es que hemos encontrado las baterías.

Los otros escuchaban en silencio mientras Roberto explicaba su plan para arreglar la radio del Fairchild. Valía la pena intentarlo, todos estaban de acuerdo, pero hubo poco entusiasmo en su reacción. Ahora había en sus ojos una nueva mirada, de amarga resignación. Algunos tenían la mirada apagada e inexpresiva que había visto en las fotos de los supervivientes de los campos de concentración. Hacía tan sólo unas semanas, todos ellos eran jóvenes enérgicos; ahora se encorvaban y se tambaleaban al caminar, como ancianos endebles, y la ropa les colgaba holgada de los duros ángulos de sus caderas y de sus huesudos hombros. Cada vez se parecían más a cadáveres con vida, y sabía que mi propio aspecto no era mucho mejor que el del resto. Notaba que sus esperanzas estaban sobre la cuerda floja y no podía culparles por ello; habíamos sufrido demasiado y los resultados habían sido pésimos: a pesar de su valiente resistencia, Rafael había muerto. Además nuestra huida hacia el este había fracasado, y los dos intentos de escalar por la montaña hacia el oeste habían acabado casi en una tragedia. Parecía que cada puerta por la que intentába-

Foto del equipo de rugby del Colegio Stella Maris en 1964. Guido Magri está sentado el cuarto empezando por la izquierda. Yo estoy de pie en la fila de atrás, hacia la derecha. *(Desconocido)*

Durante el viaje con los Old Christians a Chile en 1971. Estoy con Roberto Canessa y un compañero de equipo, Eduardo Deal, con los Andes erigiéndose al fondo. *(Desconocido)*

Los Old Christians en un campo de entrenamiento chileno en 1971. Guido Magri está arrodillado a la izquierda del todo y Panchito Abal está arrodillado dos jugadores a su izquierda. Yo estoy de pie el segundo empezando por la derecha, con Marcelo Pérez delante de mí. *(Desconocido)*

En un partido de rugby en Uruguay en 1971. Guido Magri, de pie a la derecha, está a punto de lanzar el balón al interior de la melé. *(Desconocido)*

Antonio *Tintín* Vizintin me cubre las espaldas mientras mantenemos la mirada fija en el balón durante un partido en Uruguay en 1971. *(Desconocido)*

Jugada de rugby, 1971. Estoy saltando para atrapar el balón en un saque de banda. Marcelo Pérez está a la derecha del todo. *(Desconocido)*

Miro fijamente a la cámara tras un duro partido en Uruguay, 1971. *(Desconocido)*

Con mis hermanas en una fiesta en 1970. Graciela está a la izquierda, y Susy, a la derecha. *(Desconocido)*

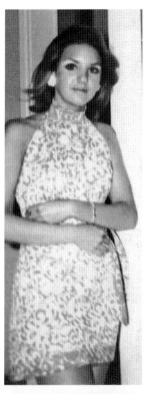

Mi hermana Susy en 1970.
(Desconocido)

Mis padres, Xenia y Seler Parrado,
en 1970. *(Desconocido)*

A mediados de noviembre en la desmembrada cola del avión, con Roy Harley *(arriba)*, Roberto Canessa *(izquierda)* y Antonio Vizintin *(delante)*, mientras nos esforzamos en vano por arreglar la radio del Fairchild. Colgando del techo de la cola, hecho añicos,

justo a la izquierda de Harley, los zapatitos rojos que mi madre compró en Mendoza.
(Grupo de supervivientes/Corbis)

En días despejados nos sentábamos fuera para entrar en calor bajo el sol y escapar del interior oscuro y húmedo del fuselaje. En un soleado día de principios de diciembre, de izquierda a derecha: Álvaro Mangino, Carlitos Páez, Daniel Fernández *(con gorro blanco),* Coche Inciarte *(con la mano en el hombro de Daniel)* y Pancho Delgado. *(Gamma)*

Éste soy yo bebiendo un vaso de nieve derretida dentro de la cola del avión. *(Grupo de supervivientes/Corbis)*

En diciembre las noches seguían siendo gélidas, pero la temperatura diurna era suave y el sol era lo suficientemente fuerte como para quemarnos. De izquierda a derecha, Eduardo Strauch, Pancho Delgado y Gustavo Zerbino posan con la cordillera como telón de fondo. *(Grupo de supervivientes/Corbis)*

En los días previos a nuestro último intento de escalar la montaña hacia el oeste, Pancho Delgado *(sentado en el techo del fuselaje)* y Roberto Canessa *(de pie, a la derecha de Pancho)* cosen entre sí parches de tela aislante para confeccionar el saco de dormir que nos llevaremos de viaje. Descansando en primer plano están Fito Strauch *(izquierda)* y Carlitos Páez *(derecha)*. En fila detrás de ellos, de izquierda a derecha, se encuentran Gustavo Zerbino, Eduardo Strauch, yo y Javier Methol. *(Grupo de supervivientes/Corbis)*

La frenética nota que le garabateé al campesino. Antes de envolver con ella una piedra y lanzarla a la otra orilla del río, le di la vuelta y escribí en la parte de atrás, con un pintalabios que había encontrado en el equipaje de mi madre: ¿Cuándo viene? *(© Bettmann/Corbis)*

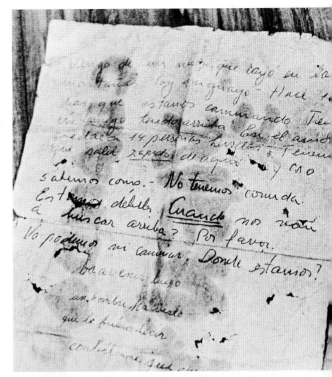

Sergio Catalán *(centro)*, el campesino que nos encontró en las montañas y llevó a los equipos de rescate a Los Maitenes en nuestra busca, está sentado con Roberto y conmigo mientras esperamos a que lleguen los helicópteros de rescate. *(EL PAÍS de Uruguay, Colección Caruso)*

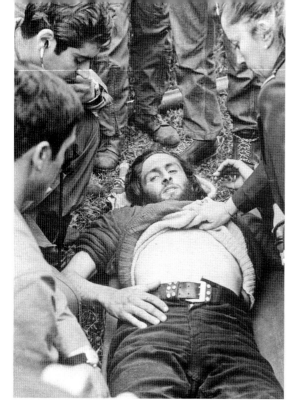

Los primeros médicos que llegan a Los Maitenes se agrupan en torno a Roberto, que lleva el cinturón que quitó del cuerpo de Panchito Abal. (EFE)

Mientras Roberto recibe tratamiento, yo me preparo, a regañadientes, para guiar al helicóptero del equipo de rescate en un arriesgado vuelo hasta el lugar del accidente del Fairchild. (Associated Press)

Mientras los helicópteros chilenos resuenan en el cielo encapotado, la policía montada nos lleva a Roberto y a mí por un río poco profundo hasta el lugar donde aterrizarán los helicópteros. Al fondo, reporteros y fotógrafos, que nos habían encontrado antes que las Fuerzas Aéreas de Chile. *(Cortesía de Copesa)*

Yo, montado a caballo detrás de un agente de la policía montada mientras observamos cómo los helicópteros atraviesan la espesa barrera de nubes. *(Empresa Periodística La Nación)*

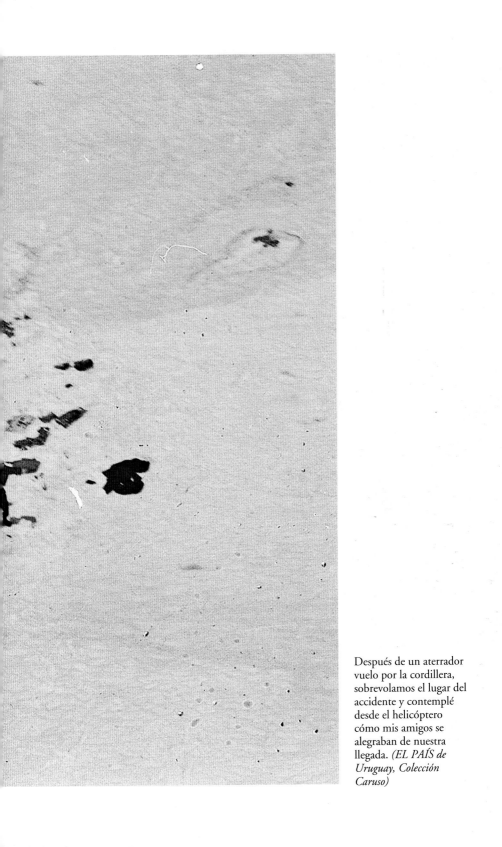

Después de un aterrador vuelo por la cordillera, sobrevolamos el lugar del accidente y contemplé desde el helicóptero cómo mis amigos se alegraban de nuestra llegada. *(EL PAÍS de Uruguay, Colección Caruso)*

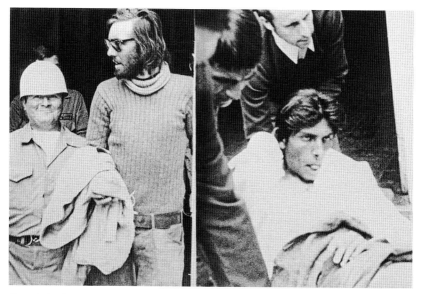

Cuando los helicópteros de rescate aterrizaron en una base militar cerca de San Fernando, me negué a que me llevaran en silla de ruedas hasta las ambulancias que nos esperaban. Me dije: «He atravesado a pie los Andes. Puedo dar unos cuantos pasos más.» Otros, como Álvaro Mangino, a la derecha, habían agotado todas sus fuerzas en las montañas y necesitaban ayuda. *(© Bettmann/Corbis)*

El día del rescate oscureció antes de que todos los supervivientes pudieran ser rescatados de la montaña, así que seis de ellos tuvieron que pasar otra noche en el lugar del accidente. De izquierda a derecha: Fito Strauch, Gustavo Zerbino, Coche Inciarte, Roy Harley, Pancho Delgado y Moncho Sabella. Dos miembros del equipo de rescate chileno están sentados al fondo, a izquierda y derecha. *(Grupo de supervivientes/Corbis)*

El 23 de diciembre, mientras el resto de nosotros ya recibía atención médica en el hospital de San Fernando, los equipos de rescate regresaron al lugar del accidente en busca de los últimos supervivientes. Esta foto aérea muestra cómo se alejan del fuselaje mientras caminan hacia los helicópteros que les están esperando. *(Associated Press)*

Algunos de los supervivientes en su llegada a Los Maitenes el segundo día del rescate. En el centro, sonriendo y con los brazos extendidos, Pancho Delgado. A la derecha, Bobby Francois se abraza a un miembro del equipo de rescate. *(Associated Press)*

Justo instantes antes de que los helicópteros aterrizaran en la base militar de San Fernando, yo camino hacia las ambulancias rodeando con el brazo a Carlos Páez-Villaro, el padre de Carlitos Páez, que lleva un jersey blanco a mi izquierda. Roberto Canessa es el del gorro blanco, a mi derecha. *(Desconocido)*

Las noticias de nuestro rescate desencadenaron de inmediato un frenesí mediático. Poco después de que llegaran al hospital de Santiago, Pancho Delgado *(a la izquierda, sonriendo, con el rostro alzado)* y Antonio Vizintin *(al frente en el centro, en bata de hospital, de espaldas a la cámara)* se vieron asediados por reporteros y fotógrafos. *(Empresa Periodística La Nación)*

Algunos de los supervivientes se relajan en el hospital en Santiago. De izquierda a derecha: Moncho Sabella, Fito Strauch, Antonio Vizintin, Bobby Francois, Pancho Delgado y Gustavo Zerbino. *(Associated Press)*

Carlitos Páez abrazado por su padre, Carlos Páez-Villaro, que había recorrido los Andes durante semanas por iniciativa propia en la desesperada búsqueda de su hijo. *(EFE)*

Roy Harley en brazos de su madre al llegar a la base militar cerca de San Fernando. *(Clarín Contenidos)*

Navidad de 1972 con los supervivientes y sus familias en el Hotel Sheraton San Cristóbal de Santiago. Alzo la copa con espíritu de celebración, pero como mi madre y mi hermana ya no están, se trata de un momento agridulce para mí. *(Associated Press)*

30 de diciembre de 1972, mi primer día en Carrasco después de la tragedia en los Andes. Me fue devuelta mi querida motocicleta, que mi padre había vendido a un amigo, y no perdí ni un segundo en sacarla a la carretera. *(Desconocido)*

Con Chippy Breard, amigo y compañero de equipo de Autodelta *(centro)*, estoy conversando con la leyenda del automovilismo Jackie Stewart *(derecha)* en el Gran Premio argentino de F1 de 1974 en Buenos Aires. *(Armando Rivas)*

Durante una carrera en 1975 en el circuito de El Pinar, cerca de Montevideo, observo el espectáculo con el piloto uruguayo José P. Passadore. *(Desconocido)*

Cambio de piloto durante la carrera Silverstone Tourist Trophy en Silverstone (Inglaterra) en 1977. Yo estoy de pie, con casco, esperando ponerme al volante, mientras mi compañero de equipo, Mario Márquez, sale del coche. Quedamos segundos en esta carrera de larga distancia. *(Jorge Mayol)*

Verano de 2003, en algún lugar de la Zona de las Praderas. Poso con mi Titan 2000 de 1400 cc de camino a un rally de motocicletas en Sturgis (Dakota del Sur) para celebrar el centenario de la compañía Harley-Davidson. *(Gonzalo Mateu)*

En Navidad de 2003 con Veronique y mi padre. *(Cortesía de la familia Parrado)*

Con mi mujer, Veronique, en Punta del Este, 2004. *(Jean Pierre Banowicz)*

Las mujeres de mi vida: mi mujer, Veronique *(centro),* con mis hijas, Cecilia *(izquierda)* y Verónica *(derecha). (Jean Pierre Banowicz)*

La familia Parrado en 2004. De izquierda a derecha: Cecilia, Veronique, Verónica y yo. *(Jean Pierre Banowicz)*

Enfrente: Reunión de los supervivientes el 22 de diciembre de 2004. Asistieron quince supervivientes, más Rafael Ponce de León, que durante la tragedia usó su radio de radioaficionado en su sótano de Montevideo para mantener a nuestros padres informados de los avances de las tareas de rescate y para difundir la noticia de nuestro rescate. En la fila de detrás, de izquierda a derecha: Antonio «Tintín» Vizintin, Gustavo Zerbino, Roy Harley, Javier Methol, Roberto «Bobby» Francois, Alfredo «Pancho» Delgado, Eduardo Strauch, Adolfo «Fito» Strauch, yo y Roberto Canessa. En la fila de delante: José Luis «Coche» Inciarte, Álvaro Mangino, Carlos Páez, Ramón «Moncho» Sabella, Ponce de León y Daniel Fernández. Pedro Algorta no aparece en la foto. *(Veronique van Wassenhove)*

Marzo de 2003. En uno de muchos viajes a la tumba cerca del lugar del accidente en los Andes, cuelgo un ramito de flores de la sencilla cruz de acero. *(Carlos Cardoso)*

En los Andes, marzo de 2005. Con la intención de sorprender a Sergio Catalán por su quincuagésimo aniversario de boda, Roberto Canessa y yo nos acercamos a él en un solitario sendero de la montaña cercano a su pueblo: «Perdone, buen hombre –le dije–, ¡nos hemos perdido otra vez!» *(Veronique van Wassenhove)*

Los restos del Fairchild tras el rescate de todos los supervivientes. La fila de asientos a la izquierda fue nuestra «sala de estar», donde nos calentábamos al sol en días despejados. A la derecha, cerca de la base del fuselaje, se puede ver el cuerpo de una de las víctimas de la tragedia. *(Keystone/Gamma)*

mos pasar se nos cerraba en las narices. Sí, acordaron, deberíamos tratar de arreglar la radio; pero ninguno de ellos parecía conocer algún motivo que les hiciera pensar que funcionaría.

A la mañana siguiente, la del 22 de noviembre, Roberto y yo nos pusimos manos a la obra para sacar la radio del Fairchild. La cabina del piloto estaba abarrotada de botones, palancas y de un complejo cuadro de mandos y, dada nuestra ignorancia sobre el tema, tuvimos que adivinar qué formaba parte de la radio y qué no. Finalmente, supusimos que la radio estaba compuesta de dos elementos, uno anclado al cuadro de mandos del piloto y otro oculto detrás de un panel de plástico en la pared de la bodega de equipajes. El componente que se encontraba en el panel de control, al que estaban unidos unos auriculares y un micrófono, salió con facilidad después de extraer unos cuantos tornillos. El segundo componente, oculto en una cavidad oscura, angosta y poco profunda, estaba anclado con más firmeza y era mucho más difícil llegar hasta él. Usando torpemente los dedos y los trozos de metal y plástico que nos servían de herramientas, nos esforzamos por aflojar las tuercas y los remaches que sujetaban el transmisor, pero tardamos dos frustrantes días en sacarlo de la pared. Cuando finalmente lo extrajimos y lo pusimos detrás del elemento encontrado en la cabina del piloto, comprobé la inutilidad de nuestros esfuerzos.

—¡Carajo! —grité—. ¡Mira qué desastre! —Detrás de cada componente salía una confusa maraña de diminutos cables de electricidad—. ¡Esto es imposible, Roberto! ¿Cómo conseguiremos conectar estos cables?

Roberto no me hizo caso y se puso a contar con atención los cables de cada componente.

—Hay sesenta y siete cables que salen de la parte de atrás de esta pieza —dijo— y sesenta y siete que salen del transmisor.

—Pero ¿qué cable conecta con cuál? —pregunté—. ¡Es imposible! Hay demasiadas combinaciones.

—¿Ves las marcas? —contestó—. Cada cable tiene una marca diferente. Las marcas nos dirán qué cables van juntos.

—No sé, Roberto —dije—. Estamos perdiendo mucho tiempo y ni siquiera sabemos si la radio todavía funciona.

Los ojos de Roberto emitieron un destello de ira.

—¡Esta radio nos puede salvar la vida! —espetó—. Nos debemos a nosotros mismos el intentarlo antes de recorrer torpemente las montañas y echar a perder nuestras vidas.

—¡Está bien! ¡Está bien! —le dije para calmarlo—, pero pidámosle a Roy que les eche un vistazo.

Llamé a Roy para que viniera y le enseñé la radio. Él frunció el ceño y negó con la cabeza.

—No creo que tenga arreglo —determinó.

—¡Pues vamos a arreglarla! —contestó Roberto—. Tú vas a arreglarla.

—¡No puedo arreglarla! —gritó Roy con una voz de protesta cada vez más aguda y estridente—. Es demasiado complicado. ¡En primer lugar, no sé nada de este tipo de radios!

—Cálmate, Roy —dijo Roberto—. Vamos a llevar la radio a la cola del avión. Y tú te vienes con nosotros. Vamos a hacer que la radio funcione y la vamos a usar para pedir ayuda.

Los ojos de Roy se abrieron como platos al escuchar con espanto la noticia.

—¡No puedo ir allí! —chilló—. ¡Estoy demasiado débil! ¡Miradme! Apenas puedo caminar. Por favor, ¡no lograré llegar a la cola y regresar!

—Lo lograrás porque debes hacerlo —contestó Roberto.

—Pero ¡si esta radio no tiene arreglo! —se lamentó—. ¡Es imposible!

—Tal vez —respondió Roberto—, pero tenemos que intentarlo y tú eres el único que tiene posibilidades de hacerla funcionar.

Roy frunció el ceño y empezó a sollozar. La idea de dejar el fuselaje le aterraba y en los días siguientes suplicó a cualquiera que lo escuchara que le eximieran de la misión. Fito y los primos se mostraron firmes con él, insistiendo en que debía ir. Le presionaron para que pensara en el bien de los demás. Incluso le obligaron a entrenarse para la misión caminando de una punta a otra del fuselaje. Roy obedeció a regañadientes y al final se vino con nosotros, pero lloró a menudo mientras bajábamos la ladera.

Roy no era un cobarde. Lo supe mucho antes del accidente por el modo en que jugaba a rugby y por cómo vivía la vida. En los primeros días de la tragedia, cuando todavía estaba fuerte, había sido un miembro muy productivo del grupo: había ayudado a Marcelo a organizar el avión justo después del accidente y en toda la difícil tarea de construir la pared que nos protegería de la congelación. Y tampoco podía olvidar que, si no hubiera sido por la rápida reacción de Roy tras el alud, todos estaríamos asfixiados bajo la nieve. Sin embargo, era demasiado joven. Sabía que su sufrimiento le había trastocado los nervios y era evidente que la tragedia había hecho estragos en su cuerpo. Ahora Roy era un cadáver andante, uno de los más enjutos y débiles de todos, y se merecía que sintiera por él la misma compasión que por el resto. En todo el tiempo que llevábamos en la montaña, rara vez me había enfadado con nadie de mis compañeros supervivientes. Entendía sus miedos y la presión a la que estaban sometidos, sobre todo los más jóvenes, así que era fácil ser paciente con ellos cuando sus miedos los volvían egoístas, vagos o temerosos. Roy sufría tanto como el resto y se merecía la misma consideración por mi parte pero, a medida que se debilitaba y que su estado emocional seguía desmoronándose, me di cuenta de que me sentía furioso por sus frecuentes muestras de angustia y, por algún motivo, me fue cada vez más difícil ser amable con él. Así que, cuando me suplicó, desesperado, que no le hiciéramos ir con nosotros hasta la cola, ni siquiera le miré a los ojos.

—Nos vamos pronto —espeté—. Mejor que estés preparado.

Roberto se pasó varios días examinando la radio y, mientras yo esperaba a que acabase, mi preocupación por Numa no hizo sino aumentar. Desde que le habíamos sacado del equipo de la expedición, su ánimo estaba por los suelos. Retirado en un silencio meditativo, se había enfurecido cada vez más consigo mismo por la forma en que su cuerpo le había traicionado. Estaba irritable y arisco y, lo peor de todo, se negaba a comer. En consecuencia, adelgazó con más rapidez y las llagas de las piernas empeoraron. Ahora tenía dos grandes úlceras en las piernas, cada una de ellas más grande que una pelota de golf y las dos abiertamente infectadas. Sin embargo, lo que me preocupaba más era la mirada de resignación de sus ojos. Numa era uno de los supervivientes más fuertes y altruista y había luchado con tanto coraje como cualquiera de nosotros para permanecer con vida, pero ahora que él ya no podía luchar más por nosotros y que sólo tenía que cuidar de sí mismo, parecía que estaba descorazonado. Una noche me senté junto a él e intenté animarle:

—¿Comerás algo por mí, Numa? —pregunté—. Nos vamos pronto hacia la cola. Me gustaría verte comer antes de irme.

Negó con la cabeza débilmente.

—No puedo. Me resulta demasiado doloroso.

—Es doloroso para todos nosotros —dije—, pero debes hacerlo. Debes recordar que ahora sólo es carne.

—Antes sólo comía para ponerme fuerte para la expedición —contestó—. ¿Por qué tengo que obligarme a hacerlo ahora?

—No te rindas —le dije—. Aguanta. Vamos a salir de aquí.

Numa negó con la cabeza.

—Estoy demasiado débil, Nando. Ni siquiera me tengo ya en pie. No creo que vaya a durar mucho más tiempo.

—No hables así, Numa. No te vas a morir.

—Está bien, Nando —dijo, suspirando—. He revisado mi vida y sé que, si muero mañana, habré pasado unos años maravillosos.

Me reí.

—Eso es justo lo que Panchito solía decir —contesté—. Y vivió su vida conforme a esas palabras. Era imprudente, osado y siempre creía que las cosas irían a su manera. Y normalmente así era.

—Era famoso por eso —dijo Numa—. ¿Cuántos años tenía?

—Sólo dieciocho. Pero había vivido muchas vidas, había tenido muchas aventuras y, macho, se había acostado con muchas chicas hermosas.

—Tal vez por eso Dios se lo llevó —dijo Numa—, para que hubiera unas pocas chicas para el resto de nosotros.

—Habrá muchas chicas para ti, Numa —contesté—. Pero primero debes comer, y vivir. Quiero que vivas.

Numa sonrió y asintió.

—Lo intentaré —prometió. Pero después, cuando le llevaron un trozo de carne, le vi rechazarlo.

Partimos a las ocho de la mañana siguiente y descendimos rápido por la ladera. A medida que nos aproximábamos a la cola, vi una bolsa de piel roja en la nieve que inmediatamente identifiqué como el neceser de maquillaje de mi madre. Dentro encontré un pintalabios que usé para protegerme los labios del sol, algunos caramelos y un pequeño costurero. Lo escondí en las mochilas y seguí caminando. Aún no habían pasado dos horas desde que partimos del Fairchild y ya estábamos otra vez en la cola.

Ese primer día fue de descanso. A la mañana siguiente, Roy y Roberto se pusieron a reparar la radio. Se esforzaron por hacer bien los empalmes de las baterías, pero seguían un método de ensayo y error y, justo cuando parecía que estaban avanzando, los cables emitían destellos y chisporroteaban, y oíamos un fuerte chispazo. Entonces, Roberto maldecía y se quejaba a Roy de que fuera con más cuidado. Y vuelta a empezar.

Ahora las temperaturas diurnas eran todavía más suaves y la nieve alrededor de la cola se derretía con rapidez. Las maletas que hacía algunos días estaban enterradas cuando encontramos por primera vez el fuselaje se quedaron a la vista. Mientras Roy y Roberto estaban entretenidos con la radio, Tintín y yo rebuscamos entre las maletas esparcidas por los alrededores de la cola. En una de las bolsas encontramos dos botellas de ron. Abrimos una de ellas y nos dimos unos tragos.

—Guardaremos la otra —propuse—. La podemos usar para el ascenso.

Tintín asintió. Ambos sabíamos que la radio no funcionaría nunca, pero Roy y Roberto seguían trabajando con furia. Se pelearon con ella toda la tarde y hasta la mañana siguiente. Yo estaba cada vez más ansioso por acabar con ese experimento y regresar al fuselaje, donde podríamos prepararnos para el ascenso.

—¿Cuánto crees que falta, Roberto? —pregunté.

—Faltará lo que tenga que faltar —refunfuñó, mirándome con irritación.

—Nos estamos quedando sin comida —dije—. Creo que Tintín y yo deberíamos regresar a por más.

—Muy buena idea —contestó—. Nosotros seguiremos trabajando.

Tintín y yo recogimos nuestros bártulos y en unos minutos ya estábamos subiendo por el valle en dirección al Fairchild. Una vez más, me sorprendió lo mucho que costaba ascender por la ladera en comparación con lo poco que costaba bajar por ella. Caminamos penosamente durante horas, deteniéndonos con frecuencia para recuperar el aliento, hasta que al final llegamos al avión a última hora de la tarde. Una vez más nos dieron una tosca bienvenida y no pude evitar darme cuenta de que los demás parecían todavía más débiles y se mostraban más apáticos que cuando les habíamos dejado.

—Hemos venido a buscar más carne —anuncié—. Arreglar la radio está llevando más tiempo del previsto.

Fito frunció el ceño.

—Nos estamos quedando sin comida. Hemos buscado por todas partes los cadáveres que se perdieron en el alud, pero la capa de nieve es muy profunda y estamos muy cansados. Incluso hemos subido por la ladera varias veces para recuperar los cuerpos que Gustavo encontró cuando él subió.

—No os preocupéis —dije—. Tintín y yo excavaremos.

—¿Cómo va con la radio?

—No muy bien —reconocí—. No creo que vaya a funcionar.

—El tiempo se está acabando —dijo Fito—. Todos estamos débiles. La comida no durará mucho más tiempo.

—Debemos ir hacia el oeste —contesté—. Tal vez sea imposible, pero es nuestra única posibilidad. Tenemos que irnos tan pronto como sea posible.

—¿Roberto piensa lo mismo?

—No sé lo que estará pensando —dije—. Ya conoces a Roberto, acabará haciendo lo que quiera.

—Si se niega —respondió Fito—, yo iré contigo.

Sonreí a Fito con cariño.

—Eso es muy valiente por tu parte —dije—, pero con esas llagas en el culo, apenas puedes dar diez pasos. No, debemos convencer a Roberto de ir hacia el oeste, y de ir muy pronto.

Tintín y yo nos quedamos en el fuselaje durante dos días, excavando en la nieve en busca de cadáveres frescos. Cuando encontramos lo que buscábamos, Fito y sus primos cortaron carne para nosotros y, después de descansar un rato, descendimos por el glaciar una vez más. Llegamos a la cola a media mañana y encontramos a Roy y a Roberto poniendo todo su empeño en reparar la radio. Cuando creían que los empalmes estaban bien hechos y encendían la radio, no conseguían oír más que la descarga atmosférica que interfería con la recepción. Roy pensó entonces que la antena de la radio, que había quedado dañada en el accidente, podría ser defectuosa, así que hizo una nueva con un alambre de cobre que arrancó de los circuitos eléctricos de la cola. Roy y Roberto le pusieron la antena nueva a la radio del Fairchild y extendieron los largos alambres de cobre por la nieve. Sin embargo, la radio tampoco así funcionó mejor. Roy desconectó la antena y se la puso al pequeño transistor que llevaba consigo, con lo que consiguió captar una señal muy fuerte; sintonizó una emisora que ponía música que nos gustaba y siguió trabajando. Al cabo de unos minutos, la música se vio interrumpida por un boletín informativo en el que oímos la sorprendente noticia de que las fuerzas aéreas uruguayas estaban enviando un Douglas C-47 especialmente equipado para buscarnos.

Roy soltó un «¡Hurra!» de alegría al oír la noticia. Roberto se volvió hacia mí, con una sonrisa de oreja a oreja.

—¿Has oído eso, Nando? ¡Nos están buscando!

—No te hagas ilusiones —dije—. Recuerda lo que dijo Gustavo: desde las laderas, el Fairchild no es más que una diminuta mancha en la nieve.

—Pero es un avión especialmente equipado —contestó Roberto.

—Y los Andes son enormes —dije—. No saben dónde estamos. Incluso si nos encuentran, podrían tardar meses.

—Necesitamos hacerles una señal —respondió Roberto, haciendo caso omiso de mi escéptica mirada. Al cabo de unos minutos nos puso a reunir maletas y a colocarlas en la nieve formando una gran cruz.

Cuando acabamos, le pregunté a Roberto por la radio.

—No creo que podamos arreglarla —admitió—. Deberíamos regresar al avión.

—Y prepararnos para ir hacia el oeste —le recordé—, tal como acordamos.

Roberto asintió abstraído y se fue a reunir sus bártulos. Mientras recogía los míos, Tintín se acercó a mí con un trocito rectangular de tela de aislamiento que había sacado de la cola.

—Este material envuelve todos los tubos de allí —dijo—, debe de haber alguna forma de aprovecharlo.

Toqué el material con los dedos. Era ligero y resistente, mullido por dentro, recubierto de un tejido duro y suave.

—Tal vez lo podamos usar para recubrir la ropa —contesté—. Podría mantenernos abrigados.

Tintín asintió y entramos en la cola. Al cabo de unos minutos habíamos arrancado todo el material de aislamiento de los tubos y lo habíamos metido a presión en nuestras mochilas. Mientras nos dedicábamos a ese menester, oímos alboroto en el exterior y, cuando miramos, vimos cómo Roy rompía a patadas la radio.

—Debería ahorrar energías —le dije a Tintín—. El ascenso va a ser duro.

Partimos en dirección ascendente por la ladera a media mañana. El cielo estaba encapotado cuando salimos y las nubes estaban muy bajas, pero la temperatura era suave y el tiempo estaba calmado. Roberto y Tintín iban a la cabeza, mientras que Roy se había quedado rezagado detrás de mí. Como en ocasiones anteriores, el esfuerzo para subir por la ladera caminando por la gruesa capa de nieve que nos llegaba hasta las rodillas fue agotador y a menudo nos parábamos para descansar. Sabía que Roy estaba sufriendo por el gran esfuerzo realizado, así que no le quité ojo y aflojé el paso para evitar que se quedara demasiado atrás. Cuando llevábamos una hora de camino, miré al cielo mientras descansaba y me dejó perplejo lo que vi. Las nubes habían crecido y se habían vuelto de un siniestro gris oscuro. Estaban tan bajas que creía que podía tocarlas. Entonces, mientras seguía observando, las nubes se precipitaron sobre nosotros, como la cresta de una ola asesina. Antes de que pudiera reaccionar, el cielo pareció caerse y nos vimos asediados por una de las ventiscas relámpago a las que los que conocen los Andes llaman «viento blanco». En cuestión de segundos, todo era un caos. La temperatura cayó en picado. El viento me empujaba y me arrastraba con tanta fuerza que tuve que balancearme hacia delante y atrás para evitar desplomarme. La nieve remolineaba voraginosamente a mi alrededor, clavándose en mi rostro y desorientándome. Entrecerré los ojos para ver entre la ventisca, pero la visibilidad era casi nula y no había ni rastro de los demás. Por un instante me entró el pánico.

—¿Cuál es el camino ascendente? —me pregunté—. ¿En qué dirección tengo que ir?

Entonces oí la voz de Roberto que sonaba débil y distante en el intenso rugido de la tormenta.

—¡Nando! ¿Me oyes?

—¡Roberto! ¡Estoy aquí!

Miré detrás de mí. Roy había desaparecido.

—¡Roy! ¿Dónde estás?

No hubo respuesta. A unos diez metros detrás de mí, vi un bulto gris y borroso en la nieve y me di cuenta de que Roy se había caído.

—¡Roy! —grité—. ¡Vamos!

No se movió, así que bajé por la ladera tambaleándome hasta el lugar donde yacía. Estaba acurrucado en la nieve, con las rodillas contra el pecho y cubriéndose el cuerpo con los brazos.

—¡Muévete! —ordené chillando—. ¡La ventisca nos matará si no seguimos moviéndonos!

—No puedo —contestó Roy, lloriqueando—. No puedo dar ni un paso más.

—¡Levántate, pelotudo! —grité—. ¡Moriremos aquí!

Roy alzó la vista para mirarme y su rostro hizo una mueca de miedo.

—No, por favor —sollozó—. No puedo. Déjame aquí.

La ventisca cobraba intensidad por segundos y, mientras estaba de pie junto a Roy, el viento soplaba a ráfagas tan fuertes que creía que me levantaría del suelo. Estábamos atrapados en una blancura total. Había perdido completamente el sentido de la orientación y mi única esperanza de poder regresar al fuselaje era seguir el rastro que dejaban Roberto y Tintín, aunque la intensa nevada borraba rápidamente sus huellas. Sabía que no nos esperarían, ya que ellos también estaban luchando por sobrevivir, y sabía que cada segundo que me quedara con Roy nos llevaría a ambos más cerca de la tragedia. Bajé la vista hacia Roy. Le temblaban los hombros del llanto y estaba casi medio cubierto de nieve.

«Tengo que dejarle o moriré —pensé—. ¿Puedo hacerlo? ¿Tengo el valor de dejarle aquí para que muera?» No respondí a estas preguntas con palabras, sino con hechos. Sin pensármelo dos veces, le di la espalda a Roy y seguí el rastro de los demás hacia arriba de la ladera. Mientras me tambaleaba por la fuerza del viento, me imaginé a Roy tumbado en la nieve. Lo imaginé mirando cómo desaparecía mi sombra en medio de la ventisca. Sería la última imagen que viera. «¿Cuánto tiempo tardará en quedarse inconsciente? ¿Cuánto tiempo sufrirá?», me pregunté. Yo había avanzado ya unos quince metros y no podía borrar su imagen de mi mente: desplomado en la nieve, tan indefenso, tan patético, tan derrotado. Sentí una imperiosa necesidad de despreciarle por su debilidad y falta de coraje, o al menos así me lo pareció entonces. Visto en retrospectiva, la situación parece bastante distinta. Roy no era un enclenque. Había sufrido más que la mayoría de nosotros y había reunido las fuerzas para resistir, pero era muy joven y su cuerpo se había visto tan terriblemente azotado que había resultado demasiado abrumador para todos sus recursos, físicos y psíquicos. Todos nos estábamos forzando hasta el límite, pero en el caso de Roy el proceso había sido demasiado doloroso y rápido. Ahora me molesta no haberle mostrado más paciencia ni haberle dado más ánimos en la montaña y me he dado cuenta, tras años de reflexión, que el motivo de que le tratara como lo hice fue que vi demasiado de mí mismo en él. Ahora sé que no podía soportar los quejidos agudos de la voz temblorosa de Roy porque era una expresión vívida e inquietante del terror que sentía en mi propio corazón, y la cara casi desencajada que mostraba me enfurecía sólo por ser un reflejo de mi propia desesperación. Cuando Roy se rindió y se tumbó en la nieve, supe que había llegado al final de su lucha. Había encontrado el lugar donde la muerte se lo llevaría por fin. Pensar en Roy yaciendo quieto en la ladera, desapareciendo bajo la nieve, me obligó a preguntarme cuánto tardaría en llegar mi propia rendición. ¿En qué lugar sucumbirían mi propia voluntad y fortaleza? ¿Dónde y cuándo abandonaría la lucha y me tumbaría, tan asustado y derrotado como Roy, en el agradable confort de la nieve?

Ésta era la verdadera fuente de mi ira: Roy me mostraba mi futuro y, en ese momento, le odié por ello.

Por supuesto, no había tiempo para llevar a cabo esa reflexión introspectiva en esa montaña azotada por la ventisca. Actuaba basándome sólo en el instinto y, mientras me imaginaba a Roy sollozando en la nieve, todo el desprecio y el escarnio que había sentido hacia él en las últimas semanas explotó en una furia asesina. Impulsivamente, maldije como un loco en medio de las fuertes ráfagas de viento.

—¡Mierda! ¡Carajo! ¡La reconcha de la reputísima madre! ¡La puta madre que te parió!

Estaba fuera de mis casillas por la ira y, antes de darme cuenta, bajé bruscamente por la ladera hacia donde había caído Roy. Al llegar a él, le golpeé con violencia en la caja torácica. Me tiré encima de él, asestándole un fuerte golpe en el costado con las rodillas. Arrodillado sobre él, cerré el puño y le asesté fuertes puñetazos. Mientras rodaba y gritaba en la nieve, le insulté con tanta violencia como le atacaba con los puños.

—¡Hijo de puta! —grité—. ¡Cabrón de mierda! ¡Levántate de una maldita vez, boludo! ¡Levántate o te mataré! Te lo juro, cabrón.

Me había esforzado, desde que pisé la montaña, en mantener la compostura y evitar malgastar la energía dando rienda suelta a mi ira y mis miedos. Pero, ahora, mientras asediaba a Roy, sentí que mi alma se vaciaba de todo el miedo y el veneno que toda mi estancia en la montaña había vertido. Le pateé las caderas y los hombros con mis botas de rugby. Le di empujones en la nieve. Le dije todas las soeces que se me ocurrieron e insulté a su madre de formas que no me gusta recordar. Roy lloraba y gritaba mientras le maltrataba pero, finalmente, se puso de pie. Le empujé hacia delante con tanta fuerza que casi se cae de nuevo. Y seguí empujándole con violencia, obligándole a subir por la ladera recorriendo de golpe por lo menos un metro a cada paso.

Nos peleamos bajo la ventisca. Roy sufría muchísimo por el esfuerzo y mi propia fuerza se iba desvaneciendo. La agresividad de la ventisca era aterradora. Mientras me esforzaba por respirar en aquel aire sin oxígeno, los remolinos de viento me quitaban el aliento y no me dejaban inspirar, obligándome a espurrear y a atragantarme como si me estuviera asfixiando. El frío me golpeaba como un martillo y avanzar a duras penas por la profunda capa de nieve me resultaba terriblemente agotador. Pronto se agotó totalmente la fuerza de mis músculos y cada paso exigió un acto de voluntad descomunal. Roy seguía delante de mí, de forma que yo pudiera seguir empujándole hacia delante, y ambos ascendimos por la montaña a la par. Sin embargo, tras recorrer unos cientos de metros, Roy se desplomó hacia delante y yo me di cuenta de que había agotado hasta su último ápice de energía. Esta vez no traté de levantarle, sino que lo rodeé con los brazos y lo levanté de la nieve. Aun a pesar de todas las capas de ropa que llevaba, pude notar lo delgado y débil que estaba ahora y se me enterneció el corazón.

—Piensa en tu madre, Roy —le dije con los labios pegados a su oreja para que pudiera oírme entre la ventisca—. Si quieres volverla a ver, ahora debes sufrir por ella.

Roy tenía la mandíbula relajada y los ojos le daban vueltas bajo los párpados. Estaba a punto de irse al otro mundo, pero aun así logró asentir débilmente: lucharía. Para mí, este momento de valentía fue tan destacable como cualquier otro acto de coraje y fortaleza que hubiéramos visto en la montaña y, ahora, cuando pienso en Roy, siempre me acuerdo de él en ese momento, como un héroe.

Roy se recostó contra mí y ascendimos juntos. Se esforzó con todas sus fuerzas, pero pronto llegamos a un punto en el que la pendiente de la ladera era muy acusada. Roy me miró con calma, resignado, consciente de que subir por allí no estaba al alcance de sus posibilidades. Eché una ojeada entre la nieve que caía con fuerza, tratando de determinar la pendiente de la subida, y entonces le agarré más fuerte de la cintura y, con la poca fuerza que me quedaba, le levanté del suelo, cargándole a hombros. Después, dando un paso lento y penoso tras otro, ascendí con él a cuestas. Estaba oscureciendo y costaba ver el rastro que habían dejado los demás. Ascendí por intuición y, mientras me dirigía sin ayuda hacia el lugar del accidente, me atormentaba constantemente la idea de que me había desviado y caminaba hacia ninguna parte. Sin embargo, finalmente, cuando asomaban las últimas luces de la tarde, vi la tenue silueta del Fairchild a través de la nevada que caía. En ese momento arrastraba penosamente a Roy más que llevarle a cuestas, pero al ver el avión sentí un arranque de energía y conseguí llegar hasta él. Los demás me quitaron a Roy de los hombros mientras entramos tambaleándonos en el fuselaje. Roberto y Tintín se habían desplomado en el suelo y yo me dejé caer con todo mi peso a su lado. No podía dejar de tiritar y los músculos me quemaban y temblaban por el agotamiento más intenso que he sentido jamás. «Me he quemado —pensé—. Nunca me recuperaré. Nunca tendré fuerzas para subir por la montaña.» Pero estaba demasiado cansado como para preocuparme por eso. Me cobijé entre el montón de cuerpos que se apretaban contra mí, robándoles calor, y, por primera vez en el Fairchild, me dormí rápida y profundamente durante horas.

Por la mañana descansé. Los días que había pasado lejos del avión me habían dado una nueva perspectiva y ahora veía con nuevos ojos la horrible situación en que se había convertido nuestra vida diaria. Había montones de huesos esparcidos por fuera del fuselaje.

Cerca de la abertura había grandes fragmentos de algún cuerpo (un antebrazo, una pierna humana de la cadera hasta los pies) que habíamos colocado allí para poder acceder a ellos con facilidad, había tiras de grasa extendidas en el techo del fuselaje para que se secaran al sol, y por primera vez vi cráneos humanos en la pila de huesos. Cuando empezamos a comer carne humana, ingeríamos principalmente trocitos de carne procedentes de los músculos grandes pero, a medida que pasaba el tiempo y menguaban las reservas de comida, no tuvimos más elección que ampliar nuestra dieta. Llevábamos algún tiempo comiendo hígados, riñones y corazones, pero quedaba tan poca carne que teníamos que partir los cráneos para llegar hasta el interior del cerebro. Mientras habíamos estado fuera, algunos de los supervivientes se habían visto obligados por el hambre a comer cosas que antes no podían digerir: los pulmones, partes de las manos y los pies e incluso los coágulos sanguíneos que se formaban en los grandes vasos sanguíneos del corazón. Para una mente en su sano juicio, estos actos pueden parecer incomprensiblemente repugnantes, pero el instinto de supervivencia corre por las venas y, cuando la muerte está tan cerca, el ser humano se puede llegar a acostumbrar a todo. Aun así, a pesar de la extrema intensidad de su sensación de hambre y de sus esfuerzos desesperados por rebuscar en las laderas los cadáveres que se habían perdido, no habían roto la promesa que nos hicieron a Javier y a mí: no habían tocado los cuerpos de mi madre, mi hermana y Liliana. Todos ellos fácilmente accesibles, seguían yaciendo enteros bajo la nieve. Me conmovió pensar que, incluso al borde de la inanición, las promesas aún tenían valor para mis amigos. Las montañas nos habían causado un gran sentimiento de pérdida y angustia. Nos habían quitado a nuestros mejores amigos y a los seres queridos, nos habían obligado a afrontar espantosas e intolerables situaciones y nos habían cambiado de un modo que tardaríamos años en entender. Sin embargo, a pesar de todo el sufrimiento que habían soportado mis amigos, seguían importándoles los principios de amistad, lealtad, compasión y honor. Los Andes nos habían machacado con fuerza y todos y cada uno de nosotros sabíamos que nuestra vida pendía de un hilo, pero no nos habíamos rendido a los instintos primitivos de supervivencia. Seguíamos luchando juntos, como un equipo. Nuestros cuerpos estaban cada vez más débiles, pero nuestra humanidad sobrevivía; no habíamos dejado que las montañas nos despojaran de nuestras almas.

La primera semana de diciembre empezamos a prepararnos en serio para el ascenso hacia el oeste. Fito y sus primos cortaron carne para que nos la lleváramos y la guardaron en la nieve mientras Antonio, Roberto y yo reuníamos la ropa y el equipo que necesitaríamos para el viaje. Nos invadió una rara mezcla de excitación y melancolía cuando nos preparábamos para la expedición final. Los intentos anteriores de escalar y nuestra expedición fallida hacia el este nos habían demostrado el aterrador poder de los Andes, pero también nos habían instruido acerca de los fundamentos de la supervivencia en la montaña. Nuestro equipo era aún notablemente malo como para desafiar a nuestro inhóspito entorno, pero al menos entendíamos con un poco más de claridad lo peligrosas que podían ser las montañas. Sabíamos, por ejemplo, que nos enfrentaríamos a dos grandes retos en el trayecto. El primero serían las notables exigencias que escalar a grandes alturas impone en el cuerpo. Habíamos aprendido, a partir de nuestra ardua experiencia, que la escasez de oxígeno del aire de la montaña convierte el más mínimo esfuerzo en una agotadora prueba de resistencia y voluntad. No podíamos hacer nada para evitarlo, excepto marcharnos antes de estar demasiado débiles y marcarnos un ritmo durante el ascenso. El segundo reto sería protegernos del frío, sobre todo al anochecer. En esa época del año cabía esperar temperaturas diurnas por encima de los cero grados, pero las noches seguían siendo lo suficientemente frías como para aniquilarnos, y ahora sabíamos que no podíamos esperar encontrar cobijo a campo abierto. Necesitábamos una forma de sobrevivir a las largas noches sin congelarnos y el material acolchado aislante que habíamos sacado de la cola nos dio la solución. Se trataba de parches pequeños y rectangulares, del tamaño de una revista. Desde que regresamos de la cola, habíamos metido el material aislante entre las capas de ropa que llevábamos y habíamos descubierto que, a pesar de ser ligero y fino, nos protegía con eficacia del frío de la noche. Mientras planeábamos la expedición nos dimos cuenta de que podíamos coser los parches para confeccionar una gran colcha que sirviera para abrigarnos. Entonces se nos ocurrió que, doblando la colcha por la mitad y cosiendo las costuras, podíamos fabricarnos un saco de dormir aislante lo suficientemente grande como para que pudiéramos pernoctar los tres expedicionarios. Con el calor de los tres cuerpos atrapado por la tela aislante, podríamos resistir a las noches más frías.

Carlitos aceptó el reto. Su madre le había enseñado a coser de niño, así que se puso manos a la obra con el hilo y el costurero que yo había encontrado en la maleta de mi madre. Era una tarea meticulosa y tuvo que asegurarse de que todos los puntos eran lo suficientemente resistentes como para aguantar en condiciones extremas. Para acelerar la confección, Carlitos enseñó a los demás a coser y todos nos turnamos, aunque muchos de nosotros teníamos los dedos demasiado gruesos como para coser; Carlitos, Coche, Gustavo y Fito resultaron ser nuestros mejores y más rápidos sastres.

Mientras avanzábamos con los preparativos, Tintín y yo nos poníamos a punto para el viaje. Roberto, en cambio, se mostró lento en reunir sus bártulos. Preocupado por si se había echado atrás en lo del ascenso, me acerqué a él una tarde mientras descansaba fuera del fuselaje.

—Pronto acabarán el saco de dormir —dije—. Todo lo demás está listo. Deberíamos marcharnos lo antes posible.

Roberto negó con la cabeza.

—Sería de tontos irnos justo cuando nos están buscando otra vez —contestó.

—Teníamos un trato —dije—. La radio no funcionó, así que ha llegado el momento de ir hacia el oeste.

—Sí, iremos hacia el oeste —respondió—. Démosles algo de tiempo.

—¿Cuánto tiempo?

—Démosles diez días —propuso Roberto—. Lo más sensato es darles una oportunidad.

—Mira, Roberto —dije—, nadie sabe mejor que tú que no nos queda mucho tiempo. En diez días podríamos haber muerto la mitad de nosotros.

Roberto me lanzó una mirada beligerante.

—¿Y cuál es tu brillante idea, Nando? —espetó—. ¿Vagar por la montaña justo cuando sabemos que hay un equipo de rescate que nos está buscando?

—No son un equipo de rescate —respondí—. Están buscando los cuerpos. No tienen prisa por encontrarnos.

Roberto frunció el ceño y volvió la cabeza.

—No es el momento —murmuró—. Es demasiado pronto.

A mediados de la primera semana de diciembre, el saco de dormir estaba acabado. Habíamos reunido todo nuestro equipo y ropa, la carne para el camino estaba cortada y envasada en calcetines y todos sabían que había llegado la hora de nuestra marcha; todos menos Roberto, que buscaba una irritante razón tras otra para retrasar el viaje. Primero se quejó de que el saco de dormir no era lo suficientemente resistente e insistió en que lo reforzaran. Luego dijo que no podía marcharse mientras Coche, Roy y el resto necesitaran su atención médica con tanta urgencia. Finalmente, afirmó que no había descansado lo suficiente para el ascenso y que tardaría varios días más en reunir fuerzas. Fito y sus primos intentaron presionarle para que se pusiera en marcha, pero Roberto rechazó su autoridad con beligerancia. De hecho, atacaba ferozmente a cualquiera que sugiriera que se estaba echando atrás y dejaba claro a voces que no se marcharía hasta estar preparado.

Mientras al resto de nosotros nos molestaba cada vez más su tozudez, Roberto se volvió cada vez más tenso y conflictivo. Intimidaba a los más débiles. Empezaba peleas sin ser provocado. Una vez, después de una disputa trivial, agarró a su gran amigo Álvaro Mangino del pelo y lo golpeó contra la pared. Al cabo de un rato, lleno de remordimiento, le pidió disculpas y se abrazaron, pero yo ya había visto suficiente. Seguí a Roberto y esperé hasta quedarnos solos.

—Esto no puede continuar —le dije—. Sabes que es hora de irnos.

—Sí —contestó Roberto—, nos iremos pronto, pero debemos esperar a que mejore el tiempo.

—Estoy cansado de esperar —repliqué en voz baja.

—Ya te lo he dicho —espetó—, ¡nos iremos cuando mejore el tiempo!

Yo trataba de mantener la calma, pero el tono agresivo de Roberto me hizo estallar.

—¡Mira a tu alrededor! —grité—. ¡Nos estamos quedando sin

comida! Nuestros amigos se están muriendo. Coche ha empezado a delirar por las noches; no le queda mucho tiempo. Roy está aún peor, es un saco de huesos. Javier desfallece y los más jóvenes, Sabella, Mangino y Bobby, están muy débiles. ¡Y míranos a nosotros! Tú y yo nos consumimos hora a hora. ¡Debemos escalar antes de que estemos demasiado débiles como para sujetarnos en pie!

—Escúchame, Nando —contraatacó Roberto—, hace dos días hubo una ventisca terrible. ¿Te acuerdas? Si hubiéramos estado en las laderas, nos habría matado.

—Y un alud también podría matarnos —dije—, o podríamos caer en una hendidura profunda del glaciar. ¡Se abriría el suelo y caeríamos miles de metros por las rocas! ¡No podemos acabar con esos riesgos, Roberto, ni podemos esperar más!

Roberto apartó la mirada, como haciendo caso omiso de mis comentarios. Me puse en pie.

—He elegido una fecha, Roberto. Me marcho el doce de diciembre por la mañana. Si no estás preparado, me iré sin ti.

—No puedes irte sin mí, imbécil.

—Ya me has oído —dije, mientras me alejaba caminado—. Me voy el doce. Contigo o sin ti.

El 9 de diciembre cumplí veintitrés años. Esa noche, en el fuselaje, los chicos me dieron uno de los puros que habían encontrado en las maletas de la cola.

—No es Punta del Este, como habíamos planeado —bromeó Carlitos—, pero esto sí que es un puro cubano.

—Ya no me importa la calidad —dije, tosiendo mientras daba una calada—. Lo único que sé es que el humo calienta.

—No hemos podido celebrar nuestros cumpleaños —comentó Carlitos—, pero en lo más profundo de mí sé que estaremos con nuestras familias en Navidad. Lo lograrás, Nando, estoy seguro.

No respondí a Carlitos, y me alegré de que la penumbra del fuselaje ocultara la duda reflejada en mis ojos.

—Duerme un poco —le pedí, echándole una nube de caro humo cubano en la cara.

El 10 de diciembre, Gustavo y yo hablábamos preocupados de Numa.

—Me pidió que le mirara una llaga en la parte de atrás —explicó Gustavo— y le eché un vistazo por debajo de la ropa. No tiene carne encima de los huesos. No puede durar más que un par de días.

Dejé a Gustavo y me arrodillé junto a Numa.

—¿Cómo estás, Numa?

Numa sonrió débilmente.

—No creo que me quede mucho tiempo.

Vi una mirada de resignación en sus ojos. Él afrontaba la muerte con coraje y yo no quería quitarle mérito a eso diciéndole mentiras.

—Procura aguantar —le animé—. Pronto escalaremos. Al fin nos vamos hacia el oeste.

—Hacia el oeste está Chile —dijo con una sonrisa tediosa en los labios.

—Llegaré allí o moriré en el intento.

—Lo conseguirás, eres fuerte.

—Tú sí que debes ser fuerte, Numa, por tu familia. Pronto los volverás a ver.

Numa se limitó a sonreír.

—Es curioso —dijo—. Creo que la mayoría de los hombres mueren lamentándose por los errores que han cometido en la vida, pero yo no me arrepiento de nada. He intentado llevar una buena vida. He intentado tratar bien a la gente. Espero que Dios lo tenga en cuenta.

—No hables así, Numa.

—Pero estoy en paz —continuó—. Estoy preparado para lo que venga.

La mañana del 11 de diciembre, Numa entró en coma. Esa misma tarde murió. Numa era uno de los mejores del grupo, un joven que parecía no tener un lado malo, una persona cuya compasión y generosidad nunca se tambaleaban, por mucho que sufriera. Me enfurecía que un hombre como él muriera de un simple golpe en la pierna, una contusión leve, el tipo de lesión a la que no se hubiera dado importancia en el mundo ordinario.

Al observar a mis amigos me preguntaba si sus familias, que se habían despedido de unos muchachos jóvenes y vigorosos, les lograrían reconocer ahora, ojerosos, con el hueso de las cejas salido y las mejillas hundidas, como las caras encaladas de las gárgolas y los gnomos, y la mayoría de ellos apenas lo suficientemente fuertes como para sujetarse de pie sin tambalearse. Cualquier esperanza que hubieran logrado mantener viva se estaba desvaneciendo, lo podía ver en sus caras. Sus cuerpos eran pellejos secos y vacíos. Su vida perdía color del mismo modo que una hoja caída. Pensé en todos los que habían muerto y me imaginé sus fantasmas reunidos a nuestro alrededor, veintinueve siluetas grises en el silencio de la nieve, y Numa buscando sitio entre ellos. Muchos muertos y muchas vidas sesgadas. Sentía un intenso sentimiento de fatiga que casi pudo conmigo.

—Ya basta —murmuré—. Basta.

Había llegado el momento de poner fin a la historia. Encontré a Roberto fuera del fuselaje, reclinado en el casco del Fairchild.

—Todo está listo —le dije—. Tintín y yo nos marcharemos. Nos vamos mañana por la mañana. ¿Te vienes?

Roberto contempló las montañas del lado occidental. Vi en sus ojos que estaba tan conmovido por la muerte de Numa como el resto.

—Sí —dijo—. Estaré preparado. Ha llegado la hora de irse.

El 11 de diciembre por la tarde, el sexagésimo día que llevábamos en los Andes, me senté fuera del fuselaje, en uno de los asientos que habíamos sacado a rastras fuera del avión, y me quedé mirando hacia las montañas del oeste que me impedían llegar a casa. Conforme anochecía, la más alta de las montañas, la que tenía que escalar, se oscurecía y se volvía más amenazadora. No veía hostilidad en ella, sino tan sólo su magnitud, su poder y su cruel indiferencia. Me costó convencerme de que el momento que tanto había deseado y temido había llegado finalmente. Mi mente estaba atormentada de preguntas. «¿Cómo será congelarse hasta morir? —me preguntaba—. ¿Es una muerte dolorosa o una muerte fácil? ¿Es rápida o lenta? Parece una forma solitaria de morir. ¿Cómo se muere uno de agotamiento? ¿Simplemente te caes en el camino? Sería horrible morir de hambre, pero preferiría morir de hambre que caerme. Dios, no me dejes caer. Ése es el miedo más grande que tengo: bajar resbalando por una escarpada ladera durante cientos de metros, agarrándome a la nieve, sabiendo que me dirijo a un acantilado y que me espera una caída larga e irremediable contra las rocas a miles de metros más abajo. ¿Cómo será caerse de esa altura? ¿Mi mente se encerraría en sí misma para ahorrarme el horror o conservaría la lucidez hasta que tocase el suelo? Por favor, Dios, protégeme de ese tipo de muerte.»

De repente una imagen irrumpió en mi mente. Me vi desde arriba, como una figura inerte acurrucada en la nieve. La vida se iba consumiendo en mi cuerpo. Había encontrado mis límites, el lugar y el momento de morir. ¿Cómo sería ese momento? ¿Qué sería lo último que viera? ¿La nieve? ¿El cielo? ¿La sombra de una roca? ¿La cara de un amigo? ¿Estaría solo? ¿Mis ojos estarían abiertos o cerrados cuando mi alma saliera del cuerpo? ¿Aceptaría mi muerte con serenidad, como lo hice bajo el alud, o me lamentaría y lucharía una vez más en la vida?

A aquellas alturas la muerte parecía muy real, muy cercana, y, sintiendo su presencia, empecé a temblar, consciente de que carecía del coraje necesario para enfrentarme a lo que vendría.

«No puedo hacerlo. No quiero morir.» Decidí que les diría a los demás que había cambiado de opinión, que me quedaba. Tal vez Roberto tenía razón y los equipos de rescate nos encontrarían finalmente...

Gracias a Dios, me lo volví a pensar. Nos estábamos quedando casi sin comida. ¿Cuánto tiempo pasaría hasta que se acabara totalmente y empezara la espantosa espera a que alguien muriera? ¿Quién sería el primero? ¿Cuánto esperaríamos para cortarle la carne? Y, ¿cómo se sentiría el último superviviente? Contemplé de nuevo la montaña y supe que nada de lo que pudiera hacerme sería peor que el futuro que me esperaba allí. Le hablé, esperando que hubiera algo de misericordia en sus laderas:

—Cuéntame tus secretos —susurré—. Enséñame a escalar.

Por supuesto, la montaña permaneció en silencio. Miré fijamente a las cordilleras que se elevaban hasta el cielo, intentando, con ojo de principiante, trazar el mejor camino hacia la cumbre; pero pronto cayó la noche y las laderas desaparecieron en la oscuridad. Me metí en el Fairchild, me tumbé con mis amigos por última vez y traté de dormir.

CAPÍTULO OCHO

Lo contrario de la muerte

Si esa noche llegué a dormir algo, no fue más que unos pocos e intermitentes momentos y, cuando asomaron las primeras y tenues luces de la mañana por las ventanas del Fairchild, ya llevaba horas despierto. Algunos ya llevaban un rato despiertos pero ninguno de ellos pronunció palabra cuando me levanté del suelo y me preparé para partir. La noche anterior me había puesto ropa adecuada para la montaña. En la capa inferior llevaba una camiseta de algodón y unos pantalones de lana. Eran unos pantalones de mujer que había encontrado en alguna maleta, probablemente la de Liliana pero, después de pasar dos meses en la montaña, no me costaba enfundármelos en mis huesudas caderas. Lleva puestos tres pantalones vaqueros encima de los de lana y tres jerséis encima de la camiseta. Llevaba cuatro pares de calcetines, que había cubierto con bolsas de plástico de supermercado para que se mantuvieran secos en la nieve. Metí los pies en mis destrozadas zapatillas de rugby y até con cuidado los cordones. Después me puse un gorro de lana en la cabeza y lo coroné con la capucha y las hombreras que había cortado del abrigo de antílope de Susy. Todo lo que hice esa mañana parecía un ritual trascendente. Tenía las ideas tan claras como el agua a pesar de que la realidad pareciera mitigada y vaga, y tenía la sensación de estarme observando desde lejos. Los otros se quedaron de pie a mi lado en silencio, sin saber muy bien qué decir. Ya les había dejado antes, cuando realizamos la expedición hasta el este, pero yo sabía desde el principio que ese viaje era meramente un entrenamiento. Esa mañana sentía en lo más profundo de mi ser que mi marcha era irrevocable, y los demás también. Después de tantas semanas de intenso compañerismo y de lucha compartida, de repente nos sentíamos distantes. Ya había empezado a dejarles.

Agarré la vara de aluminio que usaría como palo para caminar y bajé la mochila del compartimiento de equipajes que estaba encima de mí. Llevaba gran cantidad de raciones de carne y todos aquellos bártulos que creía que podrían serme útiles, como unas correas de reloj que me ataría en las manos para mantenerlas calientes o un pintalabios para protegerme los agrietados labios del viento y del sol. Me había preparado el equipaje antes de irme a dormir. Quería que mi marcha fuera lo más rápida y sencilla posible; lo único que conseguiría retrasándome sería perder la determinación.

Roberto también se había acabado de vestir. Asentimos entre nosotros con la cabeza, me puse el reloj de Panchito en la muñeca y le seguí al exterior. Aunque el aire era frío, la temperatura superaba los cero grados. Hacía un día perfecto para escalar: el viento soplaba ligeramente y el cielo era de un azul brillante.

—Démonos prisa —dije—. No quiero desperdiciar este tiempo.

Fito y sus primos nos trajeron unos trozos de carne para desayunar que nos comimos a toda prisa. Apenas conversamos. Cuando llegó la hora de marcharnos, nos pusimos en pie para despedirnos. Carlitos dio un paso al frente y nos abrazamos.

—¡Lo conseguirás! —exclamó—. ¡Dios te protegerá!

Vi una feroz esperanza reflejada en sus ojos. Estaba muy delgado, muy débil, tenía los ojos oscuros hundidos en el cráneo y la piel pegada a los marcados huesos del rostro. Me partía el corazón pensar que yo era su esperanza, que esa desesperanzada expedición que estábamos a punto de empezar era su única oportunidad de sobrevivir. Quería estrecharle entre mis brazos, dejar brotar mis lágrimas, gritarle: «¿Qué demonios estoy haciendo, Carlitos? ¡Tengo mucho miedo! ¡No quiero morir!» Pero sabía que si dejaba aflorar en mí esos sentimientos, el coraje que me quedaba se derrumbaría. Así que, en vez de eso, le ofrecí uno de los zapatitos rojos que mi madre había comprado en Mendoza para mi sobrino. Esos zapatos eran muy especiales para mí porque mi madre los había elegido con todo su amor para su nieto y los había tratado con gran ternura en el avión.

—Quédatelo —le dije—. Yo me quedaré el otro. Cuando regrese a buscarte, volveremos a tener el par.

Los otros se despidieron con abrazos y miradas de ánimo en silencio. En sus rostros se reflejaba una gran esperanza pero también un gran miedo, así que me costaba mirarles a los ojos. Al fin y al cabo, yo era quien había planeado la expedición. Era el que había insistido más enérgicamente en que era posible llegar a Chile a pie. Sé que los demás consideraban mi conducta confiada y optimista y tal vez eso les daba esperanzas, pero eso que a ellos les parecía optimismo en realidad no era más que pánico, auténtico terror. La apremiante necesidad que me impulsaba a caminar hacia el oeste era la misma que lleva a alguien a saltar de un edificio en llamas. Siempre me había preguntado qué se piensa en ese momento, en la repisa de la azotea, esperando la fracción de segundo en la que la muerte tiene más sentido que otra cosa. ¿Cómo hace la mente esa elección? ¿Con qué lógica sabes que ha llegado el momento de saltar al vacío? Esa mañana supe la respuesta. Sonreí a Carlitos y después me di la vuelta antes de que pudiera ver la angustia en mis ojos. Mi mirada se quedó fija en el blando montículo de nieve que marcaba el lugar donde mi madre y mi hermana estaban enterradas. En los meses posteriores a sus muertes había reprimido toda emoción respecto a ellas, pero ahora revivía el momento en que dejé a Susy en su tumba superficial y la cubría con nieve resplandeciente. Aunque habían pasado dos meses desde ese día, aún podía ver su rostro nítidamente mientras los cristales blancos le caían con delicadeza por las mejillas y la frente. «Si muero —pensé—, mi padre nunca sabrá cómo la consolé y cómo le di calor, y lo tranquila que parecía en su tumba blanca.»

—Nando, ¿estás preparado?

Roberto estaba esperando. A sus espaldas estaba la montaña, cuyas blancas laderas resplandecían con los primeros rayos de sol de la mañana. Me recordé a mí mismo que esos picos brutales eran lo único que obstaculizaba el camino hacia mi padre y que finalmente había llegado la hora de empezar el largo regreso a casa, pero estas ideas no me inspiraron valentía. Estaba a punto de sentir pánico. Todos los miedos que me habían atormentado desde que me desperté del coma estaban convergiendo y temblé como un condenado que está a punto de subir por las escaleras hacia la horca. Si hubiera estado solo, habría lloriqueado como un bebé, y el único pensamiento presente en mi mente era la súplica de un niño asustado: «No quiero ir.» Durante meses me había mantenido firme en la idea de escapar pero, en ese momento, cuando estaba a punto de hacerlo, sólo sentía el deseo desesperado de quedarme con mis amigos para siempre. Quería acurrucarme junto a ellos en el fuselaje esa noche, hablarles de la vida en casa de mi familia, sentirme reconfortado con sus rezos y con el calor de sus cuerpos. El lugar del accidente era espantoso, estaba empapado de orina, hedía a muerte y había trozos despedazados de huesos y cartílagos humanos esparcidos, pero a mí me pareció de repente un hogar seguro, cálido y familiar. Quería quedarme allí. Nadie puede imaginar lo mucho que quería quedarme allí.

—Nando —dijo Roberto—. Nos tenemos que ir.

Me quedé mirando las tumbas de nuevo y después me giré hacia Carlitos.

—Si os quedáis sin comida —dije—. Quiero que uséis a mi madre y a Susy.

Carlitos se quedó sin habla durante un instante y después asintió.

—Sólo como último recurso —contestó en voz baja.

—¿Nando? —me volvió a llamar Roberto.

—Estoy listo —dije.

Dijimos adiós con la mano por última vez e iniciamos el ascenso.

Ninguno de nosotros tenía mucho que decir mientras subíamos la suave pendiente del glaciar en dirección a las laderas inferiores de las montañas. Creíamos que sabíamos lo que nos íbamos a encontrar y lo peligrosa que podía ser la expedición. Habíamos aprendido que incluso la ventisca más suave podía acabar con nosotros si nos quedábamos atrapados a campo abierto. Éramos conscientes de que la nieve acumulada en grandes cantidades en las cornisas de las altas cordilleras era inestable y que el más mínimo alud nos arrastraría montaña abajo como si fuera una escoba. Sabíamos también que había grietas profundas ocultas bajo la fina capa de nieve congelada y que a menudo se desplomaban ladera abajo rocas del tamaño de un televisor desde los salientes que se desintegraban en lo alto de la montaña. Pero no sabíamos nada de las técnicas ni de las estrategias del alpinismo y lo que ignorábamos bastaba para acabar con nuestras vidas.

Ignorábamos, por ejemplo, que el altímetro del Fairchild iba mal; el lugar del accidente no estaba a 2.130 m, como pensábamos, sino casi a 3.660. Tampoco sabíamos que la montaña a la que estábamos a punto de enfrentarnos era una de las más altas de los Andes, dado que se elevaba a casi 5.180 m, ni que sus laderas eran tan escarpadas y difíciles que pondrían a prueba a un equipo de escaladores profesionales. De hecho, un alpinista experto no se hubiera siquiera acercado a esa montaña sin un arsenal de equipamiento especial, como pitones de acero, tornillos de hielo, arneses de seguridad y otros utensilios clave diseñados para mantenerle anclado con seguridad a la montaña. Hubieran llevado consigo hachas para hielo, tiendas impermeables y resistentes botas térmicas provistas de crampones y púas metálicas que les permitieran escalar o caminar por las pendientes heladas más inclinadas. Estarían en una excelente forma física, por supuesto, y escalarían a discreción, trazando con cautela la ruta más segura hacia la cima. Nosotros tres escalábamos con ropa de calle, provistos únicamente de los toscos utensilios que habíamos podido inventar a partir de los materiales rescatados del avión. Teníamos el cuerpo maltrecho por meses de agotamiento físico, inanición y exposición al frío, y nuestras experiencias pasadas habían contribuido poco a prepararnos para esa actividad. Uruguay era un país cálido y llano, así que ninguno habíamos visto nunca auténticas montañas. Antes del accidente, Roberto y Tintín ni siquiera habían visto la nieve. Si hubiéramos sabido algo de alpinismo, nos hubiéramos dado cuenta de que ya estábamos condenados. Por suerte, no sabíamos nada, así que nuestra ignorancia nos dio una oportunidad.

Nuestra primera misión era elegir el camino para ascender por la ladera. Los escaladores profesionales hubieran divisado rápidamente una cresta que descendía sinuosamente desde la cumbre hasta el glaciar a menos de un kilómetro y medio al sur del lugar del accidente. Si hubiéramos sabido lo suficiente como para caminar hasta esa cresta y ascender por su larga y estrecha espina, hubiéramos encontrado un pavimento mejor, laderas de pendiente más suave y un camino más seguro y rápido hasta la cumbre. Nunca nos fijamos siquiera en esa cresta. Durante días me había fijado en el lugar donde el sol se ponía detrás de las cordilleras pero, creyendo que el mejor camino era el más corto, usamos ese punto para trazar un trayecto en línea recta hacia el oeste. Fue un error de principiante que nos obligaría a escalar penosamente por las laderas más escarpadas y peligrosas de la montaña.

Sin embargo, nuestro comienzo fue prometedor. La nieve en el flanco inferior de la montaña era firme y bastante plana, por lo que la suela de mis zapatillas de rugby se agarraba bien a la capa helada de nieve. Impulsado por un intenso subidón de adrenalina, ascendí rápidamente por la ladera y en poco tiempo me había adelantado cincuenta metros respecto a los demás; aunque pronto me vi obligado a bajar el ritmo. La ladera se había vuelto mucho más escarpada y parecía ganar pendiente a cada paso que daba, como una rueda de molino que aumenta constantemente su inclinación. El esfuerzo me dejó jadeando por la escasez de oxígeno en el aire y tuve que descansar, poniendo las manos en las rodillas, después de avanzar unos cuantos metros.

Pronto el sol brilló con la fuerza suficiente para calentarnos mientras escalábamos, pero también calentaba la nieve, con lo que pronto la firme superficie bajo mis pies empezó a perder vigor. A cada paso que daba, el pie traspasaba la fina capa helada y se hundía hasta la rodilla en la blanda y profunda masa de nieve que había debajo. Cada paso exigía ahora un esfuerzo extremo. Levantaba la rodilla casi hasta el pecho para limpiarme la bota de nieve, después avanzaba el pie hacia delante, desplazando el peso hacia él, y volvía a atravesar el hielo. A cada paso tenía que descansar, agotado. Al mirar hacia atrás, vi que los demás avanzaban también con gran dificultad. Me quedé mirando el sol en el cielo y me di cuenta de que habíamos esperado demasiado esa mañana para empezar el ascenso. La lógica nos decía que sería más inteligente escalar de día, así que habíamos esperado al amanecer; sin embargo, los expertos saben que el mejor momento para escalar son las horas anteriores al alba, antes de que el sol vuelva la montaña un terreno pastoso. La montaña nos estaba haciendo pagar por otro error de principiante. Me preguntaba qué otro craso error faltaba por cometer y a cuántos errores seríamos capaces de sobrevivir.

Finalmente, la corteza helada se derritió y tuvimos que escalar por pesadas masas blandas de nieve que a veces me llegaban hasta la cadera.

—¡Probémonos las raquetas de nieve! —grité.

Los demás asintieron, así que en un momento sacamos las raquetas de nieve artesanales de Fito y nos las enfundamos en los pies. Al principio nos fueron bien porque nos permitían escalar sin hundirnos en la nieve, pero el tamaño y el volumen de los cojines con que estaban confeccionadas nos hacía doblar las piernas al andar y a trazar anchos círculos con los pies para evitar que se cayeran, con un movimiento de lo más artificial. Para agravar la situación, el relleno y el tapizado se empaparon rápidamente con la nieve derretida. Exhausto como estaba, me sentía como si escalara la montaña con tapas de registro clavadas en los pies. Se me hundía velozmente la moral. Estábamos al borde del agotamiento y el ascenso de verdad ni siquiera había empezado.

La pendiente de la montaña se volvía cada vez más acusada y pronto llegamos a laderas con demasiada pendiente y demasiado azotadas por el viento como para retener masas de nieve. Aliviados, nos quitamos las raquetas, nos las atamos a la espalda y seguimos subiendo. A media mañana habíamos logrado avanzar hasta una altura de vértigo. El mundo a nuestro alrededor estaba formado más por cielo azul y sol que por roca y nieve. Literalmente, habíamos escalado hasta el cielo. La gran altitud y extensión de las vastas laderas me dejó aturdido con una sensación de incredulidad ilusa. La montaña caía con tanta pendiente detrás de mí que, cuando bajé la vista hacia donde estaban Tintín y Roberto, vi sólo el perfil de sus cabezas y hombros recortado contra seiscientos metros de cielo abierto. El ángulo de la ladera era tan agudo como el de una escalera de mano, pero ¡imagínate una escalera con la que pudieras subir a la luna! La cabeza me daba vueltas por la altura y enviaba espasmos y cosquilleos por el tendón de la corva y por la espina dorsal. Girarme para mirar atrás era como hacer una acrobacia en la repisa de la azotea de un rascacielos.

En laderas escarpadas y abiertas como ésas, donde la pendiente parece querer advertirte que te vayas de la montaña y cuesta encontrar buenos puntos de agarre, los expertos usarían arneses de seguridad atados a anclajes de acero clavados en la roca o el hielo y utilizarían crampones para sujetar con firmeza los pies a la montaña. No teníamos nada de eso para evitar salir volando por el vacío azul a nuestra espalda; sólo contábamos con la fuerza cada vez más débil de nuestros brazos, de nuestras piernas, de los dedos de las manos y de los congelados dedos de los pies. A pesar de que estaba aterrado, no podía negar la belleza del paisaje a mi alrededor: el cielo impecable, las montañas escarchadas y el brillante paisaje de nieve virgen en capas profundas. Todo era muy vasto, muy perfecto, muy silencioso y tranquilo; pero tras esa belleza también se ocultaba algo inquietante, algo primitivo, hostil y profundo. Miré hacia abajo, hacia el lugar del accidente. Desde esa altura el Fairchild era una simple mancha irregular en la prístina nieve. Me di cuenta de lo insensato y fuera de lugar que parecía estar, de lo intrínsecamente impropio que era. Todo lo que nos había pasado era impropio de ese lugar: la violencia y el alboroto de nuestra llegada, nuestro terrible sufrimiento, el ruido y la confusión de nuestra espeluznante lucha por sobrevivir. La vida no encajaba allí. Todo era una violación de la serenidad perfecta que había reinado durante millones de años. Lo había sentido la primera vez que contemplé ese lugar: habíamos alterado un equilibrio ancestral y el equilibrio debía restablecerse. Estaba en todo a mi alrededor, en el silencio, en el frío. Algo quería que volviera ese silencio perfecto; algo en la montaña quería que nos quedásemos quietos.

A última hora de la mañana habíamos escalado unos seiscientos metros desde el lugar del accidente y probablemente estábamos más o menos a cuatro mil doscientos metros sobre el nivel del mar. Ahora avanzaba centímetro a centímetro porque un intenso dolor de cabeza me oprimía el cráneo como un anillo de hierro. Notaba los dedos hinchados y torpes y me pesaban las piernas por el cansancio. El más mínimo esfuerzo (subir la cabeza, girarme para hablar con Roberto) me dejaba jadeando como si acabara de correr un kilómetro pero, por muy profundamente que respirara, no podía llenar los pulmones. Sentía como si inspirara el aire a través de un trozo de fieltro.

En ese momento no lo podría haber supuesto, pero sufría los efectos de la gran altitud. El estrés fisiológico de escalar inhalando aire sin oxígeno es uno de los grandes peligros a los que se enfrentan los escaladores. El mal de altura, que suele aparecer en zonas por encima de los dos mil cuatrocientos metros, puede causar diversos síntomas debilitadores, como dolor de cabeza, fatiga intensa y mareo. Por encima de los tres mil seiscientos, este trastorno puede provocar edema cerebral y pulmonar, que puede causar una lesión cerebral permanente y una muerte rápida. Cuando se está a mucha altitud cuesta escapar a los efectos de un mal de altura de grado leve a moderado, pero el trastorno se agrava si se asciende rápido. Los expertos recomiendan que los escaladores no suban más de trescientos metros al día, un ritmo que permite que el cuerpo se acostumbre a la escasez de oxígeno en el aire. Habíamos ascendido en dos ocasiones en una sola mañana y no hacíamos más que empeorar la situación al seguir subiendo cuando nuestros cuerpos necesitaban desesperadamente tiempo para descansar.

En consecuencia, mi cuerpo, privado de oxígeno, luchaba por hacer frente al aire enrarecido que había. La frecuencia cardíaca se me disparó y la sangre se me espesó en las venas (la forma que tiene el cuerpo de conservar el oxígeno en el torrente sanguíneo y de enviarlo con más rapidez a los órganos y tejidos vitales). La frecuencia respiratoria se aceleró al borde de la hiperventilación y, dada toda la humedad que perdía al expulsar el aire, me deshidrataba a un ritmo vertiginoso. Se necesitan grandes cantidades de agua para mantenerse correctamente hidratado en las alturas, por lo que los escaladores profesionales usan hornillos de gas portátiles en los que derriten la nieve y engullen litros de líquidos todos los días. Para nosotros, la única fuente de líquidos era la nieve, que tragábamos a puñados o que derretíamos en la botella de cristal que llevábamos en una de las mochilas. Sin embargo, no era suficiente. La deshidratación consumía con rapidez nuestras fuerzas y escalamos con una sensación de sed constante y sofocante.

Tras cinco o seis horas de ascenso en durísimas condiciones, habíamos subido aproximadamente setecientos sesenta metros pero, a pesar de todos nuestros esfuerzos, la cima no parecía estar más cerca. Se me cayó el alma al suelo al calcular la gran distancia que había hasta la cumbre y me di cuenta de que todos y cada uno de mis atormentados pasos no me acercaban más de cuarenta centímetros. Vi con una claridad brutal que habíamos emprendido una misión inhumana. Abrumado por el miedo y por una sensación de futilidad, sentí la apremiante necesidad de dejarme caer sobre las rodillas y quedarme allí. Entonces oí de nuevo la serena voz en mi cabeza, la voz que me había tranquilizado en tantas situaciones críticas. Sin embargo, esta vez la voz sonaba distinta, más enérgica y familiar. Antes la había oído siempre por encima de una maraña de pensamientos frenéticos y temerosos; ahora mi mente estaba sosegada cuando habló. La voz se había impuesto y me di cuenta por fin de que era la voz de mi más profundo subconsciente, que se había convertido en mi propia voz. Cuando esa voz interna me habló, supe lo que debía hacer. Me estaba ahogando en las distancias, tenía que reducir la escala de la montaña. En la ladera frente a mí había una gran roca. Decidí que me olvidaría de la cima y convertiría la roca en mi única meta. Caminé pesadamente hacia ella pero, al igual que la cumbre, parecía apartarse de mí conforme escalaba. Sabía que me estaba dejando engañar por la gran escala de referencia de la montaña. Sin nada que me diera una perspectiva en esas vastas y vacías laderas (sin casas, sin gente y sin árboles), una roca que parecía ser de tres metros de ancho y estar a cien metros podría ser en realidad diez veces más grande y estar a más de un kilómetro. Aun así, subí en dirección a la roca sin descansar y, cuando finalmente llegué hasta ella, elegí otra meta y volví a seguir el mismo proceso.

Escalé así durante horas, concentrándome totalmente en un objetivo (una roca, una sombra o una ondulación rara en la nieve) hasta que la distancia que me separaba de él se convertía en todo lo que importaba en el mundo. Los únicos sonidos que oía eran mi propia respiración laboriosa y el crujido rítmico de mis zapatos en la nieve. Pronto empecé a seguir un ritmo automático y entré en trance. En algún lugar de mi mente seguía añorando a mi padre, seguía sufriendo por la fatiga, seguía preocupado por que nuestra misión fuera un fracaso, pero ahora esos pensamientos parecían silenciados y secundarios, como la voz que sale de una radio desde otra habitación.

Paso-impulso, paso-impulso. No importaba nada más. A veces me prometía que descansaría al alcanzar la próxima meta, pero nunca mantuve mi promesa. El tiempo se consumía, las distancias menguaban y la nieve parecía deslizarse bajo mis pies. Era como una locomotora traqueteando pesadamente por la ladera. Era una locura a cámara lenta. Mantuve el paso hasta que me hube alejado de Roberto y Tintín, que tuvieron que gritar para detenerme. Les esperé descansando sobre el saliente plano de una roca. Cuando llegaron hasta mí, comimos carne y derretimos nieve para beber. Ninguno de nosotros tenía gran cosa que decir, todos sabíamos el tipo de problema en el que nos habíamos metido.

—¿Aún crees que podemos lograrlo antes de que anochezca? —preguntó Roberto mientras miraba hacia la cima.

Me encogí de hombros.

—Deberíamos buscar un lugar donde acampar. La temperatura bajará mucho después de que se ponga el sol. Si no encontramos refugio, nos congelaremos antes de que amanezca.

Miré abajo hacia el lugar del accidente. Aún podía distinguir las diminutas siluetas de nuestros amigos que nos observaban desde los asientos que habían sacado fuera del fuselaje. Me preguntaba cómo se verían las cosas desde su perspectiva. ¿Sabrían lo muchísimo que nos estábamos dejando la piel? ¿Sus esperanzas estarían empezando a desvanecerse? Si en algún momento dejábamos de movernos, ¿cuánto tiempo esperarían a que volviéramos a movernos? ¿Y qué harían si no lo hacíamos? Estas ideas me venían a la mente como si fueran observaciones frías y distantes. Ya no sentía un vínculo emocional con los chicos de allí abajo. Les deseaba lo mejor, pero mi mundo había cambiado desde que dejé el lugar del accidente. Ahora estaba atrapado en un universo solitario: la camaradería, la misericordia y el sentido de responsabilidad por el destino de los demás se habían esfumado de mi mente dejando lugar a un auténtico y primitivo miedo a morir y a una concentración exclusiva en mi supervivencia. Tintín y Roberto eran mis compañeros en esa batalla, pero no estaban realmente conmigo, del mismo modo que yo no estaba con ellos. En una sola mañana, la montaña me había enseñado una dura lección: al final, la batalla por la supervivencia se lucha en solitario.

Roberto se puso en pie y alzó su mochila.

—¿Qué hemos hecho para merecernos esto? —murmuró.

Alcé la vista hacia la montaña, buscando un acantilado o una roca grande que nos ofreciera cobijo para pasar la noche. No vi más que un manto plano e interminable de nieve.

Mientras ascendíamos laboriosamente por la montaña, ese manto de nieve dio paso a un paisaje aún más arduo. Ahora las rocas sobresalían de la nieve, algunas de ellas enormes e imposibles de escalar. Los cerros descomunales y los salientes que había por encima de nosotros nos impedían ver la ladera a lo lejos y tuve que elegir el camino basándome en el instinto. A menudo hacía una mala elección y me encontraba atrapado bajo un saliente impracticable o en la base de una pared vertical de roca, entonces solía retroceder lentamente sobre mis pasos o recular un poco en diagonal por la ladera para buscar un nuevo camino. A veces no tenía más remedio que seguir insistiendo.

A primera hora de la tarde llegó un punto en que el camino quedó bloqueado por una pendiente sumamente inclinada y cubierta de nieve. Pude ver una plataforma rocosa plana en el extremo superior más alejado. A menos que pudiera escalar la pendiente en diagonal y llegar hasta esa angosta cama, tendría que retroceder. Eso nos llevaría horas y, dado que la puesta de sol se acercaba a cada minuto, supe que no había otra opción que escalar. Me volví hacia Tintín y Roberto, que esperaban a ver lo que haría yo. Estudié la pendiente. La ladera era escarpada y lisa y no había nada a lo que agarrarse con las manos. Sin embargo, la nieve parecía lo suficientemente estable. Tuve que clavar los pies en el suelo y mantener el cuerpo inclinado hacia delante mientras ascendía. Todo era cuestión de equilibrio.

Empecé a escalar por la pared congelada, clavando la punta de los zapatos en la nieve y apretando el pecho contra la ladera para evitar caer hacia atrás. El suelo era firme, así que, con gran cautela, avancé poco a poco hacia el saliente de roca y trepé hasta la parte llana. Hice señales con la mano a Tintín y Roberto.

—Seguid mis pasos —grité—. Tened cuidado, hay mucha pendiente.

Les di la espalda y empecé a subir por las laderas encima de mí.

Al cabo de un rato eché la vista atrás y vi que Roberto había superado la pendiente. Ahora le tocaba el turno a Tintín. Empecé a escalar de nuevo pero, cuando había ascendido unos veinticinco metros, un grito aterrador resonó en las montañas.

—¡Estoy bloqueado! ¡No puedo hacerlo!

Al girarme, vi a Tintín congelado en medio de la pendiente.

—¡Vamos, Tintín! —grité—. ¡Puedes hacerlo!

—No me puedo mover —dijo, negando con la cabeza.

—¡Es la mochila! —contestó Roberto—. Pesa demasiado.

Roberto tenía razón. El peso de la mochila de Tintín, que llevaba en lo alto de la espalda, lo empujaba hacia atrás. Trataba de recuperar el equilibrio hacia delante pero no tenía nada a qué agarrarse y la mirada en su rostro me decía que no resistiría mucho tiempo. Desde mi ventajoso punto de vista podía ver el vertiginoso barranco tras él y sabía qué pasaría si Tintín se caía. Primero se alejaría de nosotros durante mucho rato, cayendo por el aire enrarecido, entonces chocaría con la ladera o con un saliente, y bajaría tambaleándose por la montaña como una muñeca de trapo hasta que una loma de nieve o un peñasco escarpado detuvieran su cuerpo maltrecho.

—¡Aguanta, Tintín! —grité.

Roberto estaba en el borde de la plataforma rocosa por encima de la pendiente, tendiéndole la mano a Tintín, que estaba abajo. No llegaba por centímetros.

—¡Sácate la mochila! —ordenó—. Dámela.

Tintín se sacó la mochila con cuidado, esforzándose por mantener el equilibrio mientras se quitaba poco a poco las tiras de los brazos y se la daba a Roberto. Sin el peso de la mochila, Tintín pudo recuperar el equilibrio y escalar con seguridad por la pendiente. Al llegar al borde de la plataforma rocosa, se desplomó sobre la nieve.

—No puedo seguir —dijo—. Estoy demasiado cansado. No puedo ni levantar las piernas.

A pesar del agotamiento y el miedo que revelaba la voz de Tintín, yo sabía que debíamos escalar hasta que encontráramos un cobijo para descansar durante la noche, así que seguí avanzando, no dejando a los demás otra opción que seguirme. Mientras ascendía, examiné las laderas en todas las direcciones, pero las montañas eran tan rocosas y escarpadas que no había un lugar seguro para extender el saco de dormir. Ya era última hora de la tarde, el sol se había metido detrás de las cordilleras occidentales y las sombras avanzaban por las laderas. La temperatura empezó a bajar. En el lugar del accidente, allá abajo, vi que nuestros amigos se habían refugiado en el fuselaje para huir del frío. Se me hizo un nudo de pánico en la garganta mientras escudriñaba frenéticamente las laderas en busca de un lugar seguro y llano para pernoctar.

Ya en el crepúsculo, escalé por un alto saliente de roca para obtener una perspectiva mejor. Mientras escalaba, metí el pie derecho en una pequeña grieta en la roca y estiré la mano izquierda para agarrarme a la punta de una piedra grande que sobresalía de la nieve. Aunque la piedra parecía segura, cuando me impulsé hacia arriba, una piedra del tamaño de una bola de cañón se desprendió y cayó a toda velocidad por mi lado.

—¡Cuidado! ¡Cuidado ahí abajo! —grité.

Bajé la vista hacia Roberto. No hubo tiempo para reaccionar. Sus ojos se abrieron como platos mientras esperaba el impacto de la roca, que no le dio en la cabeza por centímetros. Tras un rato de aturdido silencio, Roberto me miró con ira.

—¡Qué hijo de puta! ¡Qué hijo de puta! —gritó—. ¿Es que intentas matarme? ¡Ten cuidado! ¿Qué demonios haces?

Entonces se cayó y se inclinó hacia delante. Cuando le empezaron a temblar los hombros, me di cuenta de que estaba llorando. Al oír sus sollozos, sentí una punzada de impotencia tan aguda que pude notarla en la lengua. Entonces me invadió una ira repentina imposible de ser expresada.

—¡Maldita sea! ¡Maldita sea todo esto! —murmuré—. ¡Ya he tenido bastante! ¡Ya he tenido bastante!

Sólo deseaba que se acabara todo. Quería descansar. Hundirme en la nieve. Tumbarme quieto y en silencio. No puedo recordar que pensara en otra cosa, así que ignoro lo que me llevó a seguir adelante pero, una vez que Roberto se hubo calmado, empezamos a escalar de nuevo en medio de la tenue luz. Finalmente encontré una depresión superficial en la nieve debajo de un gran peñasco. El sol había calentado el peñasco todo el día y el calor que irradiaba la piedra había fundido la nieve creando un hueco compacto debajo de ella. Era angosto y tenía el suelo muy inclinado hacia abajo de la ladera, pero nos protegería del frío y del viento nocturnos. Colocamos los cojines de asiento en el suelo del hueco para aislarnos del frío y extendimos el saco de dormir sobre las almohadillas. Nuestras vidas dependían del saco y del calor corporal que pudiera mantener, pero al estar cosido toscamente con alambre de cobre, era frágil, así que lo tratamos con mucho cuidado y, para evitar que se desgarrasen las costuras, nos quitamos los zapatos antes de deslizarnos dentro.

—¿Habéis hecho pis? —preguntó Roberto mientras me metía en el saco—. No podemos estar saliendo y entrando en el saco toda la noche.

Me reconfortaba que Roberto volviera a ser el mismo gruñón de siempre.

—Yo ya he orinado —respondí—. ¿Y tú? No quiero que te hagas pis en el saco.

Roberto resopló mirándome.

—Si alguien se orina en el saco serás tú. Y ten cuidado con esos pies grandes.

Cuando los tres estuvimos dentro del saco, tratamos de ponernos cómodos, pero el suelo era demasiado duro y a la vez tan inclinado que estábamos casi de pie, con la espalda apretada contra la montaña y los pies sujetos contra el borde del hueco que quedaba montaña abajo. Aunque todos estábamos agotados, yo estaba demasiado asustado y tenía demasiado frío como para relajarme.

—Roberto —dije—, tú que estudias Medicina, ¿cómo se muere de agotamiento? ¿Duele o simplemente te dejas arrastrar?

La pregunta pareció molestarle.

—¿Qué importa cómo mueres? Te mueres y eso es lo único que importa.

Estuvimos en silencio durante un largo rato. El cielo de color negro azabache estaba salpicado de miles de millones de estrellas brillantes, todas ellas de una claridad inimaginable y rutilantes como un punto de fuego. A la altitud que estaba, sentía que podía alargar el brazo y tocarlas. En otro momento y lugar me hubiera quedado anonadado por toda esa belleza, pero allí sólo me pareció una descomunal demostración de fuerza. El mundo me enseñaba lo diminuto que yo era, lo débil e insignificante que era. Lo efímero que era. Escuché mi propia respiración, recordándome que mientras inspirara y espirara significaba que seguía con vida. Me prometí no pensar en el futuro. Viviría el momento presente, de respiración en respiración, hasta que hubiera consumido toda la vida que tenía.

La temperatura bajó tanto esa noche que la botella de agua que llevábamos se resquebrajó. Acurrucados dentro del saco de dormir, nos protegimos de la congelación, pero aun así sufrimos espantosamente. Por la mañana pusimos los zapatos helados al sol y descansamos en el saco hasta que se calentaron. Entonces, después de comer y recoger los bártulos, nos dispusimos a escalar de nuevo. El sol brillaba. Era otro día perfecto.

En ese momento escalábamos por encima de los cuatro mil quinientos metros y, a cada metro, la inclinación de la montaña se hacía cada vez más vertical. Las laderas abiertas se estaban volviendo imposibles de escalar, así que empezamos a abrirnos paso por el borde rocoso de los sinuosos *couloirs*, los cañones escarpados y con precipicios que cortaban la ladera de la montaña. Los escaladores profesionales saben que los cañones pueden ser zonas sumamente peligrosas, ya que su forma los convierte en conductos donde se recogen todas las rocas que se desploman montaña abajo, pero la nieve compacta en su interior nos permitía andar bien por ellos y las altas paredes rocosas que los bordeaban nos daban un punto de agarre firme.

A veces, sin embargo, un lado del cañón nos llevaba hasta un punto impracticable. Entonces cruzaba con dificultad por el centro cubierto de nieve del cañón hasta llegar al otro lado. Mientras ascendíamos por los cañones, noté que cada vez me preocupaba más por el vacío letal que había a mis espaldas. Tal vez era la altitud que me aturdía, tal vez era la fatiga o un engaño de mi cerebro privado de oxígeno, pero sentía que el vacío a mis espaldas ya no era un peligro pasivo. Ahora lo veía allí presente y conocía sus perversas intenciones, y sabía que, si no resistía con todas mis fuerzas, acabaría arrancándome de la montaña y me arrojaría por la ladera. La muerte me llamaba dándome golpecitos en el hombro y el mero hecho de pensar en ello me volvía lento y me hacía vacilar. Comprobaba dos veces cada movimiento y había perdido la fe en aguantar el equilibrio. Me di cuenta con una amarga lucidez que allí no había segundas oportunidades, no había margen de error. Un resbalón, un despiste, una decisión desacertada, me llevarían cabeza abajo por la ladera. La atracción hacia el vacío era constante. Me quería, y lo único que me mantenía alejado de él era mi propia habilidad. Mi vida se había convertido en un sencillo juego —escala bien y vivirás, tropieza y morirás— y mi mente se había contraído tanto que ya no había espacio para pensar en nada más que en un estudio detallado y exhaustivo de la roca a la que me dirigía o el reborde en el que iba a poner el pie. Nunca me había concentrado tanto. Mi mente nunca había experimentado una conexión tan íntima con mi propia naturaleza animal, o con un propósito tan auténtico y simple.

«Pon el pie izquierdo allí. Sí, ese reborde te aguantará. Ahora, extiende la mano izquierda hacia la grieta de esa piedra. ¿Es firme? Bien. Sube. Ahora pon el pie derecho en ese reborde. ¿Es seguro? Mantén el equilibrio. ¡Cuidado con el hielo!»

Me olvidé de mí mismo en medio de mi intensa concentración, olvidé mis miedos y mi fatiga y, durante un rato, sentí como si todo lo que había sido hubiera desaparecido y no quedase más que el puro deseo de escalar. Fue un momento de autosugestión animal.

Nunca había sido capaz de tanta concentración, ni había tenido un impulso tan fuerte, ni me había sentido tan ferozmente vivo. Durante aquellos sorprendentes momentos se acabó mi sufrimiento y la vida simplemente fluía. Sin embargo, no duró demasiado: el miedo y el agotamiento volvieron pronto y escalar se convirtió de nuevo en una experiencia penosa. Habíamos llegado a un punto muy alto de la montaña, por lo que la altura hacía pesados mis movimientos y ralentizaba mi mente. Las laderas se habían vuelto casi verticales, así que eran más difíciles de escalar que nunca, pero me dije a mí mismo que la inclinada pendiente sólo podía significar que nos acercábamos a la cima. Para tranquilizarme, me imaginé la escena que vería desde la cumbre tal como la había imaginado en numerosas ocasiones: las onduladas colinas se abrían y dejaban paso a campos de cultivo verdes y marrones, las carreteras conducían a un lugar seguro y en algún lugar había una cabaña o una granja...

No puedo decir cómo seguimos ascendiendo. Yo temblaba convulsivamente por el frío y la fatiga y mi cuerpo estaba a punto de desmoronarse totalmente y mi mente sólo podía pensar en cosas muy simples. Entonces, a lo lejos, por encima de mí, vi el perfil de un cerro inclinado con un relieve bien definido contra el fondo azul claro del cielo, y no había ninguna montaña por encima de él. ¡La cumbre!

—¡Lo hemos conseguido! —grité, y con las pilas recargadas trepé hasta el cerro.

Sin embargo, cuando me impulsé por su reborde, el cerro dio paso a una llana plataforma rocosa de varios metros de ancho, por encima de la cual la montaña se erigía de nuevo. Era el ángulo escarpado de la ladera lo que me había engañado. Era tan sólo otro engaño de la montaña, una cima falsa. Y no fue el último. Nos pasamos la tarde enfrentándonos a una cima falsa detrás de otra hasta que, mucho antes de que se pusiera el sol, encontramos un cobijo y decidimos establecer el campamento.

Esa noche, mientras estábamos tumbados en el saco de dormir, Roberto se mostró malhumorado.

—¿Moriremos si seguimos escalando? —dijo—. La montaña es demasiado alta.

—¿Qué más podemos hacer aparte de escalar? —pregunté.

—Regresar —contestó. Durante un instante se quedó mudo.

—¿Regresar y esperar a morirnos? —inquirí.

Negó con la cabeza.

—¿Ves allí esa línea oscura en la montaña? Creo que es una carretera —dijo Roberto, señalando una cordillera montañosa a kilómetros de distancia, al otro lado de un amplio valle.

—No sé —respondí—. Parece una especie de fractura en la roca.

—Nando, ves muy mal —espetó—. ¡Te digo que es una carretera!

—¿Qué estás pensando? —pregunté.

—Creo que deberíamos regresar y seguir por esa carretera. Debe de llevar a alguna parte.

Eso era lo último que quería oír. Desde el instante en que nos habíamos marchado del fuselaje, me habían atormentado en secreto las dudas y los temores («¿Hacemos lo correcto? ¿Qué ocurre si el campo chileno no está justo al otro lado de la montaña?»). El plan de

Roberto parecía una locura, pero me obligaba a considerar otras opciones y no tenía ganas de hacerlo en ese momento.

—Esa montaña debe de estar a cuarenta kilómetros —dije—. Si andamos hasta allí y, tras escalar hasta la línea negra y nos damos cuenta de que es sólo una capa de pizarra, no tendremos fuerzas para regresar.

—Es una carretera, Nando, ¡estoy seguro!

—Tal vez sí, tal vez no —respondí—. Lo único que sabemos seguro es que hacia el oeste está Chile.

Roberto frunció el ceño.

—Eso lo llevas diciendo meses, pero nos romperemos el pescuezo antes de llegar hasta allí.

Roberto y yo discutimos acerca de la carretera durante horas. Cuando nos acomodamos para dormir, supe que el tema todavía no estaba resuelto. Me levanté por la mañana con otro día de cielo despejado.

—Hemos tenido suerte con el tiempo —dijo Roberto, que seguía dentro del saco de dormir.

—¿Qué has decidido? —le pregunté—. ¿Vas a regresar?

—No estoy seguro —reconoció—. Necesito pensar.

—Yo voy a escalar —dije—, quizá llegaremos pronto a la cima.

Roberto asintió.

—Dejad aquí las mochilas —contestó—. Esperaré a que regreséis.

Asentí. La idea de proseguir sin Roberto me aterraba, pero ya no tenía intención de dar marcha atrás. Esperé a que Tintín recogiera sus bártulos y después nos dirigimos a la ladera y empezamos el ascenso. Tras pasar horas avanzando lentamente, nos vimos atrapados en la base de un precipicio que se erigía a cientos de metros por encima de nosotros. Sus paredes eran casi verticales y estaban cubiertas de nieve compacta.

—¿Cómo escalaremos esto? —preguntó Tintín.

Examiné la pared. Aunque me costaba pensar, pronto me acordé del palo de aluminio para andar que llevaba atado a la espalda.

—Necesitamos una escalera —dije.

Saqué el palo que llevaba a la espalda y empecé a tallar peldaños en la nieve con su afilada punta. Usando los peldaños a modo de escalera seguimos ascendiendo. Fue una tarea sumamente penosa, pero la llevé a cabo sin vacilar con la persistencia ciega de un animal de granja, lo cual nos permitió subir poco a poco, de peldaño en peldaño. Tintín me seguía. Yo sabía que él estaba asustado, pero nunca se quejó. En cualquier caso, yo apenas era consciente de su presencia porque estaba completamente concentrado en la tarea que tenía entre manos: cavar, subir, cavar, subir. A veces tenía la sensación de que escalábamos por el escarpado costado de un rascacielos helado y, aunque me costaba mucho mantener el equilibrio mientras cavaba, ya no me preocupaba por el vacío a mis espaldas. Lo respetaba, pero había aprendido a tolerar su presencia. El ser humano, como he dicho antes, se acostumbra a todo.

El hecho de subir por la montaña centímetro a centímetro fue un proceso agonizante y las horas pasaban muy lentamente. A última hora de la mañana vi un trozo de cielo azul por encima de un perfil montañoso y avancé hacia él. Después de tantas cimas falsas había aprendido a mantener la esperanza a raya, pero esta vez, conforme escalaba por el reborde de la montaña, la ladera se volvió plana y me vi a mí mismo de pie en un sombrío montículo de roca y nieve azotado por el viento. Empecé a darme cuenta poco a poco de que no había más montañas por encima de mí. Había alcanzado la cima.

No recuerdo si sentí alegría o satisfacción en ese momento. Si así fue, este sentimiento se desvaneció tan pronto como eché un vistazo a mi alrededor. La cima me ofrecía una vista ininterrumpida de la creación de trescientos sesenta grados. Desde allí podía ver cómo el horizonte rodeaba el mundo como si fuera el borde de un cuenco descomunal y, en todas direcciones, hasta el lejano azul celeste del horizonte, el cuenco estaba abarrotado de legiones de montañas cubiertas de nieve, todas ellas tan escarpadas y amenazadoras como la que acabábamos de escalar. Comprendí de inmediato que el copiloto del Fairchild se había equivocado totalmente. No habíamos pasado Curicó, sino que estábamos en alguna parte cerca de los límites occidentales de los Andes. El avión había caído en algún lugar en medio de la vasta cordillera.

Ignoro cuánto tiempo me quedé allí de pie mirando. Un minuto. Tal vez dos. Me quedé inmóvil hasta que noté una ardiente presión en los pulmones y me di cuenta de que me había olvidado de respirar. Inspiré. Mis pulmones parecieron volverse elásticos y me caí al suelo. Blasfemé contra Dios y clamé mi ira hacia las montañas. La verdad estaba ante mis ojos: a pesar de todo mi esfuerzo, de todas mis esperanzas y de todas las promesas que me había hecho a mí mismo y a mi padre, todo acabaría así. Todos moriríamos en esas montañas. Nos hundiríamos en la nieve, el silencio ancestral se cerniría sobre nosotros y nuestros seres queridos no sabrían nunca lo mucho que habíamos luchado por regresar junto a ellos.

En ese momento, todos mis sueños, mis suposiciones y mis esperanzas se evaporaron en el aire enrarecido de los Andes. Siempre había creído que la vida era lo real, lo natural, y que la muerte era simplemente el final de la vida. Ahora, en ese lugar inerte, vi con una claridad tremenda que la muerte era la constante, la base, y que la vida era sólo un sueño frágil y breve. Ya estaba muerto. Había nacido muerto y lo que creía que era mi vida era tan sólo un juego al que la muerte me dejaba jugar mientras me esperaba. Desesperado, sentí la intensa y repentina necesidad de notar el cariño de mi madre y de mi hermana, el abrazo afectuoso y fuerte de mi padre. El amor por mi padre se intensificó en mi corazón y me di cuenta de que, a pesar de lo irremediable de mi situación, su recuerdo me llenaba de alegría. Me asombró que las montañas, a pesar de todo su poder, no fueran más fuertes que el apego por mi padre. No podían acabar con mi capacidad de amar. Sentí un instante de tranquilidad y claridad y, en ese estado de lucidez mental, descubrí un secreto sencillo pero asombroso: la muerte tenía un antagonista, si bien no se trataba simplemente de la vida. Tampoco se trataba del coraje, ni de la fe, ni de la voluntad humana, sino de lo contrario a la muerte: el amor. ¿Cómo había podido pasarlo por alto? ¿Cómo podía alguien obviarlo? El amor es nuestra única arma. Sólo el amor puede convertir una simple vida en un milagro y extraer un valioso significado del sufrimiento y el miedo. Durante un breve y mágico momento, todos mis terrores se desvanecieron y me di cuenta de que no dejaría que la muerte me controlara. Recorrería andando el desolado territorio que me separaba de casa con el corazón lleno de amor y esperanza. Caminaría hasta agotar el último ápice de vida y cuando cayera, moriría mucho más cerca de mi padre. Estas ideas me daban fuerza, así que, con una esperanza renovada, empecé a buscar caminos por entre las montañas. Pronto oí la voz de Tintín, que me llamaba desde más abajo de la ladera.

—¿Ves algo verde, Nando? —gritó—. ¿Ves algo verde?

—Todo saldrá bien —le dije—. Dile a Roberto que suba y que lo vea por sí mismo—. Mientras esperaba a que Roberto subiera, saqué una bolsa de plástico y el pintalabios de mi mochila. Usando el pintalabios a modo de lápiz, escribí las palabras MONTE SELER en la bolsa y la guardé bajo una roca. «Esta montaña era mi enemigo —pensé— y ahora se la regalo a mi padre. Pase lo que pase, al menos me voy con esto.»

Roberto tardó tres horas en subir por los peldaños. Miró a su alrededor durante unos segundos, negando con la cabeza.

—Bien, estamos acabados —dijo desganado—. No tenemos fuerzas para escalar de nuevo.

—Debe de haber un paso entre las montañas —contesté—. ¿Ves que allí, a lo lejos, hay dos picos más pequeños sin nieve? Quizá las montañas se acaben allí. Creo que deberíamos ir en esa dirección.

Roberto negó con la cabeza.

—Debe de estar a ochenta kilómetros —dijo—. ¿Y quién sabe qué habrá más lejos una vez lleguemos hasta ellas? ¿Cómo podremos andar hasta allí en nuestro estado?

—Mira hacia abajo —dije—. Hay un valle en la base de esta montaña. ¿Lo ves?

Roberto asintió. El valle serpenteaba por las montañas durante kilómetros, siguiendo la dirección de los dos picos más bajos. Cuando se aproximaba a las montañas de menor tamaño, se bifurcaba. Perdimos de vista las dos ramificaciones del valle, que avanzaban sinuosamente tras unas montañas mayores, pero estaba seguro de que el valle nos llevaría a donde necesitáramos ir.

—Una de las ramificaciones debe de llevar hacia las montañas pequeñas —dije—. Chile está allí, simplemente, está un poco más lejos de lo que pensábamos.

—Está demasiado lejos —contestó, frunciendo el ceño—. Nunca lo conseguiremos. No tenemos suficiente comida.

—Podríamos enviar a Tintín de vuelta —propuse—. Con su

comida y con la que nos queda a nosotros, podríamos aguantar veinte días sin problemas.

Roberto se dio la vuelta y fijó la vista en el este. Sabía que estaba pensando en la carretera. Yo volví a mirar hacia el oeste y me desanimé sólo de pensar en tener que caminar por todo ese territorio inhóspito yo solo.

Estábamos de vuelta en el campamento a última hora de la tarde. Mientras cenábamos juntos, Roberto se dirigió a Tintín.

—Mañana por la mañana vamos a enviarte de vuelta —dijo—. El viaje será más largo de lo que teníamos previsto y vamos a necesitar tu comida. En cualquier caso, dos pueden avanzar más rápido que tres.

Tintín asintió mostrando su aceptación, los ojos le brillaban de alivio.

Por la mañana, Roberto me había dicho que había decidido quedarse conmigo. Abrazamos a Tintín y le enviamos de bajada por la montaña.

—Recuerda —le dije cuando se alejaba de nosotros— que siempre nos dirigiremos hacia el oeste. Si vienen los equipos de rescate, envíales a buscarnos.

Descansamos durante todo el día a fin de prepararnos para la caminata que teníamos por delante. A última hora de la tarde comimos algo de carne y nos introdujimos en el saco de dormir. Esa tarde, cuando el sol se deslizó por detrás de la cordillera por encima de nosotros, los Andes resplandecieron con la puesta de sol más espectacular que he visto jamás. El sol daba un brillante tono dorado a las montañas y el cielo por encima de ellas estaba iluminado con remolinos de color carmesí y lavanda. Me vino a la mente que Roberto y yo éramos probablemente los primeros seres humanos que veíamos aquella exhibición de majestuosidad. Sentí una involuntaria sensación de privilegio y gratitud, como hacen a menudo los hombres cuando se les obsequia con el placer de contemplar una de las maravillas de la naturaleza, pero sólo duró un instante. Después de todas mis experiencias en la montaña, era consciente de que toda esa belleza no era para mí. Los Andes habían representado ese espectáculo durante millones de años, mucho antes de que los humanos pusieran un pie en la Tierra, y seguiría haciéndolo después de que nos hubiéramos ido. Mi vida o mi muerte no suponían una gran diferencia. El sol se seguiría poniendo, la nieve seguiría cayendo...

—Roberto —dije—, ¿puedes imaginarte lo hermoso que sería esto si no estuviéramos muertos?

Noté cómo me apretaba la mano. Era la única persona que entendía la magnitud de lo que habíamos hecho y de lo que nos quedaba por hacer. Yo sabía que estaba tan asustado como yo, pero nuestra proximidad me daba fuerza. Ahora estábamos unidos como hermanos, nos obligábamos a sacar lo mejor de nosotros mismos.

Por la mañana subimos hacia la cumbre por los peldaños excavados. Roberto se quedó de pie junto a mí. Vi el miedo reflejado en sus ojos, pero también vi su coraje, por lo que al instante le perdoné todas las semanas de arrogancia y obstinación.

—Tal vez estemos caminando hacia la muerte —dije—, pero prefiero andar hacia la muerte que esperar a que venga a por mí.

Roberto asintió.

—Tú y yo somos amigos, Nando —contestó—. Hemos pasado muchas cosas juntos. Muramos juntos.

Caminamos hacia el extremo occidental de la cima, avanzamos poco a poco por el reborde e iniciamos el descenso.

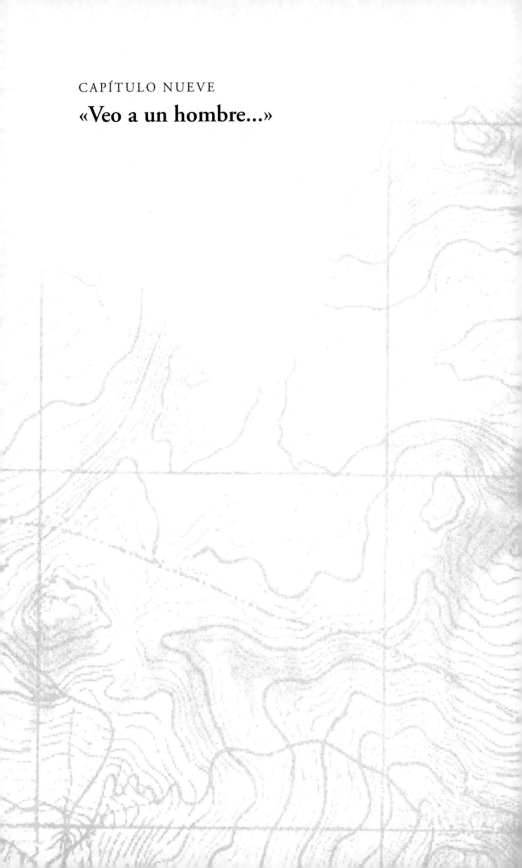

CAPÍTULO NUEVE

«Veo a un hombre...»

Las cotas más altas de la cara occidental de la montaña estaban cubiertas de nieve y eran extremadamente escarpadas, y la vista que había hacia abajo, una vista que ningún otro ser humano había contemplado jamás, era espeluznante. La pendiente acusada de las laderas y la vertiginosa altura —habíamos ido descendiendo hacia las nubes— me despojaron de todo mi coraje y tuve que obligarme a seguir avanzando. Cuando salimos de la cumbre y empezamos a bajar lentamente me di cuenta de inmediato que el descenso por la montaña sería aún más aterrador que el ascenso. Escalar una montaña es una lucha, un ataque, y cada paso que das en sentido ascendente es una pequeña victoria frente a la fuerza de la gravedad. El descenso, sin embargo, se parece más a la rendición. Ya no luchas contra la gravedad, sino que tratas de hacer un pacto con ella y, mientras bajas con cuidado de un traicionero apoyo para el pie a otro, sabes que a la mínima oportunidad la montaña te arrojará hacia el vacío azul del cielo. Mientras recorría lentamente los primeros metros de bajada desde la cima, no podía evitar refunfuñar incrédulo.

—¡Carajo! Estoy muerto. ¿Qué hacemos aquí?

Aunque me costó un gran esfuerzo encontrar el coraje necesario, lo hice, y empecé a descender con cautela por las pendientes escarpadas en lo más alto de la montaña. Puesto que las laderas estaban demasiado inclinadas como para aguantar la nieve y el viento había azotado la montaña hasta convertirla en una roca pelada, bajamos centímetro a centímetro, agarrándonos a los rebordes de las piedras que sobresalían del suelo y metiendo las botas en los huecos que había entre las rocas pequeñas. A veces caminábamos como cangrejos por la ladera, de espaldas a la montaña, y en otras ocasiones descendíamos de cara. Cada paso era traicionero, ya que las piedras que parecían estar sujetas firmemente a la montaña se rompían bajo nuestros pies y teníamos que buscar algo sólido a lo que aferrarnos. Sin ninguna experiencia que guiara nuestro descenso, carecíamos de capacidad de previsión y éramos incapaces de planificar la ruta más segura para bajar por la montaña. Sólo pensábamos en sobrevivir al siguiente paso y a veces nuestro azaroso camino nos llevaba a una pared infranqueable o al borde de un afloramiento que sobresalía de la ladera como un balcón, con una vista de la base de la montaña que quitaba el hipo, a miles de metros más abajo. Ninguno de nosotros sabíamos nada sobre las técnicas de escalada de rocas, pero logramos abrirnos paso por encima de esos obstáculos o rodeándolos o descendiendo por las angostas grietas. A veces no nos quedaba más remedio que saltar de una piedra a otra, sin nada bajo nuestros pies más que unos cuantos miles de metros de aire.

Descendimos así durante más de tres horas sin avanzar más de cincuenta metros pero, finalmente, las rocas dieron paso a unas laderas abiertas bajo una capa gruesa de nieve. Andar pesadamente con la nieve a la altura de las caderas no asustaba tanto como el descenso más técnico que acabábamos de realizar, pero era agotador y nos veíamos constantemente engañados por las laderas ondulantes y de relieve suave. Una y otra vez, lo que empezaba siendo una ladera gradual llevaba a una pared de hielo, a un despeñadero oculto o a una caída escarpada impracticable. Cada callejón sin salida nos obligaba a retroceder sobre nuestros pasos y buscar otra ruta. Una vez hubimos bajado unos cientos de metros por la montaña, el terreno cambió espectacularmente. Puesto que la parte oeste de la montaña estaba expuesta todos los días al sol de la tarde, gran parte de la nieve se había derretido, lo cual dejaba ver más la superficie rocosa. El suelo seco nos permitió avanzar con más facilidad que por las hondas superficies de nieve, pero en algunos lugares estaba cubierto de una capa de piedras sueltas y pizarra de varios centímetros de profundidad que hacía que el terreno fuera inestable. Así, más de una vez perdí el equilibrio y tuve que agarrarme desesperadamente a las rocas y a los trozos de hielo para evitar caer rodando por la montaña. Cuando podíamos, nos deslizábamos por la capa de piedras y pizarra boca arriba o bajábamos agachados por enormes cañones salpicados de esa masa de piedras sueltas y los seguíamos en sentido descendente por la montaña. A mediodía, después de unas cinco horas de descenso, alcanzamos un punto en el que las laderas se encontraban a la sombra de una montaña que se erigía al oeste. Allí la capa de nieve volvía a ser profunda y, mientras contemplaba la superficie blanca y suave, se me ocurrió una idea. Sin pensármelo dos veces, arrojé uno de los cojines del avión en la nieve y me senté en él. Agarrando el palo de caminar de aluminio con las dos manos, levanté las piernas, me impulsé con el codo hacia delante y el cojín empezó a deslizarse por la ladera. En unos segundos me di cuenta de que había cometido una estupidez. La superficie de la nieve estaba dura y resbalaba, por lo que al cabo de unos pocos metros ya había alcanzado una velocidad alarmante. Ir en motocicleta por las carreteras de Uruguay me había hecho apreciar la velocidad y estoy seguro de que por esa ladera debía de ir a una velocidad de cien kilómetros por hora. Para intentar ir más despacio, metí el palo de aluminio en la nieve y hundí los talones, pero no sirvió de nada excepto para lanzarme con todo mi peso hacia delante. Sabía que si levantaba el cojín y bajaba rodando por la montaña, podía romperme todos los huesos del cuerpo, así que dejé de intentar ir más despacio y simplemente aguanté, pasando las rocas a toda velocidad y saltando por encima de los baches, sin poder pararlo ni dirigirlo. Finalmente apareció ante mí una pared de nieve y me di cuenta de que me dirigía hacia ella y de que iba a chocar. «Si hay rocas detrás de la nieve —pensé—, estoy muerto.»

Al cabo de unos segundos embestí contra el banco de nieve a toda velocidad y, aunque el impacto me dejó aturdido, la profunda capa de nieve se ablandó y sobreviví. Mientras me abría paso para salir de entre la nieve y me la sacudía de encima, oí los gritos de falsete de Roberto que procedían de más arriba. No pude desentrañar lo que decía, pero sabía que estaba fuera de sí por mi imprudencia. Moví los brazos para demostrarle que estaba bien y descansé mientras él elegía con cuidado el camino de descenso para llegar hasta mí.

Proseguimos juntos el descenso por la montaña. En el lugar del accidente, la sombra que proyectaban las montañas hacia el oeste hacía que los días fueran cortos pero, en la cara occidental, la luz diurna duraba casi hasta la noche y yo quería aprovechar cada segundo de nuestro tiempo.

—Sigamos hasta que se ponga el sol —propuse.

Roberto negó con la cabeza.

—Necesito descansar.

Roberto estaba tan agotado como yo pero, en mi caso, la ansiedad y la desesperación que me impulsaban eran más fuertes que la fatiga. Durante meses, mi compulsiva necesidad de escapar había permanecido reprimida en mi interior; ahora estaba libre y rugía fuera de control. Habíamos conquistado la montaña que nos tenía atrapados en el lugar del accidente y ahora había ante nosotros un valle abierto que nos indicaba el camino a casa, ¿cómo íbamos a pararnos a descansar?

—A otra hora —dije.

—Necesitamos parar —espetó Roberto—. Debemos ser inteligentes o nos agotaremos.

Roberto tenía los ojos hinchados por el cansancio, pero aun así reflejaban una fuerte determinación y supe que no valía la pena discutir. Extendimos el saco de dormir en una roca plana y seca, nos subimos en ella y descansamos durante la noche. Al estar a menos altura, y también quizá por la energía solar que guardaba la roca en la que dormíamos, la noche no fue incómodamente fría.

El día siguiente fue el 15 de diciembre, el cuarto día de expedición. Desperté a Roberto al amanecer y partimos en sentido descendente por la ladera. Al llegar a la parte inferior de la montaña, casi por la tarde, nos dimos cuenta de que estábamos a la entrada del valle que esperábamos que fuera el camino hacia la civilización. El hielo glaciar fluía por el suelo del valle, de laderas suaves, serpenteando como un río por las grandes montañas que se elevaban a cada lado. Desde lejos, el glaciar cubierto de nieve parecía tan liso como el cristal, pero tan sólo era una ilusión óptica. De cerca, vimos que la nieve de la superficie del glaciar se había fragmentado formando millones de piedrecitas heladas y placas dentadas. Dada la dificultad del terreno, nos tambaleábamos a cada paso como si camináramos sobre un montón de gravilla. Los trozos de nieve más grandes rodaban y se desplazaban bajo nuestros pies. Los tobillos nos temblaban y los pies se resbalaban y se colaban en los angostos espacios que había entre los trozos de nieve. Avanzamos con dificultad y penosamente. Teníamos que tener cuidado con cada paso que dábamos, ya que ambos sabíamos que romperse el tobillo en ese paisaje inhóspito hubiera sido una sentencia de muerte. Me preguntaba qué sucedería si uno de nosotros resultara herido. ¿Abandonaría yo a Roberto? ¿Me abandonaría él a mí?

Recorrimos a trompicones el glaciar durante todo el día. Ambos nos esforzábamos por avanzar por el accidentado terreno, pero yo mantenía mi ritmo enloquecido y no dejaba de separarme cada vez más de Roberto.

—¡Ve más despacio, Nando! —solía gritar—. ¡Nos vas a matar!

Yo le fastidiaba respondiéndole que fuera más rápido y me lamentaba del tiempo que malgastábamos cada vez que le esperaba para que me alcanzase. Aun así, sabía que tenía razón. Roberto se estaba quedando sin fuerzas y yo también me estaba debilitando. Me daban dolorosos calambres en las piernas que convertían cada paso en una agonía y mi respiración era demasiado rápida y superficial. Sabía que estábamos caminando hacia la muerte, pero no podía detenerme. El tiempo se nos acababa y, cuanto más débil me ponía, más frenética era la insistencia por seguir moviéndome. Mi dolor y mi cuerpo ya no me importaban, tan sólo eran un vehículo. Me quemaría, hasta que no quedaran más que cenizas si era necesario, para llegar a casa. Las temperaturas eran tan suaves ahora que podíamos caminar después de la puesta de sol y a veces logré convencer a Roberto de caminar hasta bien entrada la noche.

Incluso en nuestro maltrecho estado, nos seguía imponiendo respeto la salvaje naturaleza de los Andes al anochecer. El cielo era de un color azul añil de lo más intenso y estaba salpicado de resplandecientes estrellas perfectas. La luz de la luna suavizaba el perfil de los picos dentados que nos rodeaban y daba a los campos de nieve un resplandor misterioso. Una vez, mientras bajábamos por una ladera en el valle, vi a lo lejos decenas de tenebrosas figuras que parecían monjes encapuchados que se hubieran reunido para rezar a la luz de la luna. Al llegar hasta ellas, nos dimos cuenta de que eran altos pilares de nieve, o penitentes, como los llaman los geólogos, tallados en la base de las laderas por los remolinos que forma el viento. Había decenas de ellos de pie, en silencio, unos al lado de otros, y tuvimos que abrirnos paso entre ellos como si tratáramos de buscar la salida de un laberinto. A veces veía mi sombra deslizarse a mi lado por la nieve y eso me servía para comprobar que era yo de verdad, que estaba allí, pero a menudo me sentía como un fantasma en esos campos nevados iluminados por la luz de la luna, un espíritu atrapado entre el mundo de los vivos y el de los muertos, guiado tan sólo por la voluntad y el recuerdo y por un indestructible deseo de regresar a casa.

La mañana del 18 de diciembre, al séptimo día de nuestra expedición, el castigador manto de nieve retrocedió un poco, así que nos encontramos avanzando por un paisaje de rocas duras y mugrientos parches de nieve. Llegados a ese punto, cada paso me exigía un esfuerzo supremo, así como la concentración total de mi voluntad. Mi mente se había ido estrechando hasta que no pude pensar en nada más que en el siguiente paso, en colocar bien el pie, en la vital cuestión de avanzar. No me importaba nada más, ni el cansancio, ni el dolor, ni los apuros que pasaban mis amigos en la montaña, ni siquiera nuestros desesperanzadores esfuerzos. Todo eso estaba olvidado. También había olvidado a Roberto hasta que le oí llamarme y me giré, viendo una vez más que se había caído bastante atrás. Era probablemente una especie de autohipnosis inducida por los efectos de mi respiración rítmica, por el crujido repetitivo de mis botas en las rocas y la nieve, y por la letanía de avemarías que entonaba constantemente. En ese estado de trance, las distancias desaparecían y las horas fluían imperceptiblemente. Este embrujo se veía interrumpido por muy pocos pensamientos conscientes y, en ese caso, eran siempre muy simples.

«Cuidado con esa roca suelta...»

«¿Hemos traído suficiente comida?»

«¿Qué hacemos aquí? ¡Mira esas montañas! ¡Mierda!»

Durante esa fase de la expedición vi que la suela de la bota de rugby derecha se estaba despegando. Me di cuenta de que si se me rompía el calzado en ese terreno abrupto estaba perdido, pero mi reacción ante el problema fue una extraña despreocupación. Me imaginé a mí mismo cojeando descalzo por las cortantes rocas hasta que los pies me sangraban demasiado como para continuar. Entonces me vi gateando hasta que se me desgarraba la piel de las manos y las rodillas. Finalmente, me tumbaba boca abajo y me arrastraba con los codos hasta quedarme sin fuerzas. Supuse que moriría en ese momento. En mi trastornado estado mental, esas imaginaciones no me alteraban. De hecho, las consideraba tranquilizadoras porque constituían de algún modo un plan por si se me rompía el zapato. Todavía habría cosas que podía hacer, todavía habría distancia entre la muerte y yo.

Ésos eran los simples pensamientos que llenaban el rato que pasaba caminando. Sin embargo, había momentos en que el poder y la belleza de las montañas me arrancaban violentamente de mi tediosa abstracción mental. Sucedía de repente: me venía a la mente la edad y la experiencia de las montañas y me daba cuenta de que llevaban allí mucho tiempo, en silencio, pasando desapercibidas mientras las civilizaciones surgían y desaparecían. Con el telón de fondo de los Andes era imposible pasar por alto que la vida humana era tan sólo un abrir y cerrar de ojos, y sabía que si las montañas pudieran pensar nuestras vidas pasarían demasiado rápido como para que se dieran cuenta. Sin embargo, me chocaba que ni siquiera las montañas fueran eternas. Si la Tierra perduraba lo suficiente, todos esos picos se despedazarían algún día y se convertirían en polvo. Así que, ¿qué relevancia tiene una única vida humana? ¿Por qué luchamos? ¿Por qué soportamos tanto sufrimiento y dolor? ¿Qué es lo que nos hace luchar tan desesperadamente por vivir cuando podríamos simplemente rendirnos, hundirnos en el silencio y en las sombras y conocer la paz?

Carecía de la respuesta a estas preguntas pero, cuando me inquietaban demasiado, o en aquellos momentos en que pensaba que había llegado finalmente al límite de mis fuerzas, me acordaba de la promesa que le había hecho a mi padre. Decidía, como hizo él en ese río de Argentina, sufrir un poco más. Daría un paso más, luego otro, y me diría a mí mismo que cada paso me acercaba a mi padre, que cada paso que daba era un paso más que le robaba a la muerte.

En algún momento de la tarde del 18 de diciembre oí un ruido a lo lejos, un murmullo amortiguado como de agua que se hacía más audible a medida que me acercaba y que pronto identifiqué como el estrépito de una corriente. Seguíamos avanzando tambaleantes por los abruptos campos nevados, pero aceleré el paso, aterrado por la idea de que el sonido procediera de un torrente infranqueable que nos cortara el paso y sellara nuestro destino. Bajé por una ladera poco inclinada y después me deslicé por un pequeño y helado acantilado: frente a mí se alzaba una gigantesca montaña. El valle que habíamos seguido llevaba directamente a la base de la montaña y acababa allí, pero en ese punto se bifurcaban dos valles que desaparecían al bordear los dos lados de la montaña. «Ésta es la Y que vimos desde la cima —pensé—. Vamos de camino a casa, sólo tenemos que reunir fuerzas para lograrlo.»

Giré a la izquierda y caminé por el corto y curvo acantilado helado hacia el misterioso estrépito. Al bordear la montaña, encontré la base de una pared de hielo de unos cinco metros de altura. De la pared manaba por una gran grieta, a metro y medio del suelo, un grueso chorro de agua, alimentado por toneladas de nieve derretida. El agua me salpicó los pies, después discurrió rápidamente entre el hielo y la arena y bajó hacia el valle. A primera vista la ladera parecía tener poca pendiente, pero estaba lo suficientemente inclinada como para dar al agua un gran impulso y pude ver un punto, a unos cientos de metros de distancia, en el que la cascada de nieve derretida se ensanchaba y se convertía en un arroyo en el que el agua discurría con fuerza.

—Aquí nace un río —le dije a Roberto cuando me hubo alcanzado—. Nos sacará de aquí.

Caminamos siguiendo el río, seguros de que nos permitiría atravesar las montañas y finalmente nos conduciría a un lugar civilizado. Sin embargo, caminar por allí no era más fácil que por los campos nevados ya que el terreno aluvial en ambas orillas del río estaba salpicado de enormes piedras que sobrepasaban muestras cabezas y tuvimos que abrirnos paso por entre esas grandes rocas, o bien escalarlas y saltar desde lo alto de una roca a otra. Tardamos horas en atravesar los campos de peñascos, pero finalmente el terreno se niveló y caminamos de nuevo sobre un difícil terreno formado por grava suelta y resbaladizos parches de nieve derretida. El río que discurría paralelo a nosotros se iba ensanchando e iba ganando caudal y velocidad a cada kilómetro hasta que el estrépito de sus aguas anuló cualquier otro sonido. Yo caminaba, como siempre, en un estado de trance, sobreviviendo de un penoso paso al siguiente y, a medida que recorríamos los kilómetros lentamente, lo único que existía en mi universo era el pequeño trozo de terreno rocoso que sería la base sobre la que apoyaría el pie al dar mi próximo paso. Durante horas mantuve la mirada fija en el suelo y lo único que veía eran las piedras sueltas, la nieve y los pertinaces parches de hielo gris que pasaban por debajo de mis pies. Entonces, de repente, la nieve se terminó de un modo brusco, como si fuera el final de una alfombra, y por fin pudimos caminar por un terreno seco.

Ese día anduvimos hasta la puesta de sol y, mientras descansábamos, Roberto me enseñó una piedra que había recogido por el camino.

—Me la quedo para llevársela de recuerdo a Laura —dijo. Laura Surraco era la prometida de Roberto.

—Debe de estar muy preocupada por ti —contesté.

—Es estupenda. La echo mucho de menos.

—Te envidio, Roberto —dije—. Nunca he tenido una novia en serio. No me he enamorado nunca.

—¿De verdad? —se rió—. ¿Y todas esas chicas a las que perseguías con Panchito? ¿No te robó el corazón ninguna de ellas?

—Supongo que nunca les di una oportunidad —admití—. He estado pensando que en algún lugar debe de estar la chica con la que me casaré. Está merodeando por ahí, viviendo su vida. Tal vez a veces se pregunte con quién se casará, dónde estará su futuro marido y qué estará haciendo ahora mismo. ¿Llegará a adivinar que él está en las montañas, tratando de atravesar los Andes para llegar hasta ella? Si no lo conseguimos, nunca la conoceré y ella nunca me conocerá a mí. Se casará con otro y nunca sabrá que existí.

—No te preocupes —dijo Roberto—, lograremos llegar a casa y encontrarás a alguien a quien hacer feliz.

La amabilidad de Roberto me hizo sonreír, pero sus palabras no me consolaron. Sabía que, en algún lugar del mundo cotidiano, la mujer con la que me hubiera casado estaría viviendo su vida, acercándose al momento en el que debería haberme conocido y en el que hubiera empezado mi futuro. Ahora estaba seguro de que, cuando llegara ese momento, yo no estaría allí. Ella nunca me conocería.

Nuestros hijos no nacerían nunca. Nunca crearíamos un hogar, ni envejeceríamos juntos. Las montañas me habían robado esas vivencias; así era la realidad, y ya había empezado a aceptarla. Aun así, seguía anhelando aquello que sabía que nunca tendría: el amor de una mujer, mi propia familia, el reencuentro con mi abuela y mi hermana mayor y, sobre todo, el abrazo de mi padre. Mi penosa experiencia había simplificado mis aspiraciones y me había acercado mucho a la esencia de lo que yo era; ahora veía que esa ansia, ese amor y ese afecto por la idea de lo que sería mi vida eran más profundos que la desesperación, el miedo, el dolor o el hambre, pues estaban muy por encima de la razón. Me preguntaba cuánto iba a durar esa sensación. ¿Cuánto tiempo más sobreviviría? Y, si finalmente se desvanecía, ¿sería el momento que desfalleciera mi cuerpo, o quizá persistiría hasta mi último momento de conciencia? ¿Moriría anhelando la vida que ya jamás podría tener?

El 19 de diciembre fue otro día perfecto, el octavo que tuvimos seguido. Habíamos caminado durante varias horas por la mañana y, ahora, mientras esperaba a que Roberto me alcanzara, examiné de nuevo la suela de mi bota. Se había desgarrado con tanta violencia que ahora me iba aleteando al caminar. Observé las piedras dentadas que salpicaban el suelo del valle. «Me pregunto —pensé— si mi zapato aguantará más que yo.» Habíamos dejado atrás muchos peligros; ya no temíamos morir congelados ni en una cascada. Ahora era simplemente cuestión de resistir, de tener suerte y de tener tiempo suficiente. Nos dirigíamos andando hacia la muerte, esperando tropezarnos con alguien que nos ayudara antes de que hubiéramos agotado la poca vida que nos quedaba.

Más tarde esa misma mañana divisamos árboles a lo lejos del valle y Roberto creyó ver algo más.

—Algo se mueve detrás de esos árboles —dijo, aguzando la vista hasta el horizonte—. Creo que son vacas.

Como yo soy miope, mi vista no alcanzaba hasta tan lejos, pero me preocupaba que Roberto, en su estado de agotamiento, pudiera tener alucinaciones.

—Podrían ser ciervos —contesté—. Sigamos andando.

Al cabo de unas pocas horas, Roberto se agachó y recogió algo del suelo. Al enseñármelo, vi que era una lata de sopa oxidada.

—Aquí ha habido gente —dedujo.

Me negué a hacerme ilusiones.

—Puede que eso lleve aquí años —respondí—. O tal vez se haya caído de un avión.

Roberto me miró con severidad y tiró la lata.

—Boludo —dijo—, los aviones no tienen ventanas.

Más adelante encontramos una herradura de caballo y, después, algunos montones de excrementos que Roberto insistió en que eran de vaca.

—¿Quieres explicarme cómo se puede caer de un avión un excremento de vaca? —preguntó.

—Sigue andando —ordené—. Cuando encontremos a un granjero, entonces me emocionaré.

Conforme avanzábamos, íbamos encontrando más señales de vida humana: más excrementos de vaca y de caballo y tocones de árbol que aún tenían la marca de un hacha. Finalmente, al bordear la curva del valle, vimos, a unos pocos cientos de metros, la pequeña manada de vacas que Roberto había divisado esa mañana.

—Ya te dije que había visto vacas —dijo Roberto—. Debe de haber una granja o algo así muy cerca.

—Pero ¿acaso no podrían haber dejado aquí a las vacas para que pastasen solas? —pregunté—. Esto está a demasiada altura y se encuentra despoblado. Cuesta creer que viva alguien en un lugar como éste.

—Tienes la prueba delante de tus ojos —dijo Roberto—. Estamos salvados. Mañana encontraremos al dueño de estas vacas.

Cuando acampamos esa noche Roberto estaba muy animado, pero yo sabía que ya no podría resistir muchas más horas en la montaña.

—Me duelen mucho las piernas —dijo— y me siento muy débil. A veces tengo que usar todas mis fuerzas para levantar el pie y llevarlo delante de mí.

—Descansa —le aconsejé—. Tal vez mañana encontremos ayuda.

La mañana del 20 de diciembre, el noveno día de nuestra expedición, nos pusimos en marcha y pronto encontramos un camino junto al río. Las vacas y los otros animales que pastaban por allí habían ablandado el suelo, así que aquél era el primer terreno transitable por el que habíamos caminado en nuestro viaje. Roberto esperaba encontrar la cabaña de un campesino en cualquier momento pero, a medida que pasaban las horas desapareció el rastro de seres vivos, se empezó a cansar con rapidez y tuve que esperarle más a menudo de lo habitual para que descansase. Aun así, avanzamos bastante, hasta que, a última hora de la mañana, llegamos a un punto en el que una roca casi tan grande como una casa de dos plantas había caído en el río. La descomunal roca nos bloqueaba totalmente el paso.

—Tenemos que escalarla —dije.

Roberto la estudió y se fijó en un estrecho reborde que serpenteaba por la roca por encima de las aguas del río.

—Iré por ahí —propuso.

—Es demasiado peligroso —dije—. Si te resbalas, te caerás al río. Tenemos que subir hasta la parte de arriba.

—Estoy demasiado débil para escalar —contestó—. Me la jugaré yendo por el reborde.

Fue hasta el saliente de la roca y la rodeó hasta que le perdí de vista. Entonces empecé a escalar. Cuando bajé por el otro lado de la roca, a pesar de que la ruta que había elegido era mucho más corta que la mía, no había ni rastro de Roberto. Esperé, impaciente al principio y preocupado después. Cuando Roberto apareció finalmente, iba tambaleándose, doblado hacia delante y sujetándose con fuerza el estómago. Estaba totalmente pálido y tenía los ojos entrecerrados por el dolor.

—¿Qué te pasa? —pregunté.

—Me está explotando el intestino —dijo gruñendo—. Es diarrea. Muy fuerte. Me ha entrado de repente mientras iba por la roca.

—¿Puedes andar? —pregunté—. El camino parece ahora despejado.

Roberto negó con la cabeza.

—No puedo —murmuró—. Me duele mucho.

Se desplomó en el suelo derrotado por el dolor. Me daba miedo que su enfermedad le quitara sus últimas reservas de energía y no quería dejarle allí.

—Vamos —dije—, sólo un poco más...

—No, por favor —suplicó—, déjame descansar.

Miré hacia el horizonte. El valle conducía hacia una extensa meseta. Si pudiéramos llegar hasta su zona más alta, tendríamos un buen mirador y podríamos divisar cualquier cabaña o granja que hubiera en los alrededores.

—Yo te llevaré la mochila —me ofrecí—, pero tenemos que seguir. Lleguemos hasta la parte alta de esa meseta y entonces descansaremos.

Antes de que Roberto pudiera responder, agarré su mochila y me puse en marcha, no dejándole otra elección que seguirme. Se caía con rapidez a mis espaldas, pero yo no le quitaba ojo. Iba doblado, cojeaba, se sentía muy mal y sufría a cada paso.

«No te rindas, Músculos», susurré para mis adentros, y, en aquel instante, supe que jamás se rendiría. Su tozudez y su fuerza de voluntad eran los últimos motores que le obligaban a avanzar. Al mirarle, supe que había acertado al elegirle como compañero de viaje.

Llegamos a la base de la meseta a última hora de la tarde y nos ayudamos el uno al otro a subir por un inclinado camino que conducía a la cima. A nuestros pies se extendía un prado de hierba. Había árboles y flores silvestres y, a nuestra izquierda, las paredes bajas de piedra de un corral de montaña. En ese momento estábamos muy por encima de la garganta del río, de forma que había una gran pendiente que descendía hacia sus orillas. Una ladera escarpada se elevaba al otro lado del río, que en aquel punto tenía una anchura de unos treinta metros y discurría con una fuerza torrencial. Roberto casi no podía caminar, así que le ayudé a atravesar el prado en dirección a un pequeño grupo de árboles donde decidimos acampar.

—Tú descansa —propuse—, yo voy a explorar un poco. Tal vez haya una granja por aquí cerca.

Roberto asintió. Apenas tenía fuerzas para hablar y, cuando se dejó caer pesadamente en el mullido césped, supe que no iba a llegar muy lejos conmigo. No quería ni pensar en lo que pasaría si tenía que dejarle.

La tarde empezaba a desvanecerse cuando decidí seguir el serpenteante curso de la garganta del río para ver qué había más adelante. Ver unas cuantas vacas pastando en las laderas cubiertas de hierba alimentó mis esperanzas pero, después de caminar unos trescientos metros, me encontré exactamente con aquello que tanto temía: otro río ancho y de aguas rápidas se unía desde la izquierda al río que habíamos seguido. La confluencia de estos dos grandes ríos nos cortaba el paso y no parecía posible que pudiéramos cruzar ninguno de los dos. A menos que se produjera un milagro, habíamos llegado al final de nuestra expedición.

Al regresar con Roberto le conté lo del río y le hablé sobre los animales que había visto. Los dos estábamos terriblemente hambrientos. La poca carne que teníamos se estaba poniendo mala con la subida de las temperaturas y durante un instante se nos pasó por la cabeza matar y descuartizar una vaca, pero Roberto señaló que eso probablemente no ayudaría a que el dueño de la vaca nos socorriera. En cualquier caso, era dudoso que entre los dos tuviéramos fuerzas para cazar e inmovilizar a un animal tan grande, así que desechamos rápido la idea. La oscuridad estaba empezando a cernirse sobre nosotros y el frío se notaba cada vez más.

—Voy a buscar leña —dije.

Sin embargo, cuando hube caminado unos cuantos metros por el prado, oí gritar a Roberto.

—¡Nando! ¡Un hombre a caballo! ¡Mira! ¡Un hombre a caballo!

Roberto señalaba hacia la ladera al otro lado de la garganta del río. Agucé la vista entre la penumbra del anochecer.

—No veo nada.

—¡Ve! ¡Corre! —gritó Roberto—. ¡Baja hacia el río!

A ciegas, bajé tambaleándome por la ladera hacia el río mientras Roberto me iba indicando el rumbo:

—A la derecha. No, ¡he dicho derecha! ¡No, demasiado lejos! ¡A la izquierda!

Zigzagueé por la ladera siguiendo las indicaciones de Roberto, pero no vi ni rastro del hombre a caballo. Al volver la vista atrás, vi a Roberto bajando por la ladera detrás de mí.

—Juraría que he visto algo —dijo.

—Por allí está oscuro —contesté—, tal vez era la sombra de una roca.

Agarré a Roberto del brazo y le ayudé a subir de vuelta por la ladera hacia el campamento. En ese momento oímos, por encima del estrépito de las aguas, el inconfundible sonido de una voz humana. Nos giramos y esta vez lo vi yo también, un hombre a caballo. Nos estaba diciendo algo, gritando, pero el ruido del río amortiguaba la mayoría de lo que decía. Entonces se dio la vuelta y desapareció entre la penumbra.

—¿Le has oído? —gritó Roberto—. ¿Qué ha dicho?

—Sólo le he oído decir una palabra —respondí—. Le he oído decir mañana.

—Estamos salvados —dijo Roberto.

Ayudé a Roberto a subir por la ladera en dirección al campamento. Entonces encendí fuego y nos echamos a dormir. Por primera vez desde el accidente, sentí una esperanza real. Viviría. Volvería a ver a mi padre, estaba seguro. Sin embargo, ahora mi preocupación se desviaba hacia los que habíamos dejado atrás. Obsesionado por mi propia supervivencia, apenas había pensado en ellos desde que dejamos el lugar del accidente hacía nueve días. Ahora me sentía frenéticamente preocupado.

—Estoy preocupado por los muchachos —le dije a Roberto—. Roy y Coche estaban muy débiles. Espero que aún lleguemos a tiempo.

—No te preocupes —respondió Roberto—. Cuando ese hombre regrese mañana, le haremos entender que no hay ni un minuto que perder.

—Si es que viene —contesté.

No estaba tan seguro como Roberto de que nuestra penosa experiencia estuviera a punto de acabar.

A la mañana siguiente, el 21 de diciembre, el décimo día de expedición, Roberto y yo nos levantamos antes del amanecer y echamos un vistazo por el río. Allí había tres hombres sentados al calor de una hoguera. Bajé corriendo por la ladera hasta la punta de la garganta y después descendí hasta la orilla del río. Al otro lado, uno de los hombres, vestido con la ropa de trabajo propia de un campesino de montaña, hizo lo mismo. Intenté gritar, pero el estrépito del río ahogó mis palabras. Señalé hacia el cielo e indiqué con gestos la caída de un avión. El campesino se limitó a mirar. Empecé a recorrer a grandes pasos la orilla del río de arriba y abajo, con los brazos extendidos como si fueran alas. El hombre se giró y gritó algo a sus amigos. Por un momento me entró el pánico, creyendo que me tomaría por un lunático y se marcharía sin ayudarme, pero lo que hizo fue sacarse un papel del bolsillo, escribió algo deprisa y ató el papel alrededor de una piedra con un cordón. Deslizó un lápiz por debajo de la cuerda y lo lanzó al otro lado del río para que yo lo recuperara. Al desdoblar el papel, leí el siguiente mensaje:

«Está de camino un hombre al que he mandado ir hasta allí. Dime qué quieres.»

Agarré el lápiz y empecé a escribir en el reverso de la nota del campesino. Sabía que tenía que elegir las palabras con precisión para hacerle entender la urgencia de nuestra situación y que necesitábamos ayuda inmediata. Me temblaban las manos pero, cuando el lápiz tocó el papel, ya sabía lo que tenía que decir:

«Vengo de un avión que cayó en las montañas. Soy uruguayo. Llevamos diez días caminando. Tengo a un amigo allí arriba que está herido. En el avión hay todavía catorce heridos. Tenemos que salir de aquí rápidamente y no sabemos cómo. No tenemos comida. Estamos débiles. ¿Cuándo vais a venir a rescatarnos? Por favor. Ni siquiera podemos caminar. ¿Dónde estamos?»

Con la intención de no perder ni un precioso segundo, ni siquiera me molesté en firmar la nota. La envolví alrededor de la piedra tal como había hecho el campesino y eché el brazo hacia atrás para coger impulso y lanzarla a la otra orilla del río. Sin embargo, mientras calculaba la distancia y la cantidad de fuerza que necesitaría, me di cuenta de repente de mi gran debilidad física. No estaba seguro de tener suficiente fuerza en el brazo como para lanzar la piedra tan lejos. ¿Qué pasaría si me quedaba corto y el mensaje se caía al agua? ¿Perdería la paciencia el campesino y se marcharía? ¿Se tomaría la molestia de tirarme otro papel? Reuní todas mis fuerzas y lancé la piedra lo más lejos que pude. Por suerte, rebotó en el borde del agua y rodó por la orilla. Cuando el campesino leyó el mensaje, asintió y levantó las palmas de las manos abiertas en un gesto que decía: «Espera ahí. Lo entiendo.» Antes de marcharse, me tiró un trozo de pan. Se lo llevé a Roberto y juntos lo devoramos. Después esperamos a que llegara la ayuda.

A eso de las nueve de la mañana llegó otro hombre en una mula, esta vez a la orilla del río en la que esperábamos nosotros. Se presentó como Armando Serda. Nos dio un trozo de queso que se sacó del bolsillo y pidió que esperáramos mientras atendía a sus ovejas en los pasos de las montañas. Regresó al cabo de unas horas. Cuando vio que Roberto no podía caminar, le ayudó a subir a la mula y nos llevó a un tramo calmado del río por donde se podía atravesar la corriente. Después de aproximadamente media hora recorriendo senderos de montaña flanqueados por árboles, llegamos a un claro donde había dos rústicas cabañas de madera cerca de las orillas del río.

—¿Dónde estamos? —le había preguntado por el camino.

—Los Maitenes —dijo Armando, refiriéndose a la región montañosa de la provincia chilena de Colchagua, cerca del río Azufre—. Usamos estas cabañas cuando cuidamos de los rebaños en los pastos montañosos.

—Nuestros amigos siguen en las montañas —le informé—. Se están muriendo y necesitamos enviarles ayuda lo antes posible.

—Sergio ha ido a buscar ayuda —respondió Armando. Sergio Catalán, explicó, era el hombre a caballo que nos había visto primero la noche anterior.

—¿A qué distancia está la ayuda? —pregunté.

—El puesto de policía más cercano está en Puente Negro —respondió—, a unas diez horas a caballo.

Un segundo campesino salió de la cabaña más grande. Armando nos lo presentó como Enrique Gonzales. Enrique nos llevó a junto a una hoguera cerca de su cabaña, donde nos sentamos en tocones de árbol mientras Enrique nos traía queso y miel. Armando empezó a calentar una gran olla en la hoguera y al cabo de un rato nos sirvió comida caliente: platos de judías, macarrones y pan. Nos comimos todo lo que nos dio. Armando sonreía mientras volvía a llenar los platos una y otra vez. Después de comer hasta saciarnos, nos condujeron a una segunda cabaña, donde nos esperaban dos camas. No había colchones, sino tan sólo un poco de vellón suave extendido por encima de los muelles, pero Roberto y yo lo agradecimos profusamente y, al cabo de un rato, ya dormíamos como troncos.

Nos despertamos bien entrada la tarde y Armando y Enrique tenían más comida esperándonos: más queso y leche, un estofado de carne y judías, dulce de leche untado en pan y café caliente.

—Os estamos vaciando la despensa —bromeé, pero los dos campesinos no hacían más que reírse y nos animaban a comer más.

Después de comer nos relajamos todos alrededor de la hoguera. Armando y Enrique escucharon fascinados la historia de nuestra tragedia contada por Roberto y por mí, pero pronto nos vimos interrumpidos por la aparición de dos policías chilenos que, a toda velocidad, venían hacia la cabaña seguidos de una patrulla de diez policías más a caballo. Sergio Catalán cabalgaba junto a ellos. Al desmontarse del caballo, Roberto y yo nos precipitamos hacia él y le abrazamos.

—No tenéis por qué darme las gracias —dijo pausadamente. Mientras le abrazábamos, sólo susurraba—: Dad gracias a Dios, dad gracias a Dios.

Cuando el capitán de la policía montada se presentó, le expliqué que había catorce supervivientes más esperando en el lugar del accidente. Me preguntó por sus nombres, pero me negué a dárselos.

—Algunos estaban al borde de la muerte cuando los dejamos allí —expliqué—. Me temo que algunos puedan haber muerto. Si publica los nombres, les dará a sus padres falsas esperanzas y entonces tendrán que perder a sus hijos por segunda vez.

El capitán se mostró comprensivo.

—¿Dónde está el avión? —preguntó. Yo miré a Roberto. Estaba claro que el capitán no entendía lo difícil que sería el rescate. Tuvimos que describirle nuestra odisea de diez días y la ubicación aproximada del lugar del accidente para que se diera cuenta de que sus hombres no podían llegar a caballo hasta allí.

—Enviaré a algunos hombres de regreso a Puente Negro —dijo—

y ordenaré que soliciten por radio un helicóptero que salga de Santiago.

—¿Cuánto tardarán? —pregunté.

—Podrían llegar aquí mañana —dijo—, si el cielo está despejado.

A cada rato crecía mi preocupación por los supervivientes que habían quedado en el lugar del accidente, pero no teníamos más remedio que esperar. Hablamos durante un rato con Enrique y Armando y con algunos de los policías, después nos fuimos a dormir. Pasé la noche inquieto, ansioso por que llegara la mañana, pero, al levantarme y salir fuera, todavía me angustié más al ver que se había formado una espesa niebla en Los Maitenes.

—¿Crees que podrán aterrizar con esta niebla? —le pregunté a Roberto.

—Tal vez se disipe pronto —replicó.

Enrique y Armando tenían el desayuno preparado para nosotros en el fuego. Sergio y algunos de los policías se unieron a nosotros. Mientras comíamos, oímos el sonido de una multitud que se acercaba. A los pocos segundos nos quedamos aturdidos: una horda de reporteros avanzaba a toda prisa por el camino de tierra que llevaba a la cabaña. Al vernos se precipitaron hacia nosotros.

—¿Son éstos los supervivientes? —gritaron—. ¿Roberto? ¿Fernando?

En ese momento, las cámaras se dispararon, nos metieron los micrófonos casi en la boca y los periodistas tomaban notas y lanzaban preguntas gritando para hacer sonar sus voces por encima de sus compañeros:

—¿Cuánto duró vuestra expedición?

—¿Quién más está vivo?

—¿Cómo sobrevivisteis al frío? ¿Qué comíais?

Miré a Roberto asombrado.

—¿Cómo nos han encontrado? —murmuré—. ¿Y cómo han llegado aquí antes que los helicópteros?

Nos vimos rodeados de periodistas de prensa y de cadenas de televisión de todo el mundo. Su inesperada llegada nos había dejado boquiabiertos y nos sentíamos un poco aturdidos por la intensidad de su interrogatorio, pero intentamos responder a sus preguntas lo mejor que pudimos, guardándonos para nosotros los detalles más delicados. El capitán de la policía montada permitió que los entrevistadores siguieran con su labor durante un rato y después nos hizo a un lado.

—La niebla sigue siendo espesa —nos dijo—, no creo que vengan hoy los helicópteros. Voy a enviaros a Puente Negro a esperar al equipo de rescate. Les será más fácil aterrizar allí.

Asentimos y, al cabo de un rato, Roberto y yo íbamos a lomos de un caballo, siguiendo a dos de los agentes de la policía montada por el sendero, ansiosos por llegar. De repente, nuestro ruidoso séquito se detuvo y alzamos la vista hacia el cielo encapotado. Había un gran alboroto a nuestras cabezas, el estruendo de unos potentes motores y el estrépito del viento. La niebla era tan densa que no pudimos ver aterrizar a los helicópteros, pero seguimos su ruido montados a caballo hasta llegar un lugar a unos trescientos metros de distancia, un prado llano cerca de las cabañas, donde los tres enormes helicópteros de las fuerzas aéreas chilenas acababan de tomar tierra.

Cuando nos bajamos del caballo, un grupo de médicos y miembros de la tripulación saltaron de los helicópteros y se acercaron a nosotros para examinarnos. Roberto necesitaba urgentemente atención médica, pero yo me negué a que me hicieran un reconocimiento y me fui a buscar a los dos pilotos del helicóptero, Carlos García y Jorge Massa, a los que traté de transmitir la importancia de partir de inmediato.

El comandante García negó con la cabeza.

—No podemos volar con esta niebla —dijo—. Tenemos que esperar a que se despeje. Mientras tanto, ¿qué puedes decirme de la ubicación del avión?

Una vez más describí nuestra expedición por los Andes. García frunció el ceño con escepticismo y después recogió una carta de vuelo del helicóptero y la extendió sobre la hierba.

—¿Crees que sabrías mostrarme el lugar en la carta de vuelo? —preguntó. Señaló el mapa con el dedo y dijo—: Nosotros estamos aquí.

Observé la carta de vuelo durante un rato y, una vez me hube orientado, fue fácil trazar a la inversa la ruta que Roberto y yo habíamos seguido.

—Aquí —dije, punteando con el dedo el lugar donde acababa el valle en la falda de la montaña que yo había bautizado como monte Seler—. Están al otro lado de esta montaña.

Massa y García intercambiaron miradas dubitativas.

—Eso es Argentina —dijo García—. La parte más alta de los Andes. Eso está a más de cien kilómetros de aquí.

—Debemos darnos prisa —contesté—. Nuestros amigos se están muriendo.

Massa frunció el ceño mirando a García.

—Está aturdido —dijo—. ¡No pueden haber atravesado a pie los Andes! ¡Es imposible!

—¿Estás seguro de que entiendes este mapa? —me preguntó García.

—Estoy seguro —respondí—. Bajamos por esta montaña, atravesamos este valle. Aquí es donde el valle se bifurca y seguimos este ramal, que nos trajo hasta aquí. El avión está allí, justo detrás de esta montaña, en un glaciar sobre un ancho valle que se dirige al este.

García asintió y recogió el mapa. Yo todavía no estaba seguro de que me creyera.

—¿Cuándo iréis a buscarlos? —pregunté.

—En cuanto se despeje la niebla despegaremos —contestó. A continuación, él y Massa se fueron caminando cuchicheando, y supe que estaban hablando de mi relato de la expedición y de si debían creérselo.

Al cabo de tres horas, la niebla seguía allí, pero ya no era tan espesa, así que los pilotos consideraron que era seguro volar. Mientras la tripulación se preparaba para el despegue, García se acercó a mí.

—Nos vamos —dijo—, pero el lugar que nos has señalado se encuentra en una parte de los Andes muy remota y que está a gran altura. Volar hasta allí será muy difícil y, sin puntos de referencia, nunca encontraremos a tus amigos entre todas esas montañas. ¿Crees que podrías venir con nosotros y guiarnos hasta el avión?

No recuerdo qué respondí, ni si lo llegué a hacer, pero a los pocos segundos noté cómo me subían en brazos al helicóptero y me ataban el cinturón en un asiento plegable en la zona de carga. Alguien me colocó unos auriculares en las orejas y me puso junto a la boca la punta de un pequeño micrófono que iba unido a ellos. Tres miembros del equipo de rescate de los Andes se subieron a mi lado. El copiloto se sentó delante de mí y el comandante García tomó el mando. Mientras García aceleraba los motores, yo miré por la ventana y vi a Roberto, el único que podía entender lo aterrado que estaba de regresar volando a las profundidades de los Andes. No me dijo adiós con la mano, sino que nos limitamos a intercambiar nuestras miradas. Entonces el helicóptero se elevó por los aires y noté un vuelco en el estómago mientras nos ladeábamos con brusquedad y acelerábamos rumbo al este, hacia el interior de las montañas. Al principio se oyó entre el chisporroteo que emitían los auriculares la voz del piloto y el mecánico, que hablaban de cuestiones técnicas mientras fijaban el rumbo. Seguidamente, García se dirigió a mí.

—Bien, Nando —dijo—, enséñanos el camino.

Les guié hacia las profundidades del valle, que seguimos a lo largo de la frontera chilena, y nos adentramos en la parte argentina de los Andes con un segundo helicóptero, pilotado por el comandante Massa, cerca de la cola. Había turbulencias, por lo que el helicóptero danzaba y daba sacudidas como una lancha que se desliza por los rápidos de un río. Sin embargo, el vuelo fue corto, ya que en menos de veinte minutos sobrevolábamos el extremo oriental del valle donde la gran protuberancia del monte Seler se erigía por encima de nosotros como las paredes de una colosal fortaleza.

—¡Dios mío! —murmuró alguien.

García dejó el helicóptero suspendido en el aire mientras observaba el pico coronado de nieve de la montaña y las negras laderas que se precipitaban hacia el valle, a varios miles de metros más abajo.

—¡Madre mía! —exclamó—. ¿No habréis bajado por ahí?

—Sí —dije—. Vamos por buen camino.

—¿Estás realmente seguro? —preguntó—. ¿Seguro, seguro?

—Estoy seguro —contesté—. Están al otro lado.

García miró al copiloto.

—Llevamos mucho peso con tanta gente —dijo el copiloto—. No sé si tendremos potencia para pasar esa montaña.

—Nando, ¿estás totalmente seguro de que se va por ahí? —me volvió a preguntar García.

—Sí —vociferé en el micrófono.

García asintió.

—Sujetaos —dijo.

Noté cómo el helicóptero se impulsó hacia delante cuando los pilotos aceleraron el motor con fuerza. Nos dirigimos a toda velocidad hacia el costado de la montaña, y después, lentamente, el helicóptero empezó a ascender. Conforme nos acercábamos a las montañas, fuimos azotados por los remolinos de aire que subían como un rayo por las laderas. García se esforzó por mantener el control mientras el helicóptero se tambaleaba con violencia de lado a lado. Los motores chirriaban, el parabrisas vibraba dentro de su marco y mi asiento se sacudió con tanta violencia que me nubló la vista. Parecía que cada tornillo y cada remache de la nave estaba siendo forzado más allá de sus límites y yo estaba seguro de que el helicóptero iba a quedar reducido a pedazos. Ya había sido testigo de este tipo de caos mecánico antes, justo antes de que el Fairchild embistiera contra la montaña y, al presenciarlo de nuevo, noté cómo el pánico me subía por la garganta y me provocaba náuseas. García y el copiloto vociferaban las órdenes con tal rapidez que no pude distinguir quién hablaba.

—¡El aire tiene demasiado poco oxígeno! No podemos subir lo suficiente.

—¡Vamos, inténtalo!

—Cien por cien, ciento diez...

—¡Mantén el nivel! ¡Mantén el nivel!

Me quedé mirando al equipo de rescate, esperando que me dieran la señal que confirmara que todo aquello era normal, pero tenían el rostro pálido y completamente descompuesto. García siguió forzando los motores, tratando con gran esfuerzo de ascender metro a metro hasta que finalmente logró que el helicóptero sobrevolara la cima de la montaña. Sin embargo, cuando todavía no habíamos pasado la cumbre, las fuertes corrientes de aire que soplaban por encima de la montaña nos empujaron hacia atrás con violencia y García no tuvo más remedio que dejar que el helicóptero cayera en picado trazando un largo círculo para evitar que se estrellara contra la ladera. Mientras caíamos, empecé a gritar, y todavía seguía gritando cuando nos balanceamos e intentamos de nuevo subir a la cima a pesar de que los vientos nos hacían retroceder una y otra vez con la misma fuerza aterradora.

—No podemos sobrevolar esta montaña —anunció García—. Tenemos que encontrar una forma de bordearla. Ésta se ha convertido en una misión arriesgada y no seguiré adelante hasta que todo el mundo a bordo se ofrezca voluntario. Lo dejo a vuestra elección. ¿Continuamos o regresamos?

Intercambiamos miradas entre los que estábamos a bordo y después nos volvimos hacia el capitán y asentimos.

—Vale —dijo—, pero sujetaos porque será un viaje movido.

Se me revolvió el estómago otra vez cuando nos ladeamos hacia la derecha y sobrevolamos algunos picos más bajos justo al sur del monte Seler. Era la única ruta por la que podíamos pasar, pero nos estábamos desviando del camino que Roberto y yo habíamos seguido, así que pronto perdí la orientación al contemplar el desconocido paisaje que tenía a mis pies.

—¿Por dónde vamos? —preguntó García.

—No estoy seguro... Estoy desorientado...

Escudriñé el horizonte, buscando frenéticamente un punto de referencia, aterrado de que mis amigos estuvieran irremediablemente perdidos. Mirara a donde mirara, veía siempre lo mismo, formas muy iguales, tan sólo un interminable océano de nieve blanca y roca negra... Entonces me llamó la atención algo en el perfil dentado de una de las montañas.

—¡Esperad! —grité—. ¡Conozco esa montaña! ¡Sé dónde estamos! ¡Bajad!

Mientras descendíamos hacia el interior de las montañas, me di cuenta de que García se había abierto paso por las montañas que bordeaban el lugar del accidente por el sur. Estábamos sobrevolando el valle por el que habíamos caminado en nuestros intentos de escapar hacia el este y de escalar en dirección a la cara oriental del monte Seler.

—Deben de estar allí arriba —dije, señalando hacia el este.

—No veo nada —respondió el piloto.

—¡Sigue! —ordené—. ¡Están en el glaciar!

—¡Hace mucho viento! —dijo el copiloto—. No sé si podremos aterrizar allí.

Eché un vistazo a las laderas y de repente lo divisé, era tan sólo un punto borroso en la nieve.

—¡Veo el avión! —grité—. Allí, a la izquierda.

García examinó las laderas.

—¿Dónde? No veo nada. Espera, sí, lo veo. ¡Callaos! ¡Callaos todos!

En unos instantes estábamos sobrevolando en círculos el lugar del accidente y se me aceleró el corazón cuando García se enfrentó a las intensas turbulencias por encima del glaciar, pero mis miedos se desvanecieron en cuanto vi una línea de diminutas siluetas que salían del fuselaje. Incluso desde las alturas puede distinguir a algunos de ellos. Reconocí a Gustavo por su gorra de piloto. Daniel, Pedro, Fito, Javier... Allí había otros más, corriendo y agitando los brazos. Intenté contarlos, pero con las sacudidas del helicóptero me era imposible. No veía ni rastro de Roy ni de Coche, los que más me preocupaban.

Oí la voz de García por los auriculares, hablaba con el equipo de rescate.

—La ladera tiene demasiada pendiente como para aterrizar —dijo—. Voy a quedarme suspendido en el aire a la menor altura posible. Tendréis que saltar.

Entonces se concentró en la arriesgada tarea de hacer descender de un modo seguro el helicóptero entre los remolinos de viento.

—¡Mierda! Qué turbulencia más mala. Equilíbralo.

—¡Equilíbralo!

—Ahora con cuidado...

Giró el helicóptero de forma que un lado miraba hacia la ladera, entonces lo hizo descender hasta que uno de sus esquíes de aterrizaje rozó la nieve.

—¡Salid ahora! —gritó.

El equipo de rescate abrió de golpe la puerta corredera, tiró su equipo al suelo de la montaña y saltó por debajo de las hélices en marcha. Al mirar hacia fuera vi a Daniel corriendo hacia nosotros. Esquivó las hélices e intentó subir al helicóptero de un salto, pero calculó mal y se golpeó el pecho contra uno de los esquíes del helicóptero.

—¡Carajo! —gritó—. Creo que me he roto las costillas.

—¡No te vayas a matar ahora! —grité. Entonces me agaché y atraje a Daniel hacia el interior. Álvaro Mangino subió detrás.

—No podemos llevarnos a nadie más —gritó García—. Regresaremos mañana a por el resto. ¡Cierra la puerta!

Obedecí las órdenes del capitán y en segundos estábamos sobrevolando el lugar del accidente, mientras el segundo helicóptero aterrizaba y el resto del equipo de rescate saltaba a la montaña. Vi a Carlitos, a Pedro y a Eduardo subir en el helicóptero. Entonces adiviné la demacrada silueta de Coche Inciarte que iba cojeando hacia la nave.

—¡Coche está vivo! —le dije a Daniel—. ¿Cómo está Roy?

—Vivo —respondió Daniel—, pero por poco.

El vuelo de regreso a Los Maitenes fue igual de angustioso que el de ida, pero en menos de veinte minutos habíamos aterrizado a salvo en el prado cerca de la cabaña del campesino. Tan pronto como se abrieron las puertas, los médicos se llevaron a Daniel y a Álvaro. Al cabo de un rato, el segundo helicóptero aterrizó a unos treinta metros y corrí hasta allí antes de que se abrieran las puertas. Coche se echó a mis brazos con alegría, seguido de Eduardo y Carlitos. Asombrados de ver flores y hierba de nuevo, algunos de ellos se dejaron caer de rodillas en el prado. Otros se abrazaron y rodaron así por el suelo. Carlitos me rodeó con los brazos y me tiró al suelo.

—¡Capullo! —gritó—. ¡Lo has conseguido! ¡Lo has conseguido! —Rebosaba de alegría, con los ojos brillantes por el júbilo y con el rostro a tan sólo unos centímetros del mío.

—Me alegro de verte, Carlitos —dije—, pero, por favor, no me irás a dar un beso, ¿verdad?

Cuando se acabaron las celebraciones, nos trajeron sopa caliente, queso y chocolate. Mientras los médicos examinaban a los recién llegados, encontré al comandante García y le pregunté cuándo rescatarían de la montaña al resto de supervivientes. Me explicó que sería demasiado peligroso sobrevolar el corazón de las montañas por la noche. El rescate tendría que esperar al día siguiente. Sin embargo, me garantizó que los médicos y el personal de rescate que se quedaban allí en la montaña se asegurarían de que todos los muchachos estuvieran bien atendidos.

Después de comer nos montaron de nuevo en los helicópteros que nos llevaron a una base militar cerca de la ciudad de San Fernando. Allí nos esperaba un equipo formado por médicos y personal de enfermería. Al llegar nos subimos en las ambulancias y, escoltados por un grupo de policías en motocicleta, en unos diez minutos habíamos llegado al Hospital de San Juan de Dios en San Fernando. El personal del hospital nos recibió en el aparcamiento con sillas de ruedas. Algunos de los muchachos las necesitaban, pero yo les dije a las enfermeras que iría caminando. Después de atravesar a pie los Andes no iba a dejar que me transportaran los últimos metros.

Me llevaron a una pequeña habitación muy limpia y me empezaron a quitar las capas de ropa sucia. Dejaron los mugrientos harapos en una esquina y me quedé mirándolos; eran los jerséis, los pantalones vaqueros y los pantalones de lana que se habían convertido en mi segunda piel. Me sentí bien al quitármelos de encima y desterrarlos al pasado. Me llevaron al baño y me dieron una ducha caliente. Noté cómo me enjabonaban el pelo y cómo, con una gasa suave, me frotaban la piel para que saliera toda la suciedad. Al acabar la ducha, me secaron con suaves toallas y entonces me vi en el espejo del baño, de cuerpo entero. Me quedé boquiabierto al ver en lo que me había convertido. Antes del accidente era un deportista en buena forma, pero ahora ya no quedaba rastro de ningún músculo. Los huesos de las costillas, las caderas y los omóplatos asomaban por la piel, y las manos y brazos se habían quedado tan en los huesos que las rodillas y los codos sobresalían como un nudo grueso en un trozo de cuerda. Las enfermeras me apartaron del espejo y me pusieron una bata de hospital limpia. Después me llevaron a una pequeña cama y empezaron a examinarme. Sin embargo, les pedí que me dejaran a solas un momento. Cuando se hubieron marchado, me regocijé en silencio en la comodidad, la limpieza y la paz de aquella pequeña pero agradable habitación. Me tumbé de espaldas en el colchón, que era muy blando, y noté la suavidad de las reconfortantes sábanas de algodón. Poco a poco empecé a asumirlo: estaba a salvo; iba a volver a casa. Espiré profundamente y después saqué el aire con lentitud. «Respira otra vez —solíamos decir en la montaña para darnos coraje unos a otros en los momentos de desesperación—. Mientras sigas respirando, estarás vivo.» En aquellos días, cada respiración era un desafío. En mis setenta y dos días en los Andes no había respirado ni una sola vez sin miedo. Ahora, por fin, disfrutaba del lujo de respirar con normalidad. Me llenaba de aire los pulmones una y otra vez y, después, lo sacaba con detenimiento. Cada vez que respiraba me susurraba a mí mismo asombrado: «Estoy vivo. Estoy vivo. Estoy vivo.»

De repente, mis pensamientos se interrumpieron. Había un tremendo griterío fuera de la habitación y podía oír un forcejeo en el pasillo.

—¡Tranquilícese! —ordenó gruñendo una resuelta voz de hombre—. No están permitidas las visitas.

La voz de una mujer respondió:

—¡Mi hermano está ahí dentro! —gritó—. ¡Tengo que verlo! ¡Por favor!

Salí corriendo al pasillo justo a tiempo de ver a mi hermana Graciela abriéndose paso a empujones entre un grupo de enfermeros del hospital. La llamé por su nombre y, nada más verme, empezó a sollozar. Al cabo de unos segundos la tuve entre mis brazos y mi corazón rebosó de amor mientras la abrazaba. Venía con su marido, Juan, que también tenía los ojos llenos de lágrimas. Durante un rato, los tres permanecimos abrazados sin mediar palabra. Entonces levanté la vista. Al final del pasillo, de pie, inmóvil bajo la estrecha luz de un fluorescente, estaba la silueta esbelta de mi padre, con la cabeza inclinada. Caminé hasta él y lo abracé. Entonces lo alcé entre mis brazos hasta que despegó los pies del suelo.

—¿Lo ves, papá? —le susurré mientras lo dejaba de nuevo en el suelo—. Sigo teniendo suficiente fuerza como para levantarte.

Me apretó contra él, tocándome con las manos, convenciéndose de que yo era real. Le abracé durante un buen rato, notando cómo le temblaba ligeramente el cuerpo mientras lloraba. Nos pasamos unos minutos sin decir nada. Entonces, mientras le apretaba la cabeza contra mi pecho, susurró:

—¿Mami? ¿Susy?

Le respondí con un silencio de cortesía y él se desvaneció un poco en mis brazos al comprender la respuesta. Al cabo de un rato, Graciela se acercó a nosotros y nos condujo a mi habitación. Se reunieron todos en torno a mi cama y entonces les conté la historia de mi vida en las montañas. Describí el lugar del accidente, el frío, el miedo y el largo viaje que había hecho con Roberto. Les expliqué cómo había muerto mi madre y cómo había reconfortado a Susy. Mi

padre se sobresaltó cuando mencioné a mi hermana, así que le aho-
rré los detalles de su sufrimiento, creyendo que bastaba con contarle
que nunca estuvo sola y que había muerto en mis brazos. Graciela
lloraba ligeramente mientras yo relataba mis vivencias. No podía
apartar la vista de mí. Mi padre se sentó en silencio junto a mi cama,
escuchando, asintiendo, con una sonrisa en su cara que me partía el
alma. Cuando hube acabado, se hizo el silencio hasta que mi padre
reunió fuerzas para hablar:

—¿Cómo sobrevivisteis, Nando? —preguntó—. Tantas semanas sin comida...

Le conté sin rodeos que nos habíamos comido la carne de aquellos que no habían sobrevivido. La expresión de su cara no cambió.

—Hiciste lo que debías —dijo, con la voz quebrada por la emoción—. Estoy contento de que hayas vuelto a casa.

Quería decirle tantas cosas... que había pensado en él a cada momento, que su amor había sido la luz que me había guiado hacia la
salvación. Pero ya habría tiempo para eso más tarde. Ahora quería
guardar en la memoria como un tesoro cada segundo de nuestro reencuentro, con toda su alegría y su tristeza. Al principio me costó convencerme de que ese momento, el momento con el que había soñado durante tanto tiempo, era real. Mi mente avanzaba lentamente y
mis sentimientos estaban extrañamente acallados. No sentía júbilo
ni sensación de triunfo, sino tan sólo una leve y agradable sensación
de paz y de seguridad. No había palabras para expresar cómo me sentía, así que me limité a sentarme en silencio. Al cabo de un rato oí la
alegría explotando por los pasillos a medida que los familiares del
resto de supervivientes se encontraban con sus hijos. Mi hermana se
levantó y cerró la puerta y, en la intimidad de mi habitación, compartí con lo que quedaba de mi familia el sencillo milagro de estar
juntos de nuevo.

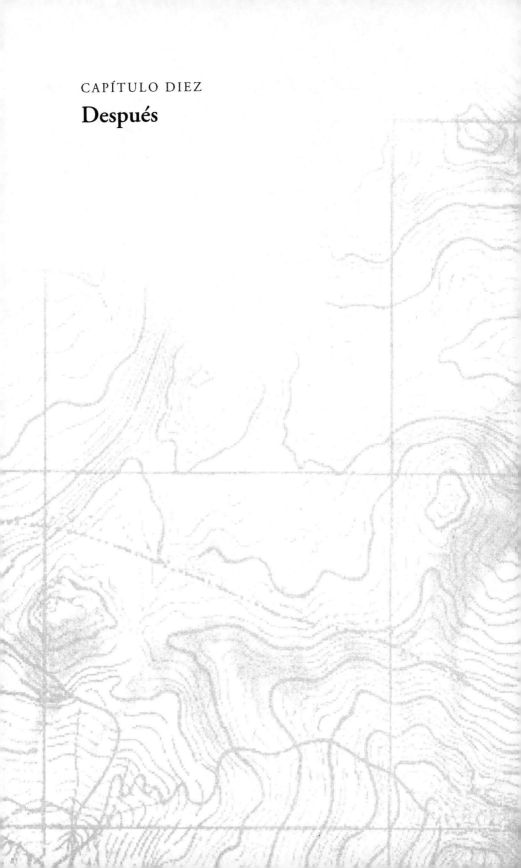

CAPÍTULO DIEZ

Después

Al día siguiente, el 23 de diciembre, los ocho supervivientes a los que habían dejado en la montaña volaron hacia Santiago, donde se les realizó un chequeo en un hospital conocido como Posta Centrale. Los médicos decidieron mantener a Javier y a Roy en observación (les preocupaba especialmente este último, cuyos análisis de sangre revelaban anomalías que podían ser un riesgo para su corazón), pero al resto se les dio el alta y se los trasladó al Hotel Sheraton San Cristóbal, donde muchos de ellos se reencontraron con sus familias. A los ocho que estábamos en el Hospital de San Juan nos trasladaron a Santiago esa misma tarde. Álvaro y Coche, los más débiles del grupo, ingresaron en el Posta Centrale, mientras que al resto de nosotros nos dieron el alta y nos llevaron al Sheraton para que nos reuniéramos con nuestros amigos.

El ambiente en el Sheraton, y en todo Santiago por extensión, estaba cargado de un aire de celebración y de un sentimiento de fervor religioso. Los periódicos llamaron a nuestra vuelta «El milagro de la Navidad» y mucha gente nos consideraba casi como personajes místicos: jóvenes que habían sido salvados por la intercesión directa de Dios, que daba prueba de Su amor. La noticia de nuestra supervivencia llenaba titulares en todo el mundo y el interés público era intenso. El vestíbulo del Sheraton y las calles fuera del hotel estaban abarrotadas a todas horas de periodistas y reporteros que se abalanzaban sobre nosotros a cada paso que dábamos. No podíamos salir a tomar un café, ni un aperitivo, ni tener una conversación tranquila con nuestras familias sin que una horda de periodistas nos pusieran los micrófonos en la boca y nos dispararan los flashes en la cara.

En Nochebuena nos hicieron una fiesta en la discoteca del hotel. Reinaba un ambiente de júbilo y gratitud. Muchos de los supervivientes y sus familias daban gracias a Dios por habernos salvado de la muerte.

—Te dije que estaríamos en casa en Navidad —me dijo Carlitos, con la misma sonrisa de certeza que había esbozado en la montaña—. Te dije que Dios no nos abandonaría.

Me alegraba por él y por los demás pero, al verles compartir su júbilo con sus seres queridos, me di cuenta de que, excepto Javier, todos los supervivientes habían recuperado su vida tal y como era antes. Muchos de ellos habían perdido amigos en la tragedia, eso era cierto, y todos ellos habían soportado una increíble pesadilla, pero ahora todo eso había acabado. Sus familias estaban intactas. Volverían a abrazar a sus padres, hermanos y novias. Sus mundos empezarían de nuevo y todo sería tal como lo habían dejado antes de que el accidente interrumpiera sus vidas. Sin embargo, mi mundo se había destruido y lo único que hizo la fiesta fue recalcarme lo mucho que había perdido. Ya no pasaría ninguna Navidad más con mi madre ni con Susy. Era evidente que mi padre había quedado trastocado por la tragedia, así que me preguntaba si algún día volvería a ser el hombre que yo había conocido. Intenté compartir la alegría de los demás esa noche, pero me sentí muy solo, consciente de que lo que era un triunfo para los demás tan sólo era el principio de un nuevo e incierto futuro para mí.

Después de tres días en Santiago, el ambiente circense que reinaba en el hotel se hizo difícil de soportar y mi padre nos llevó a una casa en Viña del Mar, un pueblo de la costa chilena. Pasamos allí tres días tranquilos, descansando, conduciendo por los alrededores y tumbados al sol. En la playa me sentía como un bicho raro. Mi foto había salido en todos los periódicos y, con mi larga barba y los huesos marcados que me sobresalían por la piel, era fácil identificarme como un superviviente. No podía ir demasiado lejos sin que se me acercaran extraños, así que me quedé cerca de la casa y pasé muchas horas con mi padre. Él no me preguntó mucho sobre lo que me pasó en las montañas y yo notaba que aún no estaba preparado para oír los detalles, pero estaba deseando compartir conmigo lo que había sido su vida en las largas semanas que yo había estado fuera. Me contó que a las tres y media de la tarde del día 13 de octubre, justo a la hora en la que había caído el avión, iba de camino a ingresar dinero en un banco cerca de su oficina en Montevideo cuando, de repente, algo le hizo pararse en seco.

—La puerta del banco estaba a tan sólo unos pasos —me contó—, pero yo no podía obligarme a avanzar. Fue muy extraño. Perdí todo mi interés por el banco, se me encogió el estómago y lo único que quería era ir a casa.

En toda su vida mi padre había faltado al trabajo sólo unas pocas veces, pero ese día se olvidó de la oficina y condujo hasta nuestra casa en Carrasco. Se sirvió una taza de mate y encendió la televisión, donde los boletines de noticias especiales informaban de que un avión chárter uruguayo se había perdido en los Andes. Al no saber que tuvimos que hacer una parada no programada en Mendoza, se tranquilizó pensando que habíamos llegado a Santiago la noche anterior. Aun así, una sensación de temor le invadió mientras veía las noticias. Entonces, aproximadamente una hora después de haber llegado a casa, llamaron a la puerta.

—Era el coronel Jaume —explicó mi padre, nombrando a un amigo que era oficial de las fuerzas aéreas uruguayas—. Me dijo: «Me está esperando un coche. Quiero que vengas conmigo. Me temo que tengo malas noticias...»

El coronel se llevó a mi padre a su casa, donde le confirmó lo peor: el avión perdido era, de hecho, el nuestro. Al día siguiente, mi padre voló a Santiago para reunirse con funcionarios chilenos, que le explicaron lo que sabían del accidente. Ese viaje le hizo sobrevolar los Andes y, mientras miraba las montañas a sus pies, le recorrió un escalofrío al pensar que su mujer y sus hijos habían caído en un lugar tan despiadado.

—En ese momento —me contó—, perdí todas las esperanzas. Sabía que nunca volvería a veros.

Las semanas siguientes fueron tan espantosas para él como yo había predicho en la montaña. No podía dormir ni comer. No encontraba consuelo en la oración ni en la compañía de los demás. Muchos padres de otras víctimas del accidente encontraron formas de mantener viva la esperanza y algunas de las madres se reunían con frecuencia para rezar por nosotros. Un grupo de padres, encabezado por el reverendo Carlitos, Carlos Páez-Villaro, había organizado incluso sus propias iniciativas de búsqueda, alquilando aviones y helicópteros para sobrevolar los lugares de los Andes donde las autoridades creían que podría haber caído el Fairchild. Mi padre aportó dinero a estos intentos de búsqueda aunque estaba seguro de que no eran más que una pérdida de tiempo.

—Cuando un avión se cae en los Andes, se pierde para siempre —dijo—. Yo sabía que tendríamos suerte si las montañas nos daban siquiera un pequeño fragmento del avión accidentado.

Sin esperanzas a las que aferrarse, el estado de ánimo de mi padre cayó en picado. Se aisló cada vez más y se volvió apático. Solía sentarse solo, en silencio, durante horas, o deambular sin rumbo por la playa con mi perro Jimmy como única compañía.

—Tu madre siempre me había dado fuerza —me dijo—. La necesitaba mucho en aquel momento, pero se había ido y sin ella estaba perdido.

Conforme pasaban los días, se volvió cada vez más desganado y solitario y, más de una vez, su pena le había llevado al borde de la locura.

—Un día estaba comiendo con Lina —me contó—. La casa estaba en silencio. Había muchos sitios vacíos en la mesa. Clavé el tenedor en la mesa y dije: «Mamá, no me puedo quedar aquí.» Entonces salí de casa y me puse a caminar.

Deambuló por las calles durante horas, toda la tarde, hasta bien entrada la noche. Tenía la mente completamente en blanco, salvo por un vago pensamiento que le indicaba que debía seguir caminando, que a través de ese sencillo movimiento hacia delante podría distanciarse del dolor que sentía. Finalmente llegó a la plaza Matriz, una plaza cubierta de césped que constituía el centro histórico de Montevideo. Frente a él se erigían las oscuras y ornamentadas torres de la Catedral Metropolitana, construida por los colonos españoles en 1740. Mi padre no era una persona religiosa, pero algo le arrastró hacia la iglesia, el ansia por estar en paz o quizá algún pequeño consuelo al que pudiera aferrarse. Se arrodilló y trató de rezar, pero no sintió nada. Hundido en el banco de la iglesia, miró el reloj y se quedó perplejo al comprobar que llevaba caminando más de diez horas.

Con el temor de estar volviéndose loco, salió de la iglesia y, en medio de la oscuridad, regresó a casa.

—Me dije a mí mismo: «Tengo que cambiarlo todo.» —me contó.

Entonces, como si se pudiera desprender del dolor cortando sus vínculos físicos con el pasado, mi padre empezó a desmantelar su vida. Vendió su valioso Mercedes y el Rover que tanto quería mi madre. Puso en venta el apartamento de Punta del Este y se dispuso a vender también nuestra casa en Carrasco. Incluso trató de vender los negocios que había tardado toda una vida en establecer, pero Graciela y Juan se enteraron de sus planes y le disuadieron de todos esos actos imprudentes antes de que se hiciera todavía más daño.

—No sabía lo que hacía —me contó—. A veces pensaba con claridad y otras estaba totalmente loco. No me importaba nada en ese momento. Nada tuvo sentido tras la caída del avión.

Cuando mi padre oyó que nos habían encontrado a Roberto y a mí en las montañas se negó a creerlo, pero poco a poco se permitió aceptar que era verdad. La mañana del 23 de diciembre tomó un vuelo chárter rumbo a Santiago con Graciela, con Juan y con las familias de las demás víctimas del accidente. Aún no se habían publicado los nombres de los supervivientes y, mientras mi padre sobrevolaba de nuevo los Andes, se permitió alimentar una esperanza.

—Si alguien está vivo —le dijo a mi hermana—, es porque tu madre le ha sacado de allí.

Al cabo de unas horas, abrazado a mí, le confirmaba que sus esperanzas eran falsas; mi madre y mi hermana no habían sobrevivido.

—Papá —le dije un día en Viña del Mar—. Siento no haber podido salvar a mamá y a Susy.

Sonrió con tristeza y me agarró del brazo.

—Cuando estaba seguro de que todos estabais muertos —explicó—, sabía que nunca me recuperaría de la pérdida. Era como si mi casa se hubiera quemado hasta los cimientos y hubiera perdido todo lo que tenía para siempre. Ahora, al tenerte otra vez conmigo, es como si hubiera rescatado algo precioso de las cenizas. Siento que he renacido. Mi vida puede empezar de nuevo. A partir de ahora, intentaré no sentirme mal por lo que me han arrebatado, sino feliz por lo que me han devuelto.

A mí me aconsejó que hiciera lo mismo.

—El sol saldrá mañana —me dijo—, y pasado mañana, y el día después. No dejes que esto sea lo más importante que te ha pasado nunca. Mira hacia delante. Tendrás un futuro. Tendrás una vida.

Nos fuimos de Viña del Mar el 30 de diciembre en un avión rumbo a Montevideo. Me aterró sobrevolar de nuevo los Andes, pero con la ayuda de los sedantes que me recetó un médico chileno, logré subir al avión. Al llegar a nuestra casa de Carrasco, una multitud de amigos y vecinos se había reunido en la calle para recibirme. Nos saludamos con un apretón de manos y abrazándonos mientras subía por el largo tramo de escalones que iban desde la acera hasta la puerta principal, donde me esperaba mi abuela Lina. Me eché a sus brazos y ella me abrazó con tal fuerza y con un afecto tan agridulce que supe que, mentalmente, estaba abrazando también a Susy y a mi madre. Todos entramos en la casa. Frente a mí, tumbado en el suelo alicatado del pasillo, estaba mi perro, Jimmy. Estaba profundamente dormido, pero al oírnos entrar abrió los ojos fatigado, sin levantar su gran cabeza cuadrada de las patas. Me miró con curiosidad y, entonces, levantó las orejas, se sentó y alzó la cabeza como si no se lo creyera. Me observó durante bastante rato y, emitiendo un aullido de felicidad, se impulsó hacia mí con tanto ímpetu que por unos momentos se quedó corriendo en el sitio con las pezuñas arañando las resbaladizas baldosas. Cuando saltó a mis brazos lo abracé y le dejé que me lamiera la cara con su lengua, cálida y húmeda. Todo el mundo se rió por la felicidad de Jimmy y, para mí, fue una estupenda bienvenida a casa.

Los primeros momentos en casa me resultaron extraños. Estaba contento y sorprendido de estar de nuevo allí, pero las habitaciones me recordaban estrepitosamente la ausencia de mi madre y de mi hermana. Fui hasta mi antigua habitación. Graciela se había mudado a casa de mi padre justo después del accidente y su hijo, de dos años de edad, era quien usaba ahora mi habitación. Vi que todas mis cosas habían desaparecido. En su atormentado esfuerzo por purgarse del pasado, mi padre se había deshecho de todas mis pertenencias; mi ropa, mis libros, mi equipo de deporte, las revistas de coches y motos, e incluso del póster de Jackie Stewart que llevaba años colgado en la pared. En el comedor vi mi fotografía encima de la repisa de la chimenea, colocada junto a fotografías de mi madre y de Susy, como si fuera un tétrico monumento. Miré por la ventana. Había coches circulando por la calle. Las luces de las otras casas se iban poco a poco encendiendo, la gente seguía con sus vidas. «Así es como sería la vida si hubiera muerto —pensé—. No dejaría un gran vacío. El mundo ha seguido sin mí.»

Viví aquellas primeras semanas en casa como si estuviera en una especie de limbo. Muchas cosas habían cambiado y yo no parecía encontrar mi lugar en la vida normal. Al haber perdido a Guido y Panchito, me pasaba la mayor parte del tiempo solo. Jugaba con Jimmy y pasaba horas montando en moto —el amigo que se la compró a mi padre se la devolvió al enterarse del rescate—. A veces caminaba por las calles, pero me reconocían en todas partes, así que al cabo de un tiempo me resultó más fácil quedarme en casa. Cuando salía no podía evitar que la gente me recordara lo que me había pasado. Una vez, en La Mascota, una pizzería del barrio que había frecuentado desde niño, el dueño y un camarero montaron un gran revuelo acerca de lo honrados que se sentían de tenerme allí y no aceptaron que pagara. Sé que su intención era buena, pero tardé mucho tiempo en volver. Por las aceras, los extraños se me acercaban para estrecharme la mano, como si fuera una especie de héroe conquistador que había honrado a Uruguay con mis hazañas. De hecho, nuestra supervivencia se había convertido en una cuestión de orgullo nacional y nuestra tragedia se consideraba una aventura gloriosa. La gente comparaba nuestros logros con la heroica victoria del equipo de fútbol uruguayo que había ganado el Mundial en 1950. Algunos incluso llegaron a decirme que me envidiaban por mi experiencia en los Andes y que hubieran deseado estar allí conmigo. No sabía cómo explicarles que esas montañas no tenían ningún encanto; todo lo que ofrecían era repugnancia, miedo, desesperación, y la obscenidad de ver morir a tanta gente inocente.

También me irritó el sensacionalismo con el que muchos medios de comunicación trataban el tema de lo que habíamos comido para sobrevivir. Poco después de ser rescatados, las autoridades de la Iglesia católica anunciaron que, según la doctrina eclesiástica, no habíamos pecado al comer la carne de un ser muerto. Tal como Roberto razonó en la montaña, le dijeron al mundo que el pecado hubiera sido dejarse morir. Sin embargo, me alivió más que muchos de los padres de los muchachos que fallecieron nos expresasen públicamente su apoyo, diciéndole al mundo que comprendían y aceptaban lo que habíamos hecho para sobrevivir. Siempre les estaré agradecidos por el coraje y la generosidad que mostraron al apoyarnos. A pesar de estos gestos, muchos noticieros se centraban en el tema de nuestra alimentación de un modo imprudente y con la intención de despertar el interés. Algunos periódicos lanzaron titulares sensacionalistas acompañados de fotos espeluznantes en primera página que habían sido tomadas por los miembros del equipo de rescate de los Andes cuando vinieron a buscarnos. En ellas se mostraban montones de huesos cerca del fuselaje y partes de algún cuerpo humano esparcidas por la nieve. Debido a ese trato sensacionalista de la noticia, empezaron a formarse rumores, incluida la teoría de que el alud nunca sucedió y de que habíamos matado a quienes no habían muerto en el accidente para poder comérnoslos.

Aunque Graciela y Juan fueron de gran ayuda en esos días, yo echaba mucho de menos a Susy y a mi madre. Mi padre era mi compañero de sufrimiento que, todavía aturdido por el dolor, estaba tan perdido como yo. Pronto supe que, al sentirse solo, había buscado consuelo en la compañía de otra mujer y que todavía la veía. No le culpaba por ello. Sabía que era un hombre que necesitaba un centro emocional sólido en su vida y que la muerte de mi madre le había arrebatado esa sensación de plenitud y equilibrio sin la que no podía vivir. Aun así, me resultó difícil verles a los dos juntos cuando había pasado tan poco tiempo desde el accidente y lo veía como una señal más de que mi antigua vida había desaparecido para siempre. Así las cosas y dado que se acercaba el verano, decidí escaparme de Montevideo y de todos los recuerdos que había allí para pasar algún tiempo solo en el apartamento de mi padre en Punta del Este. Nuestra familia había veraneado allí durante años, desde que Susy y yo éramos pequeños y jugábamos en la playa. Ahora, por supuesto, todo había cambiado. Todo el mundo me conocía y fuera donde fuera me veía rodeado de bobos, admiradores y extraños que me pedían autógrafos. Al principio me escondía en el apartamento, pero debo admitir que, a medida que pasaba el tiempo, una parte de mí empezó a disfrutar del interés que despertaba, sobre todo cuando me di cuenta de que había tantas jovencitas atractivas que parecían decididas a conocerme. Siempre había envidiado la capacidad natural de Panchito para atraer a las chicas más hermosas de la playa y ahora esas mismas jovencitas se sentían fuertemente atraídas por mí. ¿Se sentían atraídas por ser quien era o por lo que había hecho? ¿O simplemente les gustaba mi recién estrenada fama? No me importaba. Por primera vez en mi vida, las mujeres me encontraban fascinante —irresistible, de hecho— y me esforcé por sacar el máximo partido de la situación. Durante semanas salí a divertirme con una hermosa mujer detrás de otra, a veces con dos o tres en un solo día, y siempre estaba atento por si aparecía alguna nueva. Me convertí en uno de los donjuanes más conocidos de Punta del Este y mi foto aparecía a menudo en la sección de vida social del periódico: Nando en una fiesta de moda, sujetando una copa, llevando la ociosa vida de un playboy a tiempo completo y siempre con una despampanante mujer en sus brazos. Esta notoriedad no escapó a la atención del resto de supervivientes, que no estaban demasiado contentos con mi comportamiento. Para ellos, la tragedia había sido una experiencia transformadora que les había mostrado la dignidad de la vida humana y les había llevado a entregarse a una vida regida por la moral y los principios más sublimes. A sus ojos, yo estaba olvidando las lecciones que había aprendido. En algún momento durante el verano me pidieron que formara parte del jurado en un concurso de belleza en la playa, oferta que acepté de buen grado. La noticia salió en un periódico local acompañada de una foto en la que yo salía sonriendo de oreja a oreja, rodeado de seis bellezas en biquini. Eso fue la gota que colmó el vaso para los demás, así que por respeto a ellos finalmente rechacé la oferta. Aun así, pensaba que mis amigos se estaban tomando demasiado en serio a sí mismos. Al fin y al cabo, considerando lo que habíamos pasado, ¿acaso el mundo no nos debía un poco de diversión? Lo único que me preocupaba por aquel entonces era divertirme. Me dije a mí mismo que estaba disfrutando de la vida, compensando el tiempo que había estado perdido en la montaña; pero tal vez me estaba engañando. Ahora pienso que en lo más profundo de mi alma había un aturdimiento, un vacío, y que yo intentaba llenar ese vacío yéndome de juerga noche tras noche. Estaba negando el dolor que me había guardado dentro desde que empezó la tragedia, estaba intentando encontrar un modo seguro de *sentir*.

Una noche, en una discoteca de Punta llamada 05, estaba hablando con la chica con la que me había citado esa noche y bebiéndome una Coca-Cola cuando la realidad me tendió una emboscada. Había pasado muchas noches en el mismo club con Panchito y esa vez, por costumbre, esperé a que pasara por la puerta. Había pensado muchas veces en él desde que nos rescataron pero esa noche, en ese lugar, sentí su ausencia muy dentro de mí, como una punzada en el intestino, y entendí con una brutal certeza que se había ido. El hecho de darme cuenta de esa pérdida hizo aflorar a la superficie el resto de pérdidas que había tenido y, por primera vez desde que el Fairchild cayera en las montañas, empecé a llorar. Agaché la cabeza y sollocé con tanta violencia que no me podía controlar. Mi cita me ayudó amablemente a regresar a casa y me pasé horas en el balcón de mi apartamento mirando al mar, solo con mis pensamientos. Al reflexionar sobre todo lo que se me había arrebatado, mi aflicción pronto se transformó en indignación. ¿Por qué había sucedido? ¿Por qué me hicieron sufrir tantas pérdidas cuando muchos otros pudieron seguir felizmente con sus vidas? Me quedé sentado así durante horas, maldiciendo a Dios o a mi suerte, y torturándome con las posibilidades: «Ojalá los pilotos hubieran visto antes esa montaña. Ojalá Panchito se hubiera sentado en otro asiento. Ojalá no hubiera invitado a mi madre y a mi hermana a ir.» Pensé en los muchachos que habían anulado el viaje en el último momento, en los que habían perdido el avión, en los que tuvieron que ir en otro vuelo. ¿Por qué no me salvé como esos chicos? ¿Por qué tuvo que ser mi vida la que se destruyera?

Conforme transcurrían las horas y me hundía cada vez más en esos amargos pensamientos, mi ira se volvió tan fuerte que creí que nunca le perdonaría a la vida el modo en que me había arrebatado un futuro feliz. Pero entonces, justo antes del amanecer, a medida que el cansancio calmaba mi ira, recordé las palabras que me había dicho mi padre en Viña del Mar: «Tendrás un futuro. Tendrás una vida.»

Mientras sopesaba sus palabras me di cuenta del error que estaba cometiendo. Había pensado que la tragedia era un terrible error, un desvío no previsto de la historia feliz que sería la vida que se me había prometido, pero ahora empezaba a entender que mi penosa experiencia en los Andes no era una interrupción de mi destino real ni una alteración de lo que se suponía que tenía que ser mi vida. Ésa era, simplemente, mi vida, y el futuro que tenía por delante era el único con el que podía contar. Huir de eso o vivir amargado y furioso no haría más que evitar que viviera una vida genuina. Antes del accidente daba muchas cosas por sentado, pero las montañas me habían enseñado que la vida, cualquier vida, es un milagro. Ahora, milagrosamente, se me había dado una segunda oportunidad para vivir. Aunque no era la vida que quería ni la que había previsto, comprendí que mi obligación era vivir esa vida tan plenamente y con tanta esperanza como pudiera. Prometí solemnemente intentarlo. Viviría con pasión y curiosidad. Me abriría a las posibilidades de la vida. Disfrutaría de cada momento e intentaría, día a día, volverme más humano y estar más vivo. Comprendí que no hacerlo sería un insulto para quienes no habían sobrevivido.

Hice esta promesa sin la expectativa de ser feliz. Tan sólo sentía que mi obligación era sacar el máximo partido de la oportunidad que se me había dado, así que me abrí a la vida y, para mi gran suerte, mi nueva vida empezó a tomar forma.

En enero de 1973 unos amigos me invitaron a ir con ellos a ver el Gran Premio de Fórmula 1 de Argentina en Buenos Aires. En esa época no me apetecía viajar, pero mi estancia en las montañas no había mermado mi afición por los deportes de motor y ésa era una oportunidad única de ver a los pilotos más importantes del mundo, así que acepté ir. No llevábamos mucho tiempo en el circuito cuando la prensa se enteró de mi presencia y pronto me vi rodeado de fotógrafos. Les dejé que me fotografiaran y seguimos avanzando. Al cabo de unos minutos me dejó perplejo el aviso que se oyó por la megafonía del circuito: «Nando Parrado, por favor preséntese en los boxes de Tyrell.»

—Probablemente sea algún periódico que quiere que le conceda una entrevista —les dije a mis amigos—. Pero se trata de los boxes del equipo de Fórmula 1 Tyrell. Vayamos, es una buena oportunidad para ver los coches de cerca.

Al llegar, los boxes de Tyrell bullían de actividad. Unos veinte mecánicos vestidos con monos azules atendían ajetreadamente dos bonitos coches de carreras del gran premio. Cuando me presenté, uno de los mecánicos me agarró del brazo y me llevó, pasando de largo los coches, a un trozo de asfalto en la parte trasera de los boxes, donde estaba aparcada una gran autocaravana. El mecánico me abrió la puerta y me indicó que entrara; después regresó a los boxes. Subí por un pequeño tramo de escaleras y me metí dentro del remolque. A mi izquierda había un hombre delgado de pelo castaño sentado en un sofá, enfundándose un mono de carreras ignífugo de color gris claro. Cuando alzó la vista y vi quién era, me quedé boquiabierto y retrocedí.

—¡Eres Jackie Stewart! —dije sin pensármelo dos veces.

—Sí —respondió con el suave acento escocés que había oído en televisión cientos de veces—. ¿Eres Nando Parrado?

Asentí en silencio.

—He oído que estabas aquí —dijo— y les he pedido que te fueran a buscar.

Entonces me dijo que había querido conocerme desde que oyó la historia de la tragedia en los Andes. Estaba muy impresionado con lo que yo había hecho, según me dijo, y esperaba que no me importara hablar con él del tema.

—Sí —tartamudeé—. Me encantará...

Sonrió y me recorrió con la mirada.

—¿Te gusta el automovilismo? —preguntó.

Respiré hondo. ¿Por dónde debería empezar?

—Me encanta —respondí finalmente—. Me encanta desde pequeño. Tú eres mi piloto favorito. He leído tus libros, conozco todas las carreras en las que has corrido, tengo tu póster en mi habitación...

No sé cuánto tiempo seguí en ese plan, pero quería que entendiera que no era un simple aficionado lisonjero. Quería demostrarle que había estudiado sus técnicas y que respetaba su dominio del deporte, la virtuosidad con la que aceleraba el coche hasta desafiar los límites de la física jamás sin pasarse, su forma de equilibrar la agresividad y la gracia, el riesgo y el control. Le quería hacer ver que entendía completamente ese deporte y que sabía que conducir bien era más una cuestión de poesía que de machismo.

Jackie sonrió amablemente mientras terminaba de vestirse.

—Tengo que ir a la ronda de calificaciones —dijo—, pero quédate por los boxes y hablaremos cuando regrese.

Jackie volvió en menos de una hora. Me enseñó su coche —incluso me dejó sentarme al volante— y me invitó a quedarme en la reunión de su equipo antes de la carrera. Escuché con total admiración la conversación de Jackie con sus ingenieros y mecánicos sobre los ajustes de última hora que tenían que hacer al motor y a la suspensión del coche para ponerlo a punto. Después de la reunión, Jackie y yo hablamos durante horas. Él me preguntó cosas sobre los Andes y yo, sobre carreras y coches. Al cabo de un rato ya no me intimidaba tanto estar con él. A pesar de su fama y de su categoría, era un hombre auténtico y generoso y, mientras nos íbamos conociendo, me di cuenta, sorprendido, de que mi ídolo de juventud y yo nos estábamos haciendo amigos.

Al cabo de unos meses acepté la invitación de Jackie para visitarlo en su casa de Suiza, donde estreché los lazos con su familia y nuestra amistad se hizo más profunda. Jackie y yo nos pasábamos horas hablando de coches y de las carreras y yo trataba de absorber todo lo que decía. Finalmente, le confesé que había soñado con pilotar coches de carreras desde niño.

Jackie se tomó en serio mi interés y me animó a mí a hacer lo mismo. En 1974, por recomendación de Jackie, me inscribí en la escuela de pilotos de Jim Russell en Snetterton, Gran Bretaña. En aquella época, era la principal escuela de pilotos de carreras del mundo y sus licenciados (Emerson Fitipaldi entre ellos) corrían en los mejores circuitos. En la escuela Russell me entrené con coches de Fórmula Ford —una máquina tan espectacular como cualquier coche con el que hubiera soñado de niño— y me demostré a mí mismo que tenía lo necesario para ser un corredor de élite.

Al terminar las clases, regresé a casa, a Sudamérica, y me pasé los dos años siguientes corriendo con motocicletas y automóviles modificados para las carreras en Uruguay, Argentina y Chile. Aunque disfruté de mi dosis de victorias, siempre soñé con pilotar en los mayores circuitos de Europa, y ese sueño no tardó en hacerse realidad. En 1973, en el Gran Premio de Buenos Aires —la misma carrera en la que conocí a Jackie Stewart— me habían presentado a Bernie Ecclestone, el empresario británico dedicado al automovilismo que ahora se considera uno de los padres fundadores de la Fórmula 1. En aquella época, Bernie era ya uno de los personajes más influyentes del panorama automovilístico internacional y el dueño del gran equipo de competición Brabham. Al igual que Jackie, pronto se dio cuenta de mi pasión por el automovilismo, lo cual sentó las bases de una sólida amistad. Desde entonces nos mantuvimos en contacto, y él siguió mi corta trayectoria automovilística muy de cerca. A principios de 1977 supe por Bernie que el prestigioso equipo de competición Autodelta de Alfa-Romeo estaba buscando pilotos. Se ofreció a acordar una cita para presentarme, de modo que al cabo de unas semanas me desplacé hasta las oficinas de Alfa-Romeo en Italia con otros tres pilotos sudamericanos: Juan Zampa, Mario Márquez y Eugene «Chippy» Breard. Nuestras reuniones con el personal de Autodelta fueron bien y en mayo de 1977 Juan, Mario, Chippy y yo empezamos a pilotar como compañeros de equipo en carreras de larga distancia en el marco del Campeonato Europeo de Turismos. Había hecho realidad la vida que había soñado: competir contra pilotos de élite en los mayores circuitos del mundo. Nuestros resultados fueron buenos; quedamos segundos en Silverstone, Inglaterra, y en Zandvoort, en los Países Bajos, y obtuvimos nuestra primera victoria en Pergusa, un circuito muy rápido del sur de Italia. Con cada carrera ganaba más seguridad en mí mismo. Conducía más suavemente, con más equilibrio, precisión y velocidad. Cada vez sobrepasaba nuevos límites y me demostraba a mí mismo que, incluso compitiendo con el mejor, podía salir airoso. Así, poco a poco, se fue haciendo realidad el sueño que tenía de pequeño: el sueño de encontrar poesía en la potencia y precisión de un coche de carreras.

Fue un año increíble, lleno de emociones, grandes retos, gente interesante y elegantes viajes. Estaba viviendo un sueño y, al llegar a Bélgica para competir en el circuito Zolder en septiembre, no tenía motivos para pensar que se acabaría. Sin embargo, en los días previos a la carrera, mientras nuestro equipo preparaba los coches, entré en la sala VIP de Philip Morris a por una Coca-Cola y me quedé impresionado por una mujer rubia y alta que llevaba una chaqueta roja y pantalones blancos. Estaba de pie, de espaldas a mí, pero algo en ella me dejó sin palabras. Entonces se giró y sonrió.

—¿Nando? —dijo.

—¿Verónica? —tartamudeé—. ¿Qué haces aquí?

La conocía. Se llamaba Veronique van Wassenhove, una uruguaya de nacimiento cuyos padres habían emigrado desde Bélgica. Era una chica imponente, alta y esbelta, con el pelo largo y unos grandes ojos verdes. La había conocido hacía tres años en Montevideo, cuando salía con el hermano pequeño de Gustavo Zerbino, Rafael. Rafael había sufrido un accidente de coche de poca importancia justo antes de ir a una gran fiesta y me llamó a mí para pedirme si podía ir a recoger a su chica. Yo iba de camino a la fiesta con Roberto y su novia Laura, así que pasamos por casa de Veronique para llevarla. Se suponía que Rafael tenía que encontrarse con nosotros en la fiesta, pero al final no apareció, de modo que me convertí en la cita de Veronique esa noche. En aquella época ella tenía tan sólo dieciséis años, pero tenía una gracia natural y daba una sensación sosegada de madurez que me dio a entender que tenía los pies bien puestos sobre la Tierra. Me gustó desde el principio. Nos lo pasamos muy bien juntos, conversando y bailando, y a medida que transcurría la noche, yo estaba cada vez más impresionado. Sin embargo, Veronique era demasiado joven para mí y, además, salía con mi amigo, así que nunca lo consideré más que una noche accidental. En los años siguientes la seguí viendo en la playa, en discotecas o en fiestas, y siempre nos saludábamos. Una tarde, mis amigos y yo estábamos en el *casting* del certamen anual de belleza de Miss Punta del Este, un prestigioso concurso que atrae a las mujeres más hermosas de toda Sudamérica, observando cómo iban apareciendo una impresionante mujer tras otra vestidas con elegantes trajes de noche. Al cabo de un rato, una rubia alta que llevaba un brillante vestido azul salió al escenario. Se movía de forma diferente a las demás. Llevaba un paso menos estudiado y tenía una gracia más natural. En sus ojos se reflejaba sentido del humor y, mientras que el resto parecía hacer grandes esfuerzos por ofrecer una imagen de lo más elegante y lustrosa, ésta esbozaba una sonrisa suave y tenía un porte menos forzado, lo cual me decía que se estaba divirtiendo. Era Veronique, por supuesto. Había entrado en el concurso en el último minuto, animada por sus amigos, que creían que le ayudaría a iniciar su carrera como modelo. Me reí entre dientes cuando pasó por la mesa de los jueces. Era evidente que las demás aspirantes se habían pasado mucho tiempo y habían dedicado mucho esfuerzo a pulir su imagen y lo que llevaban puesto, hasta los elegantes zapatos que llevaban todas ellas. En cambio, cuando Veronique cruzó el escenario, vi que debajo del dobladillo del vestido largo que llevaba puesto no portaba zapatos, que estaba descalza. Me encandiló, al igual que al resto de los jueces, los cuales le otorgaron la corona al final de la velada.

Ahora estaba allí en Bélgica, con unos cuantos años más, esta vez sin Rafael y con un aspecto aún más encantador del que recordaba. Me contó que se alojaba con su madre en su apartamento de Bruselas, que había aceptado un trabajo temporal como relaciones públicas en el circuito y que tenía previsto ir a Londres a estudiar inglés, pero mis pensamientos estaban demasiado dispersos como para retener mucho de lo que decía. No podía dejar de mirarla. Apenas podía respirar. Me preguntaba, desde que era niño, cómo sería el momento en que conociera a la mujer con la que me casaría. ¿Cómo la conoceré? ¿Oiré una chispa? ¿Veré fuegos artificiales en mi mente? Ahora lo sabía. No fue así ni mucho menos. Sólo oía la firme y pausada voz de la certeza susurrándome al oído: « Veronique. Por supuesto...»

No tardé más de un segundo en ver mi futuro en sus ojos. Y creo que ella también vio su futuro en los míos. Hablamos un rato, y entonces ella me invitó a comer el lunes en el apartamento de su familia. Al día siguiente corrí y acabé segundo, lo cual fue un milagro, porque llovía intensamente y correr con lluvia exige una concentración feroz. Sin embargo, conforme daba una y otra curva y aceleraba en las rectas, no pensaba en el equilibrio, ni en la tracción, ni en la importancia de encontrar la línea más eficiente para dar una curva. Tenía puesta la mente en el lunes, en volver a ver a Veronique. Cuando finalmente llegó el día, fui a comer con ella y con su madre en su elegante apartamento de la avenida Louis de Bruselas. La madre de Veronique era una impresionante aristócrata y me saludó con cordialidad, pero debía de mostrarse cautelosa porque un piloto de carreras de veintisiete años se interesase por su hija de diecinueve. Traté de comportarme lo mejor que pude, pero ya estaba locamente enamorado y me costó mucho esfuerzo quitarle los ojos de encima a Veronique y recordarme a mí mismo que había alguien más en la sala.

Después de comer fuimos de excursión a Brujas, la romántica ciudad medieval de canales y catedrales. A cada paso que dábamos, notaba cómo la unión entre nosotros se solidificaba. Cuando anocheció y llegó la hora de llevarla a casa, le pedí que me visitara en Milán.

—¡Estás loco! —se rió—. Mi madre me mataría si me atreviera a preguntárselo.

—Ven a España entonces —insistí—. La semana que viene corro en el Jarama.

—Nando, no puedo —dijo—. Pero nos veremos pronto.

Regresé a mi apartamento de Milán el martes, echándola mucho de menos. Sorprendentemente, el miércoles recibí una llamada suya diciéndome que estaba de camino. Su decisión no era para nada vertiginosa ni impulsiva; lo había meditado con cautela y había hecho una elección a conciencia. Sólo habíamos pasado un día juntos en Bélgica, pero no había duda de que existía algo sólido entre nosotros. En ese momento, ella estaba eligiendo su futuro. ¿Estaba yo preparado para hacer lo mismo?

El jueves por la noche la fui a recoger a la estación de ferrocarril de Milán. Bajó del tren con sólo una mochila y una bolsa pequeña. Estaba tan hermosa que me enamoré de ella de nuevo. Veronique se vino conmigo al Jarama, después viajamos a Marruecos y nos quedamos allí de vacaciones durante un par de semanas. Me di cuenta de que me enfrentaba a una gran decisión. Me había demostrado a mí mismo que tenía madera de piloto de carreras de élite, pero hacer ese sueño realidad exigiría un compromiso cada vez mayor con el automovilismo y las carreras se convertirían en el centro de mi vida. Yo sabía que ése no era el tipo de vida que le interesaba a una mujer como Veronique. ¿Sería capaz de abandonar todos mis sueños automovilísticos, los sueños de toda una vida, justo cuando empezaban a hacerse realidad? Comprendí que, si nos íbamos a vivir juntos, sería en Uruguay. ¿Tendría la fuerza para cambiar mi elegante vida actual por largos días afanándome en las ferreterías de mi padre, cuadrando la contabilidad, cumplimentando pedidos y realizando un seguimiento de los envíos de tornillos y tuercas? Al final no tuve ninguna duda. Lo que había aprendido en la montaña me evitó hacer otra cosa que elegir bien: construiría un futuro con la mujer que amaba.

En la primavera de 1978 mi carrera como piloto ya era historia y Veronique y yo regresamos a Montevideo. En 1979 nos casamos. Nos mudamos a una casita en Carrasco y empezamos a construir una vida juntos. Veronique encontró trabajo de modelo y yo descubrí que me gustaba trabajar en las ferreterías. Graciela y Juan llevaban trabajando allí durante años y, los tres juntos, guiados por mi padre, convertimos el negocio en la mayor cadena de ferreterías del país.

A medida que pasaban los años se presentaron otras oportunidades. En 1984 me ofrecieron producir y conducir un programa sobre deportes de motor para el Canal 5 de la televisión nacional uruguaya. Nunca antes me había puesto delante de las cámaras, pero eso me brindaba la oportunidad de volver a formar parte del mundo del automovilismo, así que acepté el reto. En la televisión encontré una nueva pasión que se convirtió en una segunda trayectoria profesional. En el presente, Veronique y yo producimos y auspiciamos cinco programas para la televisión uruguaya que tratan sobre viajes, naturaleza, moda y actualidad. Participamos en todos los aspectos relacionados con la producción de estos programas: escribimos guiones, los editamos y los dirigimos, e incluso seleccionamos la música. Los programas de televisión satisfacen mi apetito de creatividad, y nuestro éxito en ese campo ha dado lugar a otros negocios, como una agencia de publicidad y una empresa de televisión por cable. Nos esforzamos mucho para levantar estas empresas y muchas veces hemos sido bendecidos con el éxito. Sin embargo, la mayor bendición de nuestras vidas fue el nacimiento de nuestras dos hijas.

Verónica nació en 1981. Hasta entonces había pensado que nunca podía amar nada tanto como amaba mi propia vida pero, al contemplar el rostro de mi bebé, me invadió el amor hacia ella. Al poco de nacer ya se había convertido en otro tesoro en mi vida, y supe que moriría por ella sin dudarlo. Desde el principio, disfruté de cada momento de la paternidad. Me encantaba cambiarle los pañales, darle de comer, bañarla y acostarla. A veces la cogía en brazos, sorprendido por la dulzura y perfección de su cuerpecito, y me daba cuenta de que si no hubiera logrado salir de los Andes, esa hermosa personita no existiría. Sentí una repentina y asombrosa sensación de gratitud por la abundancia de alegría en mi vida —¡se me había dado tanto amor y tanta felicidad!— y fui consciente de que cada penoso paso que había dado por el desolado terreno virgen de los Andes era un paso hacia el diminuto y valioso milagro que sujetaba en los brazos.

A los dos años y medio nació mi hija Cecilia, después de tan sólo cinco meses y medio de gestación. Pesó solamente un kilo y cien gramos y se pasó los dos primeros meses de vida en cuidados intensivos. Muchas noches los médicos nos decían que nos preparásemos para lo peor, que nos fuéramos a casa y rezásemos, y cada una de esas noches fue para mí como revivir otra vez la experiencia en los Andes. Veronique se pasaba cada día horas en el hospital, cuidando del bebé, hablándole en voz baja, persuadiéndole de que viviera, y Cecilia consiguió aumentar de peso. Ahora mis dos hijas son hermosas jovencitas de veintipocos años, felices y llenas de vida, y están preparadas para enfrentarse solas al mundo.

Mientras que ellas empiezan a vivir, mi padre entra en su octogésimo octavo año de vida, sano y todavía en plenas facultades mentales. Es imposible describir la proximidad que hay entre nosotros. En los muchos años transcurridos desde la tragedia de los Andes, se ha convertido en más que un padre; es mi mejor y más íntimo amigo. Estamos unidos por nuestro sufrimiento y nuestras pérdidas, pero también por un gran sentimiento de respeto mutuo y, por supuesto, por un amor profundo e incuestionable. Ignoro si mi padre ha llegado a entender lo importante que fue para mí cuando estaba perdido. Nunca olvidaré sus palabras poco después de que yo regresara de los Andes:

—Lo planeé todo para ti, Nando —dijo—. Para mamá, Susy y Graciela. Todo estaba preparado. Había escrito la historia de vuestras vidas como si fuera un libro. Pero no planeé que sucediera esto. Yo no escribí este capítulo.

Lo entendí como una disculpa. A pesar de todos sus esfuerzos por mantenernos a salvo y felices, no había podido protegernos y, en algún lugar de su corazón, sentía que de alguna manera nos había fallado. Quería escribir este libro para decirle que estaba equivocado. A mí no me falló. Me salvó contándome historias cuando yo era pequeño que me ayudaron a reunir fuerzas en la montaña. Me salvó esforzándose tanto, no rindiéndose nunca y enseñándome, con su ejemplo, que todo es posible si estás dispuesto a sufrir. Pero sobre todo me salvó con su amor. Nunca fue un hombre abiertamente cariñoso pero, incluso de niño, nunca dudé de su amor. Era un amor sosegado, aunque sólido, profundo y resistente. Cuando estaba en la montaña, desamparado a la sombra de la muerte, ese amor era como una cuerda de salvamento que me anclaba al mundo de los vivos. Mientras me aferrase a ese amor, no estaba perdido, sino unido a mi hogar y a mi futuro. Al final, fue esa fuerte cuerda de amor lo que me sacó del peligro. Cuando mi padre creyó que todos habíamos muerto, se desesperó y el dolor que sentía le hizo perder la esperanza en nosotros. Sin embargo, yo no necesitaba su esperanza; para salvarme, tan sólo me bastaba con que siguiera siendo el padre al que yo amaba.

Cuando el resto de supervivientes y yo regresamos de las montañas, nuestros padres y profesores temieron que las espantosas situaciones a las que nos habíamos enfrentado nos dejaran secuelas, así que nos pidieron que acudiéramos al psicólogo. Todo el grupo se negó. Sabíamos que habíamos contado con el apoyo de los demás, y para mí eso siempre ha sido suficiente. Aun ahora, la gente tiene curiosidad por conocer los efectos psicológicos que causa una tragedia de tal magnitud y a menudo me preguntan cómo superé el trauma.

¿Sufría pesadillas? ¿Me venían imágenes a la memoria? ¿Me atormentaba el sentimiento de culpabilidad por haber sobrevivido? Estas personas siempre se sorprenden, y a veces sospecho que dudan, cuando les cuento que no he experimentado ninguna de esas cosas. He llevado una vida feliz desde la tragedia. No tengo sentimiento de culpa ni resentimiento. Miro con ilusión hacia el futuro y siempre tengo la esperanza de que sea bueno.

—Pero ¿cómo es posible? —preguntan a menudo—. ¿Cómo puedes estar en paz con la vida después de lo que has sufrido?

Les digo que no estoy en paz «a pesar de» lo que he sufrido, sino «a causa de» lo que he sufrido. Les explico que los Andes me quitaron mucho, pero también me dieron un sencillo concepto que me ha liberado y ha iluminado mi vida: la muerte es real y está muy cerca.

En los Andes no hubo nunca un minuto en el que no sintiera la muerte a mi lado, pero justo en el momento en que pisé la cima de la montaña y mi vista no alcanzaba a ver más que picos colosales, se disiparon todas mis dudas y la certeza de mi propia muerte se hizo brutalmente real. Esa certeza me dejó sin aliento pero, al mismo tiempo, la vida empezó a hervir en mi interior más que nunca y, a pesar de la total desesperación, sentí un estallido de alegría. La realidad de la muerte era tan evidente y fuerte que durante un instante borró toda la temporalidad y la falsedad. La muerte había asomado la cara, oscura, predadora e invencible, y durante una décima de segundo pareció que, bajo los frágiles espejismos de vida, la muerte era lo único que había. Entonces me di cuenta de que existía algo en el mundo que no era muerte pero que era igual de imponente, resistente y profundo. Era el amor, el amor que sentía en el corazón. Durante un increíble instante, sentí que el amor crecía —el amor por mi padre, por mi futuro, por el simple y maravilloso hecho de estar vivo— y que la muerte perdía su poder. En ese momento dejé de huir corriendo de la muerte y, en su lugar, avancé paso a paso hacia el amor. Eso me salvó. Nunca he dejado de avanzar hacia el amor. La vida me ha bendecido con éxitos materiales, me gustan los coches rápidos, el buen vino y la buena comida. Me encanta viajar y tengo una bonita casa en Montevideo y otra en la playa. Creo que la vida está para disfrutarla, pero la experiencia me ha enseñado que, sin el amor de mi familia y de mis amigos, todos los aderezos del éxito mundano estarían revestidos de falsedad. También sé que sería un hombre feliz si me arrebataran todos esos aderezos siempre y cuando estuviera cerca de la gente a la que quiero.

Supongo que a muchas personas les gustaría pensar así de sí mismas pero, si yo no hubiera sufrido como lo hice y no me hubiera visto obligado a mirar a la muerte a la cara, tampoco valoraría los sencillos y preciosos placeres de mi vida tanto como lo hago. El día está lleno de momentos perfectos y no quiero perderme ni uno solo: la sonrisa de mis hijas, el abrazo de mi mujer, el recibimiento de mi nuevo cachorro, la compañía de un viejo amigo, la sensación de la arena caliente de la playa bajo mis pies y el cálido sol uruguayo en mi cara. Esos instantes hacen que el tiempo se detenga para mí; los saboreo y dejo que cada uno de ellos se convierta en una eternidad en miniatura. Al vivir esos pequeños instantes de mi vida con tanta intensidad, desafío a la sombra de la muerte que revolotea por encima de todos nosotros, refuerzo mi amor y mi gratitud por todo lo que se me ha dado y me lleno de vida de una forma cada vez más profunda.

En los años que han transcurrido desde la tragedia, a menudo he pensado en mi amigo Arturo Nogueira y las conversaciones sobre Dios que mantuvimos en la montaña. Muchos de los supervivientes afirman que sentían que Dios estaba presente allí. Creen que Él, en su misericordia, nos permitió sobrevivir en respuesta a nuestras plegarias y están seguros de que fue Su mano la que nos llevó a casa. Respeto profundamente la fe de mis amigos pero, para ser honesto, por mucho que recé para que sucediera un milagro en los Andes, nunca noté la presencia de Dios. Como mínimo, no veía a Dios como la mayoría de la gente lo veía. Sí que sentía que había algo más grande que yo, algo en las montañas, en los glaciares y en el radiante cielo que, en contadas ocasiones, me reconfortaba y me hacía sentir que el mundo no era un caos y que en él reinaba el amor y el bien. Si éste era Dios, no era Dios como ser, espíritu o mente omnipotente y sobrehumana; no era un Dios que eligiera salvarnos o abandonarnos, ni cambiarnos de alguna manera. Simplemente era un silencio, una plenitud y una simplicidad que inspiraban respeto que parecía llegar a mí a través de mis propios sentimientos de amor. De hecho, a menudo he pensado que, cuando sentimos lo que llamamos amor, en realidad estamos sintiendo nuestro vínculo con esa imponente presencia. Aún la puedo notar cuando mi mente se relaja y presto realmente atención. Mi intención no es comprender qué es o qué quiere de mí, de verdad que no quiero entender ese tipo de cosas. No me interesa ningún Dios que pueda ser comprendido, que nos hable desde un libro sagrado o de cualquier otro modo y que juegue con nuestras vidas con arreglo a un plan divino, como si fuéramos personajes de una obra de teatro. ¿Cómo puedo encontrar sentido a un Dios que pone una religión por encima del resto, que responde a una plegaria y hace caso omiso de otra, que envía a dieciséis jóvenes de regreso a casa y deja a los veintinueve restantes muertos en la montaña?

Hubo una época en la que quería conocer a ese Dios, pero ahora me doy cuenta de que lo que quería realmente era la comodidad de la certeza, saber que mi Dios era el auténtico Dios y que al final me recompensaría por mi lealtad. Ahora soy consciente de que es imposible estar seguro de algo, tanto de Dios como de cualquier otra cosa. He perdido la necesidad de saber. En esas inolvidables conversaciones que mantuve con Arturo mientras yacía en su lecho de muerte, me dijo que la mejor manera de encontrar la fe era tener el coraje de dudar. Recuerdo esas palabras todos los días, y dudo, y tengo esperanza, y de esta forma tan tosca intento tantear el camino hacia la verdad. Sigo recitando las oraciones que aprendí de niño —el avemaría y el padrenuestro—, pero no me imagino a un padre sabio y celestial escuchando con paciencia al otro lado de la línea, sino que pienso en el amor, en un océano de amor, en la auténtica fuente del amor, y me veo a mí mismo fundiéndome con él. Me abro a él, trato de dirigir esa marea de amor hacia quienes están cerca de mí, con la esperanza de protegerles y unirles a mí para siempre y de vincularnos a todo lo eterno que hay en el mundo. Éste es un sentimiento muy personal y no trato de analizar su significado. Simplemente me gusta cómo me hace sentir. Al rezar de esta manera, siento como si estuviera unido a algo bueno, pleno y poderoso. En las montañas, el amor me mantenía unido al mundo de los vivos. Ni el coraje ni la inteligencia me hubieran salvado. Como no tenía experiencia a la que recurrir, me apoyé en la confianza que sentía en mi amor por mi padre y en mi futuro, y esa confianza me condujo de vuelta a casa. Desde entonces, este sentimiento me ha llevado a entender en más profundidad quién soy yo y el significado que tiene ser humano. Ahora estoy convencido de que, si hay algo divino en el universo, la única forma en que lo encontraré es a través del amor que siento por mi familia y por mis amigos y a través del simple y maravilloso hecho de estar vivo. No necesito más conocimientos ni filosofías que los siguientes: mi deber es llenar mi estancia en la Tierra con la mayor cantidad de vida posible, volverme un poco más humano cada día y entender que sólo nos volvemos humanos cuando amamos. He tratado de querer a mis amigos con lealtad y generosidad. He amado a mis hijas con todas mis fuerzas. Y he querido a una mujer con un amor que ha llenado mi vida de sentido y de alegría. He sufrido grandes pérdidas y me han obsequiado con grandes consuelos pero, con independencia de lo que me dé o me quite la vida, éste es el concepto básico que siempre la iluminará: he amado con pasión, sin temor, con toda mi alma y mi corazón y ese amor me ha sido devuelto. Para mí, eso es suficiente.

Dos años después de que se produjera el milagro en los Andes, mi padre y yo regresamos al lugar del accidente, en la parte alta de la cordillera, cerca del cerro Sosneado. Se había descubierto una ruta, sólo transitable en verano, que llevaba desde las estribaciones montañosas de la parte argentina hasta el glaciar donde yacía el Fairchild. Es una agotadora excursión de tres días que empieza con un recorrido de ocho horas en vehículos todoterreno por el escarpado terreno de las estribaciones montañosas de los Andes, y continúa con una travesía a caballo que dura dos días y medio. Vadeamos un río de aguas rápidas y cabalgamos en caballos especialmente entrenados para recorrer los Andes por senderos angostos e inclinados que se adentraban serpenteando en las montañas, por encima de espeluznantes barrancos que desembocaban en laderas rocosas. Llegamos a la base del glaciar a mediodía e hicimos el último tramo de subida hacia la tumba a pie. La tumba, construida justo después de nuestro rescate por miembros de las fuerzas aéreas de Uruguay y Chile, reposa en un promontorio rocoso que sobresale por encima de la nieve. Debajo de las rocas yacían Susy y mi madre, junto con los restos de los demás que murieron allí, todos a salvo del castigador glaciar, que estaba a unos cientos de metros de distancia. Es un altar sencillo, formado tan sólo por un montón de piedras y una pequeña cruz de acero que se eleva por encima de la tumba. Mi padre llevó flores y una caja de acero inoxidable que contenía el oso de peluche con el que Susy había dormido todas las noches de su vida. Colocó estas ofrendas en la tumba y nos quedamos de pie sin hablar en medio del silencio de las montañas. Recuerdo muy bien ese silencio; era una constante y absoluta ausencia de ruido. En los días calmados no oías más que tu propia respiración, tus propios pensamientos. Mi padre estaba pálido y las lágrimas le corrían por las mejillas mientras compartíamos esa triste reunión, pero yo no sentía dolor ni aflicción. En aquel lugar sentía tranquilidad. Allí ya no reinaba el miedo, el sufrimiento o la lucha. Los muertos descansaban en paz. La calma pura y perfecta de las montañas había vuelto.

Era un día soleado y despejado de primavera. Mi padre se volvió hacia mí esbozando una sonrisa triste. Contempló el glaciar, los picos negros que nos sobrepasaban, el amplio e indómito cielo de los Andes, y supe que estaba intentando imaginarse ese lugar en los fríos meses del principio de la primavera. Echó un vistazo a los restos del fuselaje. ¿Veía a los muchachos acurrucados en su interior? ¿Los rostros asustados en medio de la oscuridad y el frío, escuchando el aullido del viento y el rugido de aludes lejanos, sin más apoyo que el que se daban entre ellos? ¿Me imaginaba en ese terrible lugar, tan asustado, tan imposiblemente lejos de casa y desesperadamente ansioso por estar junto a él? Mi padre no dijo nada, tan sólo sonrió con ternura, me agarró del brazo y susurró:

—Nando, ahora lo entiendo...

Nos quedamos en la tumba durante una hora más o menos y después bajamos de nuevo a donde estaban los caballos. Nunca se nos pasó por la mente, ni tan sólo un instante, trasladar los cuerpos de nuestros seres queridos a un cementerio en el mundo civilizado. Mientras descendíamos por la montaña, nos envolvió la magnificencia de los Andes —tan silenciosos, tan colosales, tan perfectos— y ninguno de nosotros pudo imaginar una tumba más majestuosa.

Epílogo

Desde hace más o menos treinta años, los supervivientes de la tragedia de los Andes nos reunimos cada año con nuestras familias el 22 de diciembre para conmemorar el día en que nos rescataron de la montaña. Celebramos esta fecha como si fuera nuestro cumpleaños conjunto, porque ese día todos volvimos a nacer. Sin embargo, se nos obsequió con algo más que la vida; todos salimos de la montaña con una nueva forma de pensar, con una valoración más extensa de la capacidad del espíritu humano y con una comprensión profunda de lo maravilloso que es —para nosotros y para todos— el hecho de estar vivo. La capacidad de estar realmente vivos y conscientes, de saborear cada momento de la vida con intensidad y gratitud, ése es el regalo que nos dieron los Andes. Tal vez un extraño no note el cariño especial con el que mis amigos abrazan a sus mujeres o la ternura con la que acarician a sus hijos, pero yo sí, porque al igual que ellos, yo sé que todos esos detalles son maravillosos. Después de que nos rescataran de la montaña, los periódicos bautizaron nuestra supervivencia como «El milagro de los Andes». Para mí, el auténtico milagro es que, al vivir tanto tiempo bajo la sombra de la muerte, aprendimos de la forma más vívida y transformadora lo que significa exactamente estar vivo. Ése era el conocimiento que nos unía a todos y, aunque como todos los amigos teníamos nuestras dosis de conflictos y malentendidos y a pesar de que la vida se había llevado a algunos de nosotros lejos de nuestro hogar en Montevideo, nunca permitiríamos que esos lazos se rompieran.

Incluso hoy, más de treinta años después de la tragedia, considero a todos esos hombres como mis hermanos. Sin embargo, ninguno ha sido un hermano mejor para mí que Roberto Canessa, mi compañero en ese largo viaje por los Andes. Después de varios días de viaje, conforme nos íbamos debilitando en aquel desolado territorio y nuestras esperanzas parecían desvanecerse a cada paso, Roberto señaló el inconfundible cinturón que llevaba puesto. Me di cuenta de que era de Panchito.

—Llevo el cinturón que le quité a tu mejor amigo —dijo—, pero ahora yo soy tu mejor amigo.

En ese momento, ninguno de nosotros confiábamos en tener ningún tipo de futuro, pero lo logramos, y al cabo de más de treinta años me siento orgulloso de poder decir que Roberto sigue siendo mi mejor amigo, que no ha hecho sino volverse más ingenioso, más seguro de sí mismo y, sí, más testarudo con el paso del tiempo. Esas cualidades, que le hicieron un personaje tan carismático y difícil en las montañas, le han ayudado a convertirse en uno de los cardiólogos pediátricos más respetados de Uruguay y le han hecho ganarse la fama de hombre cuyos conocimientos y destreza sólo son superados por su atroz determinación por ayudar a sus jóvenes pacientes. La mayoría de los niños a los que trata Roberto están muy enfermos y todos los que le conocemos sabemos que hará lo imposible por ayudarlos. Una vez, por ejemplo, un buen amigo suyo que era jefe de cardiología en un hospital de Nueva York le dijo que su hospital tenía una máquina Doppler para realizar ecografías que ya no necesitaban. Se la ofreció a Roberto con la condición de que él se encargara de transportarla hasta Uruguay. Roberto supo que esa máquina sería de gran ayuda para tratar a sus pacientes y también sabía que su hospital en Montevideo no podía permitirse una tecnología tan cara. Sólo tardó unos segundos en decidirse y, en menos de veinticuatro horas, Roberto estaba en Nueva York tomando posesión de la máquina. Sin tener ninguna idea clara de cómo trasladarla y sin nadie que le ayudara, Roberto cargó la voluminosa máquina —era del tamaño de un frigorífico pequeño— en una carretilla que le habían dejado en el departamento de mantenimiento del hospital y la llevó así hasta el ascensor. Al cabo de un rato estaba en una acera ajetreada, haciendo señas para intentar que alguno de los camiones que pasaban parase. Se quedó allí moviendo los brazos durante mucho tiempo mientras el tráfico circulaba por delante de él. Nadie parecía darse cuenta de su presencia, pero finalmente llamó la atención de un conductor de un camión de reparto que se ofreció, previo pago, a llevar a Roberto y a la máquina hasta el aeropuerto JFK.

Roberto se enfrentó a nuevos retos al llegar a Montevideo, donde los remilgados funcionarios de aduanas se negaron a que la máquina entrara en el país. Él, por supuesto, no se dio por vencido. Paró un taxi y se fue directo a las oficinas del presidente de Uruguay, donde solicitó una cita con el dirigente de nuestro país. Por increíble que parezca, el presidente aceptó su petición y, después de exponerle su caso, ordenó a los funcionarios de aduanas del aeropuerto que se olvidaran de los trámites burocráticos y dejaran que la máquina Doppler entrara en el país. Roberto organizó su transporte al hospital, donde se puso en funcionamiento de inmediato. Habían pasado menos de cuarenta y ocho horas desde que Roberto se enterara por primera vez de la existencia de la máquina, pero ya estaba en marcha, salvándoles la vida a los niños uruguayos.

Roberto había gozado de una vida personal enriquecedora y tranquila. Tres años después de regresar de los Andes se casó con Laura Surraco, la chica a la que tanto había echado de menos en las montañas. Tuvo mucha suerte, porque tal vez era la única mujer de todo Uruguay que podía soportar su tozudez y controlar su ilimitada energía. Ahora tienen dos hijos y una hija. Yo soy el padrino de su hijo Hilario, que es un destacado jugador de los Old Christians. Roberto, que siempre ha participado activamente en el equipo, es el actual presidente del Old Christians Club, un puesto que disfruta porque ama el equipo y está convencido de que nadie podría dirigirlo mejor. Roberto, por supuesto, es así para todo y cree que debería tener la última palabra en todas las cuestiones importantes, incluidos los asuntos de Estado de Uruguay de más alto nivel. De hecho, en 1999 se sintió tan descontento con el gobierno que había en el poder que formó su propio partido político y se presentó a las elecciones presidenciales del país. Puso en marcha una campaña local que atrajo sólo a un pequeño porcentaje de votantes pero, como siempre, se hizo oír. Aunque yo le hago bromas crueles sobre su ego, no querría que fuera de ninguna otra manera.

Gustavo Zerbino es otro de mis mejores amigos, al que me he

sentido cada vez más unido con el paso de los años. Es un hombre de principios sólidos y directo, y cuando habla nunca dice nada irrelevante. No puedo imaginar un amigo en el que pudiera confiar más que en Gustavo. En los Andes se mostró siempre valiente, inteligente y sereno y, si no se hubiera quemado en ese intento casi mortal de escalar la montaña, lo más seguro es que se hubiera convertido en uno de nuestros expedicionarios más fiables. Ya incluso antes de la tragedia era un aliado leal y protector que nunca hubiera abandonado a un compañero de equipo ni a un amigo. Nunca olvidaré cómo corrió a ayudarme durante un partido de rugby muy duro cuando un rival me embistió desde atrás dándome un puñetazo no permitido en la parte posterior de la cabeza. El golpe me dejó aturdido. Yo no lo vi venir, pero Gustavo sí.

—Era el número doce —me dijo, mientras me daba vueltas la cabeza—. No te preocupes —susurró—, es mío.

Al cabo de un rato se formó una «montonera» porque los jugadores de ambos equipos habían iniciado una contienda a base de empujones para hacerse con el balón. De repente, de entre la maraña de cuerpos vi tambalearse al número doce, que al poco rato cayó de espaldas como un árbol recién talado. Gustavo pasó por encima de él mientras gimoteaba en el césped y se acercó a mí. Gustavo asintió con seguridad. Lo único que dijo fue:

—Hecho.

Gustavo era un joven idealista y misericordioso que colaboraba a menudo con los jesuitas en los barrios pobres de Montevideo. En la actualidad sigue mostrando la misma preocupación por el bienestar de los demás y eso le convierte en un amigo fuerte y generoso. Dirige una gran empresa química, es miembro activo de muchas organizaciones dedicadas a la comunidad y ejerce de presidente de la Asociación de Química y Farmacia del Uruguay, además de ser el vicepresidente del Old Christians Rugby Club. Está divorciado y tiene cuatro hijos de su primer matrimonio y, como vive sólo a dos manzanas de mí, a menudo los veo a él y a su familia.

Carlitos Páez, otro de mis mejores amigos, sigue tan irreverente, tan cariñoso y tan encantador como lo era cada día en las montañas. Me gustan su creatividad y su humor atroz, así como el cariño que siempre les ha mostrado a mis hijas, a las que se siente especialmente unido y que, a su vez, se han sentido atraídas por su seductora personalidad desde que eran bebés. En su vida, Carlitos se ha enfrentado a su buena ración de retos, quizá más de los que le tocaban. Su primer matrimonio acabó tras sólo dos años y desde entonces sigue soltero. Hace quince años cayó en una adicción tan fuerte al alcohol y a las drogas que nos obligó a todos a tomar medidas. Una tarde, Gustavo y yo nos presentamos en casa de Carlitos. Le dijimos que le íbamos a llevar a una clínica de rehabilitación donde se quedaría hasta que estuviera totalmente recuperado. Se quedó perplejo por lo que él consideró una afrenta y al principio se negó a moverse de casa, pero le dijimos que la decisión ya no estaba en sus manos. Le contamos que se habían hecho todas las gestiones y le dejamos ver, en nuestros rostros, que no servía de nada resistirse.

Afortunadamente, Carlitos se recuperó del todo. Lleva sobrio desde entonces y se ha hecho voluntario para asesorar a personas que se enfrentan a la drogadicción. Ahora trabaja de ejecutivo en una empresa de relaciones públicas de Montevideo. Le gusta tanto el golf que se ha comprado una casa al lado de un club. Sin embargo, su mayor pasión actualmente es su nieta Justine, la hija de su hija Gochi. Su mundo gira en torno al bebé y le hace bien la alegría que éste le da. Una vez me dijo:

—Seguimos caminando por nuestros caminos con la certeza de que vale la pena vivir la vida, de que nada es imposible si existe solidaridad y afecto, si contamos con personas dispuestas a echar una mano a quienes lo necesitan.

Carlitos había sobrevivido a más de una tragedia en su vida, pero había aprendido a encontrar la felicidad, y siempre me siento feliz de estar a su lado.

Álvaro Mangino era uno de los muchachos más jóvenes del lugar del accidente y, tal vez por eso, siempre sentí un instinto de protección especial hacia él cuando estábamos en las montañas. Se ha convertido en un hombre con un gran sentido común y una gran paz interior. Ha aprendido a dejar atrás la tragedia y, al tiempo que sacaba partido de sus experiencias, ha seguido viviendo la vida. Lleva casado muchos años con su mujer, Margarita, con la que tiene cuatro hijos. Durante mucho tiempo vivió en Brasil, pero hace poco regresó a Montevideo, donde trabaja en una empresa de calefacción y aire acondicionado y es miembro de la junta de los Old Christians. Es un amigo fiel en el que confiar y me alegra tenerle de vuelta cerca de casa.

Álvaro está especialmente unido a otro de mis buenos amigos, Coche Inciarte, que tal vez sea el superviviente más tranquilo, amable y meditativo. Coche tiene un carácter pacífico por naturaleza; puedo decir honestamente que nunca le he oído levantar la voz. Se expresa con una gran elocuencia y con un ingenio agudo pero, aunque a menudo bromea e incordia a los demás, posee una profunda conciencia de lo que sufrimos y nunca oculta lo unido que se siente al resto de nosotros. Coche se casó con su amor de la infancia, Soledad, que creyó haber perdido cuando estaba en las montañas. Su reencuentro fue un milagro para ambos y Coche nunca se permite olvidarse de lo maravilloso que es tenerla a ella y a los tres hijos que han criado.

Durante muchos años, Coche, lechero de profesión, fue uno de los mayores productores de lácteos de Uruguay. Recientemente vendió sus empresas y se jubiló para disfrutar de su familia y dedicar tiempo a su gran pasión, la pintura. Coche, según parece, es un artista con mucho talento. Uno de sus cuadros cuelga ahora en mi oficina y me acuerdo de él cada vez que lo veo porque revela la misma profundidad, gentileza y dignidad que le hacen ser tan buen amigo mío.

Uno de los integrantes del triunvirato de líderes conocido como «los primos», Eduardo Strauch, fue un personaje importante en las montañas. Su mentalidad clara y decidida ayudó a estabilizar y orientar nuestra lucha diaria por sobrevivir. En la actualidad es tal como era en los Andes: frío y sosegado, un hombre de pocas palabras, aunque siempre vale la pena escucharle. Eduardo y su mujer, Laura, tienen cuatro hijos. Es un destacado arquitecto de Montevideo que ha construido numerosos edificios y casas elegantes en la ciudad, incluida la primera que yo tuve.

El primo de Eduardo, Daniel Fernández, sigue teniendo el humor y el carisma que usó para calmar las intensas presiones y miedos a los que nos enfrentamos en el destartalado fuselaje. Daniel es un buen orador y posee la capacidad de hacer volar la imaginación de su público cuando habla. Siempre saltan chispas cuando Daniel, miembro del partido político Blanco, y Roberto, un Colorado hasta la muerte, debaten sobre la política en Uruguay. Ambos son tercos y les encanta provocar al otro. Sus discusiones acaban inevitablemente en tablas pero, por muy acaloradas que sean, siempre están entrelazadas de humor, así que el resto de nosotros disfrutamos mucho del espectáculo. Daniel dirige con éxito una empresa de informática y tecnología con sede en Montevideo. Él y su mujer, Amalia, tienen dos hijos estupendos.

Siempre he admirado a Pedro Algorta, el mejor amigo de Arturo Nogueira, por su inteligencia, su agudo ingenio y su mentalidad independiente. No veo a Pedro tanto como me gustaría porque vive en Argentina, donde ejerce de director general de una gran fábrica de cerveza y bebidas. Sin embargo, hace poco se compró un rancho en Uruguay, por lo que espero que eso me permita verle con más asiduidad. Él y su mujer, Noel, tienen dos hijas y un hijo que viven en el extranjero, estudiando o trabajando.

En los Andes, ninguno de los supervivientes fue tan frío y sosegado como Bobby François. Aunque estoy seguro de que estaba tan asustado como cualquiera de nosotros, parecía determinado a afrontar su destino con el menor dramatismo posible. «Si nos morimos, pues nos morimos —parecía decir—. ¿Por qué malgastar energías para evitarlo?» Bobby ha vivido la vida con una actitud muy parecida y le ha ido muy bien. Es ranchero, un estilo de vida caracterizado por un ritmo lento y simple que le va perfecto. Se pasa el día en la silla de montar, cabalgando a campo abierto, atendiendo a sus rebaños bajo el ancho cielo de las llanuras uruguayas. Tiene cinco hijos de su mujer, Graciana. Se pasan media vida en el rancho y la otra media en Carrasco, donde Bobby está especialmente unido a Coche y a Roy Harley.

Javier Methol, el único superviviente que, aparte de mí, perdió a un familiar en la montaña, luchó por superar la muerte de Liliana y encontró la fuerza necesaria en su sólida fe católica y en el amor de los cuatro hijos que él y Liliana compartían. Después de llorar la muerte de su mujer durante años, Javier conoció a su segunda mujer, Ana María, con la que ha tenido cuatro hijos más. Durante muchos años ejerció de ejecutivo en una gran empresa tabaquera que había fundado la familia de Panchito, pero ahora estaba felizmente jubilado.

De todos los supervivientes, Javier es el más convencido de que salimos de la montaña por voluntad divina. Una vez me escribió: «Dios nos resucitó en la montaña y nos convirtió en hermanos. Cuando creíamos que estabas muerto, Él te devolvió la vida para que después tú y Roberto os convirtiérais en Sus mensajeros y procurárais la salvación de todos nosotros. Estoy tan seguro de que en algunos momentos Él os llevó a ambos en Sus brazos...»

Javier y yo pensábamos diferente respecto a Dios y respecto al papel que Dios desempeñó en nuestra supervivencia; aun así, respeto la humildad y la sinceridad de su fe y la forma en que ha rehecho su vida después de su devastadora pérdida. Tranquilo y sereno, es una de las fuerzas estabilizadoras de nuestro grupo y siento siempre una sensación de paz cuando estoy con él.

Antonio Vizintin, que escaló por la montaña con valentía junto a Roberto y a mí, se ha enfrentado a numerosos retos y dificultades en su vida. Su primer matrimonio acabó en divorcio y su segunda mujer falleció en trágicas circunstancias. Ahora está casado por tercera vez y todos rezamos para que sea feliz en el futuro. Tintín, como le seguimos llamando, tiene dos hijos, una niña y un niño, ambos de su segundo matrimonio. Es un buen padre y ha cosechado éxito como importador de productos químicos y otras sustancias para la industria plástica. Sigue viviendo en Carrasco, pero es un poco solitario, de modo que en los últimos años le hemos visto menos de lo que nos hubiera gustado. Aun así, siempre será uno de nosotros y nos gustaría verle más a pesar de que su hijo, buen jugador de rugby, juegue con el Old Boys Rugby Club, el más ferviente rival de los Old Christians.

Roy Harley es uno de los supervivientes en el que pienso más a menudo. Durante más de treinta años me ha atormentado la forma en que Roy quedó reflejado en los primeros escritos sobre la tragedia, sobre todo en el estupendo libro de Piers Paul Read ¡*Viven!* Incluso me ha desconcertado la forma en que le traté, a veces, en las montañas. Es cierto que las emociones de Roy fueron frágiles en los Andes, pero también es cierto que era uno de los más jóvenes del grupo y que estuvo más cerca de la muerte que el resto de los supervivientes. El hecho de dejara aflorar sus sentimientos más hacia la superficie no significa que fuera más débil ni que estuviera más asustado que el resto de nosotros; nadie podía haber estado más asustado que yo mismo y, de hecho, al escribir este libro, me he dado cuenta de que mi propio miedo alimentó la ira y la frustración que sentía hacia Roy. *¡Viven!* se basaba principalmente en las exhaustivas entrevistas realizadas a uno de los supervivientes y lamento que en esas divagaciones hayamos dado tal vez una idea muy simple de la lucha personal de Roy. En aquella época éramos jóvenes y todo parecía mucho más sencillo. En *Milagro en los Andes* he intentado enmendar el error: a mi parecer, Roy Harley no era cobarde ni apocado. Era, y será siempre, uno de nosotros, un Superviviente, un amigo en quien confiar y una parte importante de nuestro círculo. A lo largo de los años ha demostrado ser una y otra vez un hombre íntegro y fuerte, y es una de las personas que conozco con las que puedo siempre contar. En la actualidad, Roy es un ingeniero con éxito que trabaja para un gran fabricante de pintura. Vive en Montevideo con su mujer Cecilia (la hermana de la mujer de Roberto, Laura), dos hijas encantadoras y un hijo que juega ahora con los Old Christians. Roy, gran defensor de la actividad física, apenas ha envejecido y el resto de nosotros le envidiamos porque tiene el estómago liso y está musculado mientras que a la mayoría de nosotros se nos han caído los músculos y nos ha crecido la barriga.

Alfredo «Pancho» Delgado es otro de los supervivientes cuyo recuerdo merece ser enmendado. En *¡Viven!* Pancho se muestra como un personaje manipulador y deshonesto que maquinaba a nuestras espaldas en favor de su propia comodidad, a menudo a costa de los otros. No cabe duda de que Pancho lo hacía pero, siendo sinceros, en realidad era lo que hacíamos todos. Todos nosotros, a veces, actuábamos con egoísmo, tratando de hurtar más cantidad de nuestra ración de comida o cigarrillos, de escabullirnos del trabajo o de hacernos con la ropa de más abrigo y con los sitios más cómodos para dormir. Durante aquella horrible experiencia, nadie fue un santo. No sobrevivimos por ser perfectos, sino porque el peso de nuestra preocupación por los demás superaba de lejos el egoísmo que teníamos por naturaleza. Es un misterio por qué Pancho destacó en este aspecto. Tenía un ingenio agudo y una elocuencia natural y quizá nos tomábamos a mal su don para salir airoso de sus transgresiones. En cualquier caso, no está bien que Pancho haya destacado por eso y haya tenido que cargar con su injusta fama. La verdad es que siempre fue y siempre será uno de nosotros y, al igual que el resto, tendrá siempre mi amistad, mi confianza y mi respeto. Pancho, que vive cerca de mí en Carrasco, es un excelente abogado. Está casado con su novia de siempre, Susana, con la que tiene dos niños y dos niñas. Su hijo mayor, Alfredo, es el capitán de la IV Old Christians First.

Ramón «Moncho» Sabella, que no se ha casado, es el eterno soltero de nuestro grupo. A pesar de nuestros constantes esfuerzos por presentarle a muchas posibles parejas, sigue siendo un hombre de mundo felizmente soltero que jura que simplemente se divierte demasiado como para sentar la cabeza. Cuando no está de fiesta en la playa en Punta del Este o en las discotecas de Montevideo, Moncho se dedica al desarrollo inmobiliario y a un nuevo negocio, la cría de ostras, en el que se ha asociado con otro superviviente, Fito Strauch. Moncho es un buen amigo, le siguen gustando demasiado las mujeres hermosas y siempre es divertido tenerle cerca.

Fito Strauch fue uno de los muchachos que tuvo un papel más relevante en la montaña y ninguno de nosotros, y menos yo, hemos olvidado los numerosos modos en que contribuyó a nuestra supervivencia. Al igual que Javier, Fito cree firmemente que nos rescataron de la montaña por mediación divina y que deberíamos vivir la vida como Sus misioneros. A veces creo que Fito está molesto conmigo por el modo en que he vivido la vida, por haber minimizado o incluso descartado el papel de Dios en nuestro rescate y por no haber sido fiel a las enseñanzas espirituales de la tragedia. Yo le digo que no estoy seguro de cómo predicar el mensaje de Dios porque no estoy seguro de cuál podría ser ese mensaje. Fito, en cambio, diría que la enseñanza de los Andes es que Dios nos salvó porque nos ama. Pero ¿acaso no amaba Él a mi madre y a mi hermana y a los veintinueve restantes que fallecieron? Lo que nos ocurrió en los Andes me transformó profundamente y me dio un enfoque más profundo y espiritual de la vida pero, para mí, lo que nos enseñó la montaña es que la vida es muy valiosa y que debería vivirse plenamente, con el corazón y llenos de amor. No quiero que mi vida se rija por lo que me pasó hace treinta años; ahora siento que cada día escribo el guión de mi propia vida. Para mí, eso no es negar las enseñanzas espirituales que aprendimos en la montaña, sino ponerlas totalmente en práctica.

Probablemente, Fito y yo no estaríamos nunca de acuerdo en este tema, pero para mí eso no disminuye mi respeto hacia él ni hace que sea menos amigo suyo y, cuando nos vemos, siempre nos abrazamos como hermanos. Fito vive en el campo, donde posee y explota una granja de ganado. Tiene tres hijos con su mujer, Paula.

Sergio Catalán, el campesino chileno que nos vio por primera vez en las montañas y cuya rápida y acertada reacción permitió nuestro rescate y el de otras catorce vidas, no es, desde el punto de vista técnico, uno de los supervivientes, pero sin duda forma parte de nuestra familia y hemos mantenido el contacto con él a lo largo de los años, visitándole en su pueblo en Chile o trayéndole en avión para que nos visitase en Montevideo. Sigue siendo el mismo hombre humilde, amable e inmensamente digno que cabalgó durante diez horas para llevar a los equipos de rescate a por nosotros en Los Maitenes. Lleva una vida sencilla y se pasa varias semanas del año en los pastos montañosos, con su perro como única compañía, cuidando de sus vacas y de sus ovejas. Sergio y su mujer han criado a nueve hijos y me impresiona que, aun contando con los modestos ingresos de un pastor de montaña, haya logrado enviar a la mayoría de ellos a la universidad y los haya visto a todos asentados, bien casados y con buenos trabajos.

En marzo de 2005, la mujer de Sergio, Virginia, me llamó para invitarnos a la celebración de sus bodas de oro. Me dijo que sería una sorpresa para Sergio, ya que él no sabía que íbamos a ir. Aceptamos y, el día antes de que empezaran las celebraciones, Roberto, Gustavo y yo, junto con nuestras familias, condujimos por la angosta carretera de piedras que llevaba hasta el pueblo de Sergio. Las áridas e irregulares cordilleras de los Andes se elevaban a nuestro alrededor mientras ascendíamos. Entonces, alguien divisó una silueta a caballo. Iba vestido con la indumentaria tradicional de un ganadero chileno: chaqueta corta, botas de punta y sombrero de ala ancha.

—¡Es Sergio! —dijo alguien.

Nos detuvimos. Roberto, Gustavo y yo salimos de los coches y caminamos hacia el jinete. Al principio se mostró cauteloso, igual que la primera vez que nos encontramos, pero cuando nos vio a Roberto y a mí los ojos se le abrieron como platos y se le llenaron de lágrimas. Antes de que pudiera decir nada, di un paso al frente.

—Perdone, buen hombre —dije—, pero nos hemos perdido otra vez. ¿Nos puede ayudar de nuevo?

Cuando me reúno con el resto de supervivientes, nos decimos en silencio todo lo que hace falta decir sobre nuestra estancia en las montañas. Durante muchos años me bastó con saber que ellos y mi familia entendieran por lo que habíamos pasado. Me interesaba poco compartir mi historia personal con alguien que no fuera de nuestro círculo y, aunque a veces concedía entrevistas a revistas y periódicos o participaba en los documentales que conmemoraron varios aniversarios de la tragedia, tenía cuidado de no compartir demasiado de mí mismo con extraños. Todo lo que el público necesitaba saber, creo, quedaba recogido con gran acierto en ¡*Viven!* Es verdad que el libro se centraba casi totalmente en los hechos concretos de nuestra tragedia (ningún lector podría tener más que una impresión muy ligera de mi lucha interna o de las intensas emociones que me impulsaron a sobrevivir), pero no sentía la necesidad de revelar esas cosas con demasiada profundidad. Que los lectores se queden con la tragedia, el espanto y la aventura, yo me quedaré con los recuerdos más profundos y dolorosos para mí mismo.

A medida que pasaban los años se me acercaron en más de una ocasión agentes y editores pidiéndome que volviera a explicar la historia desde mi propio punto de vista. Siempre me negué. La gente me veía como un héroe y sabía que querían honrar la tragedia como una inspiradora historia de triunfo y perseverancia. Sin embargo, se equivocaban. Yo no era un héroe. Siempre estuve asustado, siempre fui débil y estuve confundido, siempre estuve desesperado. Y pensar en la tragedia —la amargura de nuestro sufrimiento, el obsceno desperdicio de tantas vidas inocentes— no me provocaba una sensación de triunfo ni de gloria en el corazón. Es posible que nuestra historia haya inspirado a millones de personas en todo el mundo como relato de la capacidad del espíritu humano pero, para mí, esos meses en las montañas fueron días de angustia, de horror y de pérdidas irremediables. La tragedia no era algo que se tuviera que honrar, era algo que debía pervivir. Yo he intentado lo mejor que he podido hacer simplemente eso, llenar mi vida con las riquezas de la amistad y la familia de forma que todas las partes rotas de mi vida quedaran enterradas bajo la acumulación de felicidad y de amor de toda una vida. Y estaba contento de que así fuera. No quiero decir que reniegue de mi pasado; incluso en la actualidad, los recuerdos de los Andes me emocionan cada día que pasa. Sólo quería evitar que la tristeza y el sufrimiento moldearan mi futuro. Seguía el consejo que mi padre me dio después de nuestro rescate. «Mira hacia delante, Nando», me dijo. «No dejes que esto sea lo más importante que te haya sucedido.» Yo no quería vivir la vida como un Superviviente; no quería que el desastre definiera mi vida. Aprendí lo que pude de la tragedia, disfruté de las amistades que surgieron de ella y siempre he honrado la memoria de quienes fallecieron; pero no podía ensalzar ni glorificar lo que nos pasó. No tenía ningunas ganas de rebuscar entre esos oscuros recuerdos con la impávida honestidad que se necesitaría para escribir un libro.

¿Por qué entonces, después de treinta y pico años, acepté escribir el relato que tienes en tus manos? Todo empezó en el año 1991, con la llamada de un hombre llamado Juan Cintrón. Cintrón estaba organizando una conferencia para jóvenes empresarios en la Ciudad de México y decidió que mi historia sería muy motivadora para los asistentes, así que me localizó por teléfono en Montevideo y me pidió que diera el discurso de apertura. No tenía ganas de convertir mis experiencias en un discurso para dar ánimos, así que rechacé su oferta educadamente. Sin embargo, Juan no aceptó un no por respuesta y me llamó una y otra vez suplicándome que lo reconsiderara. Finalmente, llegó incluso a volar a Montevideo para pedírmelo cara a cara. Impresionado por su persistencia y entusiasmo, sucumbí a su persuasión y acepté dar la charla.

Durante los meses siguientes trabajé para preparar el discurso que Cintrón quería. Me había pedido que explorase la historia en busca de enseñanzas —comentarios sobre el liderazgo, la innovación, el trabajo en equipo y la resolución creativa de problemas— que pudieran interesar a empresarios jóvenes y ambiciosos que buscaban perspectivas e ideas que les ayudaran a prosperar. Me había insistido en que mi ponencia fuera tajante y en que no me andara con rodeos. Me dijo que era gente ocupada e impaciente y que si iba muy despacio los perdería. Mientras trabajaba en el discurso, mientras intentaba extraer de tanta miseria y dolor el tipo de experiencias inspiradoras que podrían ayudar a un público formado por extraños a mejorar sus principios, lamenté profundamente haber aceptado. Sin embargo, en esos momentos ya no me podía echar atrás. Finalmente llegó el día de la conferencia y me vi a mí mismo en la Ciudad de México, de pie en la sala, en el punto de mira, con las notas de mi discurso en el podio que estaba delante de mí. Me habían presentado y el aplauso de cortesía se había acabado, así que había llegado la hora de empezar. Quería hablar pero, por mucho que lo intentara, las palabras no me salían. El corazón me latía con fuerza, notaba cómo me caían gotas de sudor frío por debajo del cuello de la camisa y lo mucho que me temblaban las manos. Me quedé mirando mis notas; no tenían sentido. Empecé a remover los papeles. La gente cambió de postura en sus asientos. El embarazoso silencio se hizo tan audible que sonó como un trueno y, justo cuando el pánico estaba a punto de abatirme, me oí hablar.

—No debería estar aquí —dije por las buenas—. Debería haber muerto en un glaciar de los Andes.

Y entonces, como si se hubiera abierto la compuerta de una presa, empecé a contar mi historia, sin ahorrarme ningún sentimiento y sin guardarme nada. Simplemente hablé desde el corazón. Les guié por todos los momentos importantes de la tragedia para que la vivieran igual que yo: el desgarrador dolor que sentí cuando murió Susy, el terror que sentimos cuando escuchamos que la búsqueda se había suspendido y el horror de masticar la carne de nuestros amigos que habían muerto. Les coloqué con nosotros dentro del fuselaje la noche del alud y los amargos días que lo siguieron. Les hice subir por la montaña y les mostré la devastadora vista desde la cima. Después les llevé con Roberto y conmigo durante la expedición que estábamos seguros que nos conduciría hacia la muerte. No dije ni una palabra sobre la creatividad ni sobre el trabajo en equipo ni sobre la resolución de problemas. Tampoco nombré la palabra «éxito». En su lugar, compartí con ellos lo que de repente me di cuenta de que era la verdadera enseñanza de la tragedia: lo que nos salvó no fue ni la inteligencia, ni el coraje, ni ningún tipo de competitividad o sentido común, sino nada más que el amor, el amor que sentíamos el uno por el otro, el amor por nuestras familias, por las vidas que queríamos vivir tan desesperadamente. Nuestro sufrimiento en los Andes se había llevado todo lo que era trivial e insignificante. Todos nos dimos cuenta, con una claridad difícil de describir, de que lo único crucial en esta vida es la oportunidad de amar y ser amado. En nuestras familias, en nuestro futuro, ya teníamos todo lo que necesitábamos. Los dieciséis de nosotros que tuvieron la suerte de continuar con sus vidas nunca lo olvidarán. Nadie debe olvidarlo.

Hablé durante más de noventa minutos, aunque parecieron sólo cinco. Cuando acabé, en la sala reinaba un silencio absoluto. Durante varios segundos nadie se movió. A continuación, los aplausos se hicieron cada vez más fuertes y el público se puso en pie. Después, extraños con lágrimas en los ojos se acercaron a darme un abrazo. Algunos me llevaron aparte para contarme las duras experiencias a las que se habían enfrentado en sus propias vidas, la lucha contra una enfermedad, la pérdida de un ser querido, el divorcio o la adicción. Sentí una conexión muy fuerte con todas esas personas. No sólo comprendían mi historia, sino que la hacían suya. Esto me llenó de una gran sensación de paz y de ánimo y, aunque en ese momento no entendí completamente estos sentimientos, supe que quería volver a sentirme así.

Después del éxito en la Ciudad de México, recibí ofertas para pronunciar discursos ante personas de todo el mundo, pero mis hijas eran aún pequeñas y mis obligaciones empresariales eran considerables, así que sólo acepté algunas de esas invitaciones. Sin embargo, cada vez que he dado una charla, tan sólo me he limitado a contar mi historia y a compartir las sencillas enseñanzas que he aprendido. El resultado ha sido siempre el mismo, una profusión de cariño y gratitud y esa poderosa sensación de conexión. Una vez, después de dar una charla, una mujer joven pidió si podía hablar conmigo.

—Hace algunos años estaba saliendo del garaje de mi casa marcha atrás —dijo—. No sabía que mi hija de dos años de edad estaba detrás del coche. La atropellé y murió. Mi vida se detuvo en ese instante. Desde entonces no he podido hablar, ni dormir, ni siquiera pensar en nada que no sea ese momento. Me he atormentando con preguntas. ¿Por qué estaba allí? ¿Por qué no la vi? ¿Por qué no tuve más cuidado? Y sobre todo, ¿por qué había pasado? Desde ese instante me he sentido paralizada por el sentimiento de culpabilidad y la pena, y el resto de mi familia ha sufrido por ello. Su historia me demuestra que me he equivocado. Se puede vivir, incluso cuando sufres. Ahora sé que tengo que seguir adelante. Tengo que vivir por mi marido y por mis otros hijos. Incluso con el dolor que siento, tengo que encontrar la fuerza para hacerlo. Su historia me hace creer que es posible.

Estupefacto, la sujeté entre mis brazos y la abracé. En ese momento, una vaga idea que había estado recorriendo en mi mente adoptó el enfoque afilado de una cuchilla. Me di cuenta de que mi historia es su historia; es la historia de todo aquel que la oiga. Esa mujer no había sentido nunca el azote del viento a temperaturas bajo cero, no había caminado nunca tambaleándose en medio de una ventisca a una gran altura, ni había contemplado con horror cómo su cuerpo se consumía por la inanición. Sin embargo, ¿había alguna duda de que ella había sufrido tanto como yo? Siempre había pensado que mi historia era única, algo tan extremo y atroz que sólo los que habían estado allí podían entender realmente por lo que habíamos pasado pero, en esencia —la esencia de los sentimientos humanos—, mi historia es la historia más habitual del mundo. En ocasiones, todos nos enfrentamos a la desesperación. Todos sufrimos el dolor, el abandono o una pérdida abrumadora. Y todos nosotros, tarde o temprano, nos enfrentaremos a la inevitable proximidad de la muerte. Mientras abrazaba a aquella triste mujer, se me escapó una frase.

—Todos tenemos nuestros propios Andes —le dije.

Ahora, después de más de diez años de charlas en público, después de ver cómo mi historia resonaba una y otra vez frente a públicos de todo el mundo, comprendo que la conexión que siento con el público está arraigada a algo más profundo que su admiración por aquello a lo que tuve que sobrevivir. La gente reconoce en mi historia su propia lucha, sus propios miedos amplificados a escala épica, hechos realidad sobre un telón de fondo completamente surrealista. Mi experiencia les da escalofríos, pero también les da ánimos porque se dan cuenta de que, incluso a pesar de vivir el más cruel de los sufrimientos, y de tenerlo todo en contra, una persona normal y corriente puede resistir. Me satisface enormemente que tanta gente pueda encontrar fuerza y consuelo en lo que digo. Ellos me han dado mucho a cambio. Me han demostrado que en mi historia hay más que pena y tragedia sin sentido. Al usar mi sufrimiento como fuente de inspiración y determinación, me han ayudado a curar mis recuerdos heridos. Ahora veo que mi madre, mi hermana y el resto no murieron en vano y que nuestro sufrimiento realmente da lugar a algo importante, a algún tipo de conocimiento que puede llegar al corazón de los seres humanos de todo el planeta.

El público también me conmovió a mí. Obtenía mucho amor y me sentía muy realizado por la conexión que sentía con ellos, como si nos uniera una red humana de comprensión, como si cada persona emocionada por mi historia enriqueciera y magnificara mi vida. Me sorprende que ahora sea el mismo hombre al que antaño no le gustaba hablar de los Andes porque ahora siento pasión por compartir mi historia con tanta gente como sea posible. De esa pasión surgió el deseo de escribir este libro. Lo empecé a escribir, en mi corazón, hace varios años, y finalmente surgió el momento adecuado para plasmar mis pensamientos en un papel. Ha sido una experiencia excepcional: dolorosa, alegre, humillante, sorprendente y muy gratificante. He intentado ser lo más verídico posible al escribirlo y ahora lo ofrezco como un regalo:

A mi padre, para que pueda saber, con todo tipo de detalle, lo que pasé y cómo mi amor por él fue la verdadera fuerza que me salvó; al resto de supervivientes, para que conozcan el amor y el respeto que siempre he sentido por ellos; a mi mujer y a mis hijas, para que puedan estar conmigo en las montañas, día a día, y ver que, aunque aún eran parte de mi futuro lejano, cada paso que di sirvió para estar más cerca de ellas; y, finalmente, a aquellos con los que estoy unido por el sufrimiento, por las alegrías y por las decepciones de la vida, es decir, a todos los que lean esto. No soy un sabio. Cada día que pasa compruebo lo poco que sé de la vida y lo equivocado que puedo estar. Sin embargo, hay cosas que sé que son ciertas. Sé que moriré. Y sé que la única respuesta cuerda a una penosa experiencia como la que yo viví es amar. Antes de morir, Arturo Nogueira, uno de los más valientes del grupo, repetía una y otra vez:

—Incluso en este lugar, incluso aunque suframos, vale la pena vivir la vida...

Lo que quería decir era que, incluso cuando nos lo habían arrebatado todo, podíamos seguir pensando en nuestros seres queridos, podíamos seguir aferrándonos a ellos en nuestro corazón y valorarlos como los tesoros de nuestras vidas. Al igual que todos nosotros, Arturo había descubierto que eso era lo único que importaba. Mi esperanza es que tú que estás leyendo el libro no esperes tanto tiempo para darte cuenta de los tesoros que tienes. En los Andes vivíamos entre latido y latido, cada segundo de vida era un regalo lleno de propósitos y de significado. He intentado vivir así desde entonces y eso ha colmado mi vida de más bendiciones de las que puedo contar. Te animo a que hagas lo mismo. Como solíamos decir en las montañas:

—Respira. Respira otra vez. Mientras sigas respirando, estarás vivo.

Después de todos estos años, éste sigue siendo el mejor consejo que puedo darte: disfruta de tu existencia. Vive cada momento. No malgastes ni un instante.

Agradecimientos

Me gustaría expresar mi gratitud a mis amigos y compañeros, sin cuyas aportaciones no hubiera sido posible este libro:

A mis agentes, Jim Levine, David Greenberg y Stephanie Roston, por sus sabios consejos.

A mi editora, Annik LaFarge, por su entusiasmo y profesionalidad y por la pasión y el cuidado con las que ha llevado este libro a buen puerto.

A Vince Rause, cuyo sentido del humor y destreza han hecho que sea un placer trabajar con él, y al que ahora puedo llamar amigo.

A Gail y Kelly Davis, que dieron su apoyo al libro desde el principio y cuya amistad he valorado siempre como un tesoro.

A Mark McCormack, un gran hombre y un gran amigo que siempre me ha animado a contar mi historia personal en un libro. Al final he seguido su consejo.

A Jackie Stewart, a su mujer, Helen, y a sus hijos, Paul y Mark, que siempre me han hecho sentir parte de su familia. Mi amistad con Jackie ha sido una tremenda bendición y le estoy agradecido por todo lo que me ha enseñado sobre el automovilismo, los negocios y la vida.

A Bernie Ecclestone, que me abrió muchas puertas cuando era joven y que, al igual que Jackie, me enseñó muchas de las cosas que me han hecho ser quien soy. Estoy orgulloso de tenerle como amigo.

A mi buen amigo Piers Paul Read, cuyo excelente libro ¡*Viven!*: *el triunfo del espíritu humano* reveló por primera vez la historia de la tragedia de los Andes ante el mundo, con honestidad, con sensibilidad y una gran fuerza.

A todos mis compañeros y amigos que fallecieron en el accidente. Nunca les he olvidado y siempre he tratado de vivir mi vida en su honor.

A los quince supervivientes, mis hermanos de por vida, que son los únicos que pueden entender realmente lo que sufrimos. Sin la lealtad y la solidaridad que nos mostramos unos a otros, ninguno hubiera logrado salir de los Andes.

Al Old Christians Rugby Club y a su espíritu, un espíritu de unión y sacrificio que nos unió y nos dio la fuerza y la voluntad común para sobrevivir.

A mi hermana Graciela, que fue de gran consuelo para mí después de la tragedia y a la que, desde entonces, me he unido más cada año que ha pasado.

A mi mujer, Veronique, y a mis hijas, Verónica y Cecilia, por su amor y apoyo constante y por la paciencia con la que han soportado las largas horas que pasé escribiendo este libro. Son lo que más quiero en el mundo.

A mi hermana Susy, a la que sigo echando de menos tanto como lo hice en los primeros momentos después de perderla.

A mi madre, Xenia, cuyo cariño, amor y sabiduría me dieron la fuerza que necesitaba para soportar lo insoportable...

Y a mi padre, Seler, que me inspiró de niño y que todavía sigue haciéndolo. Fue el amor que siento por él, y nada más, lo que me sacó de las montañas. Cada momento que he compartido con él desde entonces ha sido una bendición.

NANDO PARRADO